U0515462

农村电商：破解农民可持续生计困境的路径选择

向　丽　等著

中国财经出版传媒集团

经济科学出版社
Economic Science Press

图书在版编目（CIP）数据

农村电商：破解农民可持续生计困境的路径选择/
向丽等著．－－北京：经济科学出版社，2023.7
ISBN 978－7－5218－4854－0

Ⅰ．①农…　　Ⅱ．①向…　　Ⅲ．①农村－电子商务－研究
－中国　　Ⅳ．①F724.6

中国国家版本馆 CIP 数据核字（2023）第 110280 号

责任编辑：李晓杰
责任校对：王肖楠
责任印制：张佳裕

农村电商：破解农民可持续生计困境的路径选择

向　丽　等著

经济科学出版社出版、发行　新华书店经销
社址：北京市海淀区阜成路甲 28 号　邮编：100142
教材分社电话：010－88191645　发行部电话：010－88191522
网址：www. esp. com. cn
电子邮箱：lxj8623160@163. com
天猫网店：经济科学出版社旗舰店
网址：http://jjkxcbs. tmall. com
北京密兴印刷有限公司印装
710×1000　16 开　13.25 印张　230000 字
2023 年 10 月第 1 版　2023 年 10 月第 1 次印刷
ISBN 978－7－5218－4854－0　定价：58.00 元
（图书出现印装问题，本社负责调换。电话：010－88191545）
（版权所有　侵权必究　打击盗版　举报热线：010－88191661
QQ：2242791300　营销中心电话：010－88191537
电子邮箱：dbts@esp. com. cn）

前　　言

　　实施乡村振兴战略，是实现"两个一百年"奋斗目标的必然要求，是实现全体人民共同富裕的必然要求。乡村振兴的重点是产业兴旺。可持续生计理论强调生计的恢复力与稳定性，以此规避返贫风险。农民一旦遭受自然环境风险、经济风险、社会风险等冲击，其收入或支出将发生显著变化，进而导致其生活持续陷于或重复陷入困境。农民可持续生计困境表现出空间异质性、长期性、代际传递等典型特征。我国农村电商在 2019 年迈入规模化专业化发展阶段，成为工业品下行和农产品上行销售的重要渠道，有助于缓解农民买货难和卖货难问题，带动农村地区特色产业发展，促进乡村产业振兴和农民增收。未来西部民族地区农业农村农民发展的重要目标任务是保证农民收入持续稳定增长、促进共同富裕。推动西部民族地区乡村振兴，亟须构建相对贫困群体稳定增收的长效机制，提高该群体的生计资本水平与可持续抗风险能力，进而促进整体可持续生计优化，从而实现内源式发展。

　　在理论意义方面，本书通过构建农村电商与农民可持续生计关系的理论模型，探析农村电商对农民可持续生计的作用机理，并构建实证模型检验农村电商与农民可持续生计二者间的内在关系，有助于推进该领域研究的深化和细化，进而丰富和完善农村电商和农民可持续生计的理论体系。

　　在实践意义方面，本书通过探究农村电商对农民可持续生计的作用机理，并综合运用多种实证分析方法，检验新生代农业转移人口就近就业意愿、农村社区居民参与旅游经营意愿、生计风险感知对农民参与电商扶贫意愿的影响效应，以及农村电商发展对农民可持续生计、农村居民消费升级的影响效应。基于实证研究结果，探讨农村电商发展促进农民可持续生计优化过程中的主要影

响因素，进而提出农村电商发展促进农民可持续生计优化的实现路径。研究成
果有助于国家针对农村电商政策的制定，同时有助于各级政府因地制宜地制定
实施农村电商的政策措施，促进农民可持续生计优化。

向　丽

2023 年 7 月

目

录

contents

>   >   >   >   >   >

第一章

绪　　论

一、研究背景与问题提出

（一）研究背景

自 2007 年以来，我国电子商务进入快速发展阶段。电商经济具有较强的辐射效应，能够在较大程度上提高社会个体的经济参与度，并在就业和扶贫等方面发挥重要作用（穆燕鸿等，2016）。商务部发布的《中国电子商务报告 2021》显示：2013～2021 年，全国电子商务交易额从 10.40 万亿元增长至 42.30 万亿元，年均增长率达到 34.1%①。2021 年 10 月，商务部、中央网信办、国家发展和改革委联合发布《"十四五"电子商务发展规划》，提出要以推动高质量发展为主题，做大、做强、做优电子商务产业，深化电子商务在各领域融合创新发展。

作为互联网时代的一种创新扶贫模式，电商扶贫早在 2014 年就被正式纳入我国扶贫的主流政策体系。根据国务院扶贫办等中央 16 部委于 2016 年 11 月 4 日联合出台的《关于促进电商精准扶贫的指导意见》，农村电商已成为我国农村转变经济发展方式、带动农民创新就业和增加农民收入的重要动力（国务院扶贫开发领导小组办公室，2016）。2017 年中央一号文件《中共中央、

---

① 中华人民共和国商务部. 中国电子商务报告（2021）［EB/OL］. http：//www. mofcom. gov. cn/article/bnjg/202211/20221103368045. shtml，2022 – 11 – 16.

国务院关于深入推进农业供给侧结构性改革 加快培育农业农村发展新动能的若干意见》从更高层次和更广视角重视我国农村电商发展，进一步明确了农村电商标准、物流配送、平台建设、品牌培育等方面的重点任务。

2018 年，中央一号文件《中共中央、国务院关于实施乡村振兴战略的意见》明确提出：实施乡村振兴战略，是实现"两个一百年"奋斗目标的必然要求，是实现全体人民共同富裕的必然要求。2018 年 9 月，中共中央、国务院印发了《乡村振兴战略规划（2018—2022 年）》，为各地区各部门分类有序推进乡村振兴提供重要依据。乡村振兴的重点是产业兴旺。我国农村电商在 2019 年迈入规模化专业化发展阶段，成为工业品下行和农产品上行销售的重要渠道，有助于缓解农民买货难和卖货难问题，带动农村地区特色产业发展，促进乡村产业振兴和农民增收。商务部发布的《中国电子商务报告 2019》显示，2019 年，全国农村网络零售额达 1.7 万亿元，同比增长 19.1%；农产品网络零售额 3975 亿元，同比增长 27.0%[①]。电子商务进农村综合示范在全国832 个国家级贫困县实现全覆盖，电商扶贫对接、"三品一标"认证深入实施，工业品下行、农产品上行的双向渠道进一步畅通，"下沉市场"的消费潜力得到释放。2021 年全国农村网络零售额达到 2.05 万亿元，农产品网络零售额达到 4221 亿元[②]。

2015 年以来，我国出台了一系列农村电商上行扶持政策。作为我国脱贫攻坚的主战场之一，广西壮族自治区在 1978 年的农村贫困人口高达 2100 万人，贫困发生率为 70%。2015 年 5 月，广西壮族自治区印发《2015—2017 年全区农村电子商务工作实施方案》，以进一步发挥电子商务对于破解"三农"问题，推动农村经济新一轮发展的重要作用。2018 年 11 月，广西壮族自治区印发的《关于促进贫困地区农产品产销对接的实施意见》明确提出："创新农产品销售机制，确保贫困群众持续增收、稳定脱贫"。党的十八大以来，广西壮族自治区脱贫攻坚取得决定性成就。2012 ~ 2019 年，全区累计减少贫困人口 932 万人，贫困发生率从 18% 降至 0.6%；贫困地区农村居民人均可支配收入从 2015 年的 9467 元增加至 2019 年的 13676 元，增幅大于全区平均水平[③]。

---

① 中华人民共和国商务部. 中国电子商务报告（2019）[EB/OL]. http：//dzsws. mofcom. gov. cn/article/ztxx/ndbg/202007/20200702979478. shtml，2020 – 07 – 02.

② 中华人民共和国商务部. 中国电子商务报告（2021）[EB/OL]. http：//www. mofcom. gov. cn/article/zwgk/gkbnjg/202211/20221103368045. shtml，2022 – 11 – 16.

③ 孙大伟. 广西脱贫攻坚的成就与经验 [N]. 广西日报，2020 – 09 – 24（007）.

2020 年新冠疫情的暴发后，我国经济增长呈现下降趋势，中小微企业生存困难，部分企业资金链的断裂导致农民收入特别是非农收入下降。与此同时，农民工因外出受限而就地就近就业，致使其工资性收入也明显降低（程国强、朱满德，2020；姜长云等，2021）。2020 年，我国现行标准下农村贫困人口已实现绝对脱贫，贫困县全部摘帽，但相对贫困问题仍有待治理。相对贫困群体能否实现稳定脱贫和收入持续稳定增长，成为广西壮族自治区实施乡村振兴战略的重要前提。打造"双循环新发展格局"为我国经济发展带来了增长潜力。消费是保障经济快速发展的重要引擎。为更好地稳定国民经济，推动居民特别是农村居民消费升级显得尤为重要。2021 年，中央一号文件《中共中央、国务院关于全面推进乡村振兴加快农业农村现代化的意见》强调了提升农村居民消费升级的重要性。2022 年，中央一号文件《中共中央、国务院关于做好 2022 年全面推进乡村振兴重点工作的意见》明确提出："实施县域商业建设行动，促进农村消费扩容提质升级。"当前以电商平台为代表的电商供应链不断从城市下沉至农村，进一步促进农村电商市场的发展。电商作为内循环发展的重要手段，是一种打破传统贸易和消费途径壁垒的新兴商业活动，能够解决产品在生产与销售过程中信息不对称的问题，从而提升农村居民消费品质（汤飞飞，2021）。随着电子商务不断创新升级，直播电商、社交电商"不打烊"服务等消费新业态和新模式逐渐形成。近年来，广西壮族自治区通过加快推进县域商业体系建设，电子商务进农村覆盖面不断拓宽，农村电商得到较快速发展。充分挖掘县乡消费潜力，"桂字号"产品线上销售规模进一步扩大，并持续打造消费新热点。关于广西壮族自治区农村电商发展如何对农民生计资本及其消费升级等产生作用，进而影响农民可持续生计问题仍有待探究。

（二）问题提出

生计问题既是作用于农民自身发展，又是农村贫困治理的关键影响因素（何仁伟等，2017）。贫困实际上反映了农民生计状态的结果。当农民的生计资本组合不能确保其基本的生产生活且缺少相关的外部支持时，其生计将难以持续（李文静等，2017）。可持续生计理论强调生计的恢复力与稳定性，以此规避返贫风险（罗丞、王粤，2020）。农民一旦遭受自然环境风险、经济风险、社会风险等风险冲击，其收入或支出将发生显著变化，进而导致其生活持续陷于或重复陷入困境。在内外部因素的共同影响作用下，农民可持续生计困境表现出空间异质性、长期性、代际传递等典型特征。

农民收入分为工资性收入、经营净收入、转移净收入以及财产净收入四类。尽管西部民族地区已经实现脱贫，但该区域的农民增收仍然主要依靠农民外出打工的工资性收入或政府的转移性收入。未来西部民族地区农业农村农民发展的重要目标任务是保证农民收入持续稳定增长、促进共同富裕。相对贫困群体稳定脱贫的核心要素是生计资本和生计策略，其能否实现稳定脱贫取决于自身生计脆弱性和生计恢复力。推动西部民族地区乡村振兴，亟须构建相对贫困群体稳定增收的长效机制，提高该群体的生计资本水平与可持续抗风险能力，进而促进整体可持续生计优化，从而实现内源式发展。

本书拟基于农村电商视角，以广西农民可持续生计为研究对象，从文献梳理角度分析当前农村电商发展促进农民可持续生计优化中存在的"农村电商基础设施不完善、农产品标准化体系不健全、农村电商标准缺失、乡村产业发展缓慢、农产品品牌建设滞后、农村电商人才匮乏、农村消费环境亟待改善"等突出问题产生的背景、原因及趋势。本书首先从理论层面明晰农村电商发展对农民可持续生计作用机理的理论依据，进而建立一个新的理论分析框架。其次，从理论结合实际的角度出发，构建一个多元实证分析框架，综合运用多种实证分析方法，依次检验广西新生代农业转移人口就近就业意愿和农村社区居民参与旅游经营意愿，生计风险感知对农民参与电商扶贫意愿的影响，以及农村电商发展对农民可持续生计、农村居民消费升级的影响，从而为农村电商发展促进农民可持续生计优化的实现路径的政策系统设计提供关键的理论与现实依据。再次，通过对我国农村电商发展模式的梳理与总结，得到政府主导型和农民自发触网型两类代表性农村电商模式的经验与启示。最后，提出农村电商发展促进农民可持续生计优化的实现路径。

二、文献回顾

（一）关于农村电商问题的研究

目前有关农村电商问题的研究成果主要集中在农村电商的概念、模式、发展水平测度及其影响因素等方面。学术界对于农村电商的概念尚未形成一致性观点。刘可（2008）认为农村电商是一种使用电子化手段开展农村商务活动的经济贸易方式。张胜军等（2011）认为农产品电子商务是基于电子信息的互联网经济，突破了传统农产品交易在时间与空间上的障碍。骆巧巧（2013）将农村电商界定为一种电子商贸活动，是以互联网为媒介，并通过物流配送实现农产品从农民流向消费者。张喜才（2015）认为农村电商是一种全新的服务业态。洪勇（2016）则认为农村电商是与"三农"相关联的电子商务，是包含工业品下乡和农产品进城双向流通的电商。韩萌（2017）认为农村电商本质上是实现农村产品的交易，是借助互联网经济和现代化技术手段，促进农村与城市信息流、商流及资金流的沟通，以此推动农村经济发展的经济活动。任晓聪和和军（2017）将农村电商视为农业生产经营方式的互联网化，涵盖农业经营主体通过网络交易平台进行的宣传、销售、采购、售后服务等活动。

学者们针对农村电商模式展开了较深入的研究。彭璧玉（2001）总结了我国农业电子商务的四种模式：MtoM 模式、战略联盟模式、中介模式以及会员模式。朱兴荣（2007）比较了我国农业电子商务平台发展中的 BtoB 模式和 BtoC 模式的工作流程和优缺点。于红岩等（2015）结合"邮掌柜 O2O 平台"，分析了农村电商 O2O 模式，提出应建立农村电商 O2O 平台生态圈体系。崔宁（2017）提出了"乡村旅游 + 农村电商"的联动融合发展模式，具体包括乡村旅游主导融合模式、农业电子商务主导融合模式和共同推动模式。王超和龙飞扬（2017）分析了江苏省宿迁市宿豫区"一村一品一店"农村电商发展模式的实施效果，并认为应从发展乡村特色产业、加强平台支撑、培育多元主体、集成政策资源等方面进行优化完善。胡永盛（2017）总结了江苏农村电商发展中三种典型模式，分别为："草根创业"模式、"传统产业转型"模式和政府主导型"大学生村官"模式。宋晓华等（2018）基于电商渠道创新的研究视角，分析了京东 B2B2C 模式，并从农村渠道布局、资源整合、"县—村体系"构建等方面提出了优化路径。石全胜等（2018）探讨了农村电商可持续发展模式，认为领头羊示范模式适用于农村电商的形成阶段，在成长阶段应采用平台主导型模式，而在成熟阶段则需采用农村电商全生态模式。彭成圆等（2019）对乡村振兴战略背景下农村电商创业的典型模式进行了总结，分析了返乡青年农村电商创业带动型、农村电商创业平台助推型、新型农业经营主体领办型、农村电子商务示范村引领型等四种典型模式。吕健（2021）将构建外生式农村电商生态系统的模式分为要素型的产业聚集模式、政策型的政府搭建模式、市场型的网商推动模式三类。

李坚强（2018）将农村电商集群发展的模式归纳为六类："综合服务商＋网商＋传统产业"模式、"区域电商服务中心＋青年网商"模式、"生产方＋电商公司"模式、"集散地＋电子商务"模式、"农产品供应商＋联盟＋采购企业"模式，以及"专业市场＋电子商务"模式。魏晓蓓和王淼（2018）提出了乡村振兴战略中农村电商聚集化"2＋"模式，并分析了"返乡＋创业"聚集化模式、"销售＋生产"聚集化模式的路径和效应。陈晓文和张欣怡（2018）采用基尼系数、最邻近距离指数、核密度分析、回转半径法等研究方法，实证分析了电商特色小镇的空间布局，该研究认为，产业基础与人才基础、产业集聚与交通、国家政策的规划效应以及跨境电商的贸易拉动效应等因素，是淘宝镇电商产业发展的主要影响因素。由于缺乏品牌与产业特色，中西部地区较难形成淘宝镇。王志辉等（2021）认为农村电商产业集群高质量发展有赖于面向客户的价值驱动、合理的组织密度结构以及科学的空间布局规划，并针对恶性同质化竞争、人才流失、合力不足、竞争优势消退等问题，提出鼓励创新驱动、致力开放共享、支持协同合作、完善商业生态等发展路径。

作为农村电商的新型模式，淘宝村属于典型的农村电商产业集群，对我国农村电商发展具有开创性意义。徐州睢宁县沙集镇早在2006年就产生了淘宝村的雏形，沙集镇东风村于2010年基本形成了以家具产品为主的电子商务产业集群。郭承龙（2015）通过对淘宝村进行调研发现，淘宝村具有典型的产业集群特征，认为农村电商模式可分为寄生模式、非对称模式、偏利模式、对称模式和一体化模式，并分析了不同共生模式的机理。路征等（2015）通过实证研究发现，"农民网商"在个体上具有受教育水平相对较高、年轻化、入行时间短等特征，并且在经营上呈现为家庭化、规模小、策略简单等特征，同时，"农民网商"发展过程中存在专业素质缺乏、本地同业竞争激烈、物流成本高、融资渠道和营销策略单一、政策普惠性低等现实问题。董坤祥等（2016）对比分析了农村电商集群发展中极具代表性的遂昌模式和沙集模式，并基于创新导向构建系统动力学模型，认为农村电商发展应注重产品与生产创新、商业模式创新以及金融模式创新。

刘亚军和储新民（2017）的研究认为，淘宝村产业演化具有自组织性、变异彻底性和弱路径依赖性等典型特征，企业家精神是内生动力因素，技术与商业模式创新交替升级与"农民网商"的"双网学习"分别促进了该产业演化的变异机制和复制机制的形成，其选择机制是网商竞争与合作，从演化路径来看，经历了萌芽阶段、裂变式扩张阶段和产业集群式发展阶段。史修松等

（2017）分析了江苏农村电商产业集群的演化历程，认为产业基础、特色产品和政府引导是农村电商发展的重要影响因素，且不同发展模式的淘宝村在空间扩散上具有明显差异。邵占鹏（2017）通过分析淘宝村中农民网店的型塑机制发现，由于缺少规则议价和资本造势能力，农民网店日渐被边缘化。舒林（2018）的研究认为，个体能动性、社会网络和地方政府的支持、电商平台的引导共同推动了淘宝村的形成，并针对淘宝村升级中面临的恶性竞争、集群协作、人力资源缺乏、电商平台排斥等方面的困境进行了成因分析，提出了构建淘宝村可持续发展模式的思路。刘俊杰等（2020）以江苏省沭阳县花木淘宝村为例，实证检验了农村电商发展与农户数字信贷行为的关系，结果显示，参与电商的农户能够获得更大规模的数字信贷，关键原因在于资本禀赋差异。

在农村电商发展水平测度及其影响因素研究方面，研究成果较为丰富。国外学者迈克尔和基奥贝（Michael & Kyobe）于2008年采用史蒂文森描述模型，分析了管理行为、创业导向与电子商务之间的关系，实证研究结果显示，过度依赖外部资源不能显著的影响电子商务质量安全；农村和城市的中小企业电子商务质量安全不存在严格区分。莫加（Moga，2012）的研究得出，生产、信息技术、资源、参与动机、互联网普及率等因素显著影响农村电子商务发展。谢菲等（Hsieh et al.，2013）的研究结果表明，个人特征对农户网络行为模式具有决定性作用，个人在线使用电子商务平台支付的习惯存在地区差异，城市网民在线支付的意愿更强，且城市网民使用其他方式付款的比例更低。萨帕塔等（Zapata et al.，2013）分析了农业电子商务利润提升的潜力，评估了农业电子商务平台的经济影响，研究发现，电商平台销售额显著影响农户支付意愿。拉哈尤和达伊（Rahayu & Day，2015）的研究指出，信息技术水平、个人因素、政策因素、电商发展的外部环境等成为发展中国家农村电商发展的制约因素。

国内学者郑亚琴（2007）采用主成分分析法测算了我国各省份农村电子商务发展水平，并运用聚类分析法将各省份的农村电子商务发展水平划分为五类，我国农村电子商务发展水平的地区差异主要受到区域经济发展水平的影响。郑亚琴和郑文生（2009）通过研究发现，美国和英国的农业电子商务发展是以基础设施环境为重要前提，基本组织方式为农场化集团运作，并以农业电子商务网站作为平台支撑。汪向东（2011）认为农民是否拥有订单权和定价权是衡量我国农村电商成败得失的最根本的标准。涂同明等（2011）将农村电商的制约因素归纳为主观因素、客观因素、产业因素以及外部环境因素。周海琴和张才明（2012）在分析农村电商发展演进过程的基础上，探讨了农村电子商务发展要素，农村电商领导者与农民的内生动力是农村电子商务发展的核心要素，基础设施、电商平台、供需因素以及外部环境是外围要素。张勤和周卓（2015）的研究发现，农民文化程度及农村微观发展水平是影响区域农村电商发展的关键因素。

段禄峰和唐文文（2016）的研究指出，我国农村电子商务的主要影响因素包括农村信息基础设施、乡镇企业发展、个体工商业发展、GDP 增长率以及移动电话普及率，我国东部、中部和西部农村电子商务发展水平存在明显差异。汪琦等（2016）的研究提出，农村电商发展水平的关键要素应包括规模以上农业企业电子商务应用比例、农产品网络销售规模、网购市场规模、网站数量以及网络域名数量。穆燕鸿等（2016）的研究结果表明，基础设施、外部环境、内生力量、电子商务平台和供需交易等因素均对农村电商具有显著作用。郝金磊和邢相炀（2016）通过建立有序 Probit 模型，分析了农民参与视角下的农村电商发展的影响因素，研究发现，年龄、文化程度、月收入水平、商业银行网点覆盖程度、交通便捷程度、距离县城远近程度、政府扶持力度以及政府政策了解程度等因素均显著影响农村电商发展。

段禄峰和唐文文（2017）运用熵权法测算了我国西部地区农村电子商务发展水平，研究发现，我国西部地区农村电子商务主要受到农村经济发展、农村信息化基础和地区信息化发展等因素的制约，且各省份的农村电子商务发展水平具有明显差距。周冬和叶睿（2019）采用模糊集定性比较方法，实证考察了农村电子商务发展的影响因素，结果显示，资源禀赋、政府支持、人才资源、基础设施、市场环境等因素推动了农村电商发展。郑志来（2020）的研究指出，农村电商发展过程中存在融资难和融资贵问题，其主要原因包括：农村金融基础设施薄弱、产品创新不足、科技金融发展滞后、配套市场欠完善等。高红等（2020）实证分析了数字经济对不同区域农村电商发展的异质性影响，结果表明，经济发展水平、农民人均收入水平、交通基础设施水平是主要影响因素。谷祎璠等（2020）通过探讨陕西武功农村电商的空间格局得出，政府政策、交通条件、龙头企业以及园区经济促进了该区域内农村电商布局与外部空间联系。

（二）关于电商扶贫问题的研究

电商经济具有明显的知识技术密集特征，因而发达地区电商经济发展的短期收益明显高于欠发达地区。但从长期来看，欠发达地区将借助高收入地区的知识外溢效应而获得更大的电商收益（Terzin，2011）。我国甘肃省陇南市最早在2013年开始进行电商扶贫模式的探索与实践，并于2015年1月成为全国首个"电商扶贫试点市"。此后，学术界对于电商扶贫问题的研究成果日渐丰富，相关研究主要围绕电商扶贫的内涵、机理、效应、模式、农户参与度及其影响因素等展开。

在电商扶贫的内涵研究方面，汪向东和王昕天（2015）认为，电商扶贫包含扶贫和开发，是指将电子商务纳入扶贫开发工作体系，通过帮扶贫困对象，创新扶贫开发方式，推动扶贫开发绩效改进的理念与实践。2015年，国务院扶贫办将电商扶贫界定为：将"互联网＋"融入政府扶贫工作体系中，通过一户带多户和一店带多村的精准扶贫带贫机制，对接城乡大市场，注重农产品上行，促进商品流通，以此拉动贫困户的就业增收，促进城乡经济社会协调发展，实现共赢①。李秋斌（2018）的研究认为，电商扶贫应涵盖对贫困地区家庭网上销售创业的扶持、农村电商发展基础的改善以及社会资源统筹的强化等内容。

在电商扶贫的机理研究方面，郑瑞强等（2016）的研究指出，电商扶贫是对传统资源要素与发展方式的重构，通过突破贫困区域和微观主体对于发展基础与稀缺资源的依赖，进而有助于地区实现助贫节支增收目标。林广毅（2016）的研究认为，农村电商通过增收和节支两种途径来发挥其减贫脱贫作用，对农村居民发展能力的提升具有明显的促进作用。张夏恒（2018）基于供应链理论、协同理论和生态系统理论，分析了农村电商精准扶贫的机理，该研究认为，农村电商通过打通商品流通链条，构建系统网络协同运作，进而打造电商扶贫系统效益。张世贵（2021）认为农村电商缓解相对贫困的运行机制包括：持续增收的共建机制、"内生动力挖潜"的多维共治机制以及"城乡双赢"的共享机制。

---

① 国务院扶贫办. 电商扶贫拓宽贫困农户增收渠道［EB/OL］. http：//politics. people. com. cn/n/2015/0523/c70731 - 27045422. html，2015 - 05 - 23.

在电商扶贫的效应研究方面，鲁钊阳等（2016）的研究表明，农村电商的区域创业效应极大地增加了农村居民收入。梁强等（2016）的研究也验证了农村电商、"淘宝村"的创业集群效应十分明显，特别是"包容性创业"有效改善了低收入群体的收入状况。陈晓琴和王钊（2017）的研究认为，农村电商的扶贫效应体现在三个方面，即增加贫困家庭收入、减少贫困家庭消费支出和提升贫困户经营能力。我国农村电商发展存在较高的门槛，致使其"洼地效应"难以充分发挥。张磊等（2017）的研究结果显示，当前我国城镇居民因电商经济发展获取的收益要多于农村居民。杨书焱（2019）的研究认为，农村电商是通过外部资源注入、产业重塑升级、去中心化帮扶和社会公平促进等四个方面来发挥扶贫效应，其实证研究结果表明，农村电商与农村贫困之间存在显著的负相关关系，且存在省际差异。刘建刚等（2019）构建面板门槛模型，实证分析了农村电商发展水平对农村脱贫的门槛效应，研究得出，当门槛变量为农村人力资本时，农村电商发展水平与脱贫水平之间具有双重门槛效应。

唐跃桓等（2020）基于电子商务进农村综合示范政策下，实证分析了电子商务发展对县域农民增收的影响，结果表明，2011～2017年，电子商务进农村综合示范政策的实施使县域农民人均收入增长了3.0%，但具有明显的地区异质性特征，中西部地区受到的影响相对较弱；政策增收效果还受到信息通信技术基础设施、人口流动、人力资本等因素的影响，网点建设和品牌培育是其主要渠道。易法敏等（2021）运用双重倍差法检验"电子商务进农村综合示范"的政策效应发现，该政策促使区域农村电商发展水平提高了2.73%～4.17%，"政府推动"在其中发挥着重要作用。尹栾玉和崔辰森（2022）的研究认为，电商扶贫项目达到了扶贫资源的"输血"目标，但尚未形成"造血"机制。康凯和栾新凤（2022）的研究得出，农户与农村电商服务平台获得政府补贴后，农户利润得以增加；政府补贴的策略和总额对农产品销量具有正向影响。此外，冯朝睿和尹俊越（2021）采用DEA模型和Malmquist指数分析方法测算了我国21个省份的电商扶贫效率，结果显示，电商扶贫综合技术效率及发展趋势总体较好，关键因素在于技术进步，且存在明显的省际差异。

在电商扶贫的模式研究方面，吴成杰（2018）的研究发现，湖南省农村电商扶贫模式包括商贩对接型、能人带动型、涉农企业带动型、农民专业合作社带动型以及政府部门引导的村级站点运作型等五类。李秋斌（2018）将电商扶贫的模式划分为三种类型，即"贫困户＋互联网"的自主扶贫、"贫困户＋

（企业帮扶）＋合作社助产＋电商助销"的驱动式扶贫，以及"生态旅游＋互联网"的辐射式扶贫。易法敏（2018）以京东"跑步鸡"为例，探讨了电商平台协同的产业扶贫生态系统模式，该研究认为，电商扶贫需要平台企业、贫困农户、政府和其他社会力量的共同参与价值共创。唐超和罗明忠（2019）的研究对比分析了安徽省砀山县的电商扶贫模式，具体包括由政府主导的电商扶贫驿站模式、由集体主导的村办电商扶贫模式、由社会主导的电商协会扶贫模式，该研究结果表明，不同扶贫主体主导的电商扶贫模式存在制度约束差异。张诚等（2020）认为可构建政府"减贫"、农村电商"线上协同"与农村物流"线下协同"的发展模式，以此建立政企互动机制。李晓夏和赵秀凤（2020）分析了农村电商新模式"直播/短视频＋扶贫销售"的价值及未来发展路径。昝梦莹和王征兵（2020）分析了农产品电商直播扶贫的优势及存在的主要问题，并从基础设施和配套服务、直播平台、诚信建设、本地直播网红、领导直播扶贫、农民参与等六个方面提出了优化路径。王胜等（2021）总结了贫困山区四类电商扶贫模式：产品培育型、主体改造型、服务改善型以及利益联结型，并提出了贫困山区电商扶贫的基本路径。

在农户参与度研究方面，汪向东（2017）认为电商扶贫的关键落脚点是增强贫困主体获得感，促使其广泛参与电商扶贫。马泽波（2017）以红河哈尼族彝族自治州农民为研究样本，实证分析了农民参与电商扶贫的意愿及其主要影响因素，其研究结果表明，农民的不同禀赋因素对其参与电商扶贫意愿的影响存在明显差异，区域环境因素也对农民参与电商扶贫意愿产生显著的正向影响。林海英等（2019）的研究从基础设施、个人特征、社会网络、资源禀赋等四个方面，实证考察了内蒙古贫困县农牧户参与农村电商意愿，结果表明，基础设施因素中的网络覆盖、宽带安装、电脑或智能手机拥有程度、村级服务站、快递运输天数、快递收取或发送地，个人特征因素中的年龄、网购经验，社会网络因素中的社会或邻里示范、家中是否有村干部、非农就业人数，以及资源禀赋因素中的电子商务培训次数等因素显著影响农牧户参与电子商务意愿。王瑜（2019）运用倾向值匹配法，实证考察了电商参与对贫困户和非贫困户的经济获得感的影响差异，研究得出电商参与能够显著提升农户的横向现实与纵向预期经济获得感，且电商参与对贫困户横向现实经济获得感的影响更大，而电商参与对贫困户纵向预期经济获得感的影响并不明显。王昕天等（2020）构建数理模型并结合电商扶贫案例，分析了贫困主体获得感的影响因素及其内在机理，认为电商扶贫在对接或搭建电商平台的同时，还应注重产品、政策与服务之间的相互作用。

此外，农村电商与农村居民消费的关系问题也受到学术界的广泛关注，主要从乡村振兴（张硕等，2022；梅燕、蒋雨清，2020；张正荣、杨金东，2019）、数字经济（刘婷婷等，2022）等视角，通过案例分析（王超、龙飞扬，2017）、理论分析（李洁、邢炜，2020；刘根荣，2017）等方式，采用灰色关联模型（陈卿、吴功兴，2022）等实证方法展开研究。大部分学者认为电商平台的不断下沉对于农村居民消费升级具有积极作用（郭守亭等，2022；张永强等，2021）。电商平台通过与农村本地化服务相结合，可以挖掘农村消费者的实际需求。农村电商的快速发展不仅有助于农村产业兴旺，传统农产品的销售模式也得以转变（刘岩等，2017），并且推动了农村居民消费模式的优化，为农村居民消费升级增添了活力，从而促进了农村居民消费升级。另外，由于农村电商发展水平不一（方福前、邢炜，2019），农村电商发展在不同区域（刘长庚等，2017；穆燕鸿、王杜春，2016），对不同类型的农村居民消费（刘云，2021），表现出不同的影响效应。

（三）关于农民可持续生计问题的研究

作为可持续发展研究的重要主题，可持续生计问题逐渐成为解决人类发展中存在的代内与代际不公平问题的重要研究领域（张宸嘉等，2018）。可持续生计方法源于乡村发展语境，被广泛应用在扶贫、乡村发展、自然资源、环境管理等领域（Wu & Pearce，2014）。可持续生计是一种国际发展思想的范式转变，通过将"资产—可得性—活动"作为研究主线，以农村低收入者生存发展为中心，采用参与式和自下而上的研究方法对宏观管理、政策和制度的影响进行分析，旨在寻找农户生计脆弱的原因，并提供多种解决方案（Solesbury，2003）。世界环境与发展委员会（WCED）顾问小组于 1987 年最早提出可持续生计的概念，体现了生计多部门特征与多样化方式，更好地反映了贫困动态及复杂性，进而有助于讨论、观察、描述乃至量化（Conroy & Litvinoff，1988）。钱伯斯和康威（Chambers & Conway，1992）的研究明确了可持续生计的概念，认为可持续生计是一种基于能力、资产及活动的谋生方式，既能够应对压力和打击并得到恢复，其能力和资产又能在当前及未来得到保持甚至加强，并且不会对自然资源基础造成损坏。

国内学术界关于可持续生计的研究主要基于可持续生计分析框架，实证探讨农户的生计脆弱性、生计资产、生计策略、可持续生计评价及其影响因素等问题。李小云等（2007）通过设计农户生计资产量化研究方法，探讨了农户脆弱性问题，研究发现，农户脆弱性的直接原因是缺少单一或多种生计资产，且缺乏多种生计资产的农户更为脆弱。阎建忠等（2011）通过构建农牧民生计脆弱性评价指标体系，对青藏高原东部样带 11 个乡镇的 879 户农牧民生计脆弱性进行了评估，结果表明，相较山原区和高山峡谷区，高原区农牧民生计脆弱程度更高，农牧民整体抗风险能力弱，生计资产少，适应能力明显不足，并提出政府的救助措施应转向改善农牧民人力资产与金融资产。部分学者认为应加强农户生计可持续发展能力培育，并以南水北调库区、云贵高原和四川盆地、甘南高原等为研究区域展开有关生计资产的定量研究（杨云彦等，2009；徐鹏等，2008；赵雪雁，2011）。农民的可持续生计能力主要受限于户主特征、土地经营规模、家庭生命周期等家庭禀赋特征，外部环境以及政策制度等因素（Su et al.，2019）。农户生计策略的内涵、类型，农户生计策略转型及其驱动因素，生计策略转型与环境的关系等问题成为学术界关注的焦点（杨伦等，2019）。

在农户可持续生计评价及其影响因素研究方面，汤青等（2013）的研究得出，黄土高原地区农户的生计策略以外出打工为主，但其生计效益指数水平不高，因此提出应推进人口城镇化和农地流转，拓展农户收入来源，并通过技术培训提升其非农生计可持续性。黄启学和凌经球（2015）从脆弱化环境治理、生计资本优化、政策优化与体制机制创新等方面，提出滇桂黔石漠化片区贫困农民可持续生计优化路径。何昭丽和孙慧（2016）实证考察了旅游生计策略对农民可持续生计的影响，结果表明，旅游发展是农民维持生计的重要方式，旅游发展与农民生计资本相互促进，但从事不同类型的旅游业的农民的生计资本积累能力存在明显差异。胡江霞和于永娟（2021）的研究发现，贫困农民可持续生计受限于人力资本、生计风险管理、制度环境等因素；其中，生计风险管理发挥着中介作用，制度环境具有正向调节作用。徐龙顺（2021）实证考察了农民可持续生计与村民自治的关系，研究发现，人力资本、金融资本和社会资本均显著促进了村民自治，影响效应排序依次为金融资本、人力资本、社会资本。张吉岗等（2022）从激发内生动力、提供发展机会和提高生计胜任能力等方面，提出了少数民族地区农户生计能力提升的主要路径。

学者们针对失地农民可持续生计问题展开了较深入的研究。陶斯文（2012）的研究认为，四川民族地区失地农民可持续生计存在安置费用严重不足、安置办法不合理、安置费分配混乱、生存环境恶化且身份尴尬等突出问题，从制度层面、生计资产配置和善村民自治、就业与职业技能培训、社会保障等方面提出了对策建议。杜书云和徐景霞（2016）将失地农民分为五类：完全失地城市化农民、完全失地半城市化农民、不完全失地城市化农民、不完全失地半城市化农民、不完全失地非城市化农民，其可持续生计困境具有空间异质性、长期性、代际传递等典型特征，主要原因在于土地权益受损、就业困难、社会保障缺失、身份困窘且难以融入城市，并提出应通过内源式发展破解失地农民可持续生计困境。黄建伟和刘文可（2017）采用熵值法和模糊综合评价法，实证考察了失地农民对生计政策的认知及评价，研究发现，失地农民的可持续生计政策满意度取决于政府"因地施策"与就业创业政策的有效实施。

陶纪坤（2017）的研究结果显示，失地农民参加失业保险的意愿明显高于非失地农民，政府应对社会保障制度进行改革和完善，通过发挥失业保险预防失业和促进就业的双重功能，切实解决失地农民可持续生计问题。李燕（2020）从自然环境、社会环境、个人观念等方面分析了青海省失地农民可持续生计的制约因素，并提出特色种、养殖业可持续生计、乡村旅游可持续生计、特色产业可持续生计和居民服务业可持续生计等生计模式。杨琨和刘鹏飞（2020）从家庭年人均收入水平、生计多样性、家庭劳动力就业率、参保率等方面，综合评估了兰州市安宁区失地农户生计方式的可持续性及其影响因素，结果表明，大部分失地农户尚未实现生计可持续发展，农户生计多样性导致其可持续生计水平存在明显差异，农户生计可持续性主要受到人力资本中劳动力人口数量、平均年龄及受教育年限的影响。

部分学者尝试剖析深层次的致贫原因，对我国农村贫困与反贫困事业发展起到了积极的促进作用。王国敏（2003）的研究指出，自然环境、人力资源、社会经济结构、累积效应等因素的共同影响作用，造成了西部地区农村贫困，并建议西部地区实施"开发移民"和"教育移民"工程，提高城镇化率，大力发展第三产业，加大基础设施建设投入力度，增加财政转移支付能力。王亚玲（2009）的研究分析了农村贫困的新特点，并基于反贫困面临的新问题提出了相应对策。范永忠和范龙昌（2011）的研究认为，新形势下农村绝对贫困大有改善，但相对贫困不断突出，返贫现象普遍存在，农村贫困的根源在于权利贫困。

王三秀（2012）认为贫困农民对贫困治理的观念心理、行为特点、影响效果以及目标实现反映了该群体在反贫困中的主体性，提出需要运用整合政策、激发权能、创新方式、影响观念以及规范立法等手段，加强贫困农民系统化的主体性建设。刘振杰（2014）认为扶贫模式应由传统的单纯依靠经济增长的模式逐步转向具有发展理念、融合社会政策与经济政策为一体的资产社会政策模式，建立具有资产建设性质的社会保障个人资产账户对于贫困治理工作具有重要意义。安祥生等（2014）构建结构方程模型，实证检验了脆弱性背景—生计资本—生计策略—生计结果相互之间复杂的影响机制，研究得出，脆弱性背景显著负向作用于生计策略，同时通过对生计策略产生影响，进而间接地负向作用于生计结果。何仁伟等（2017）的研究指出，生计资产的增加与生计策略的优化是可持续生计视角下我国农村贫困治理的核心问题，提出了基于农户可持续生计的中国贫困治理框架，认为贫困农户生计资产受到其所处的脆弱性生计环境的直接影响，应通过相关扶持政策的实施帮助其建立可持续生计策略，进一步提升其发展能力，从而实现可持续的生计产出及稳定脱贫。

黄开腾和张丽芬（2018）的研究将贫困类型分为收入型贫困和支出型贫困两类，认为在精准扶贫过程中分类扶持应侧重于支出型贫困，建议从农村医疗保障扶贫、农村教育扶贫、支出型贫困家庭的财产来源渠道拓展、农村消费观念引导等方面着手，加快提高扶贫治理的绩效性。万良杰和薛艳坤（2019）从贫困流动性角度，基于贫困人员的收入流动性和消费流动性，将贫困类型划分为绝对型贫困、支出型贫困、收入型贫困、技能开发型贫困、脆弱型贫困、家庭急难型贫困、人情型贫困、人力资本型贫困、依赖型贫困等九种类型，并提出了相关精准施策建议。孙久文和夏添（2019）的研究认为，2020 年之后我国的相对贫困线设定应采取"两区域、两阶段方法"，即非沿海地区实施绝对贫困线相对化、沿海地区实施基于居民可支配收入的相对贫困线，且每 5 年上调一次；2035 年，我国进入城镇化后期，相对贫困标准整体进入以全民可支配收入为识别基础的阶段。

（四）关于电商与农民可持续生计关系问题的研究

现有研究中仅有少数学者探讨了电商与农民可持续生计之间的关系问题。苏芳等（2020）基于可持续生计分析框架，利用陕西省 414 份农户调查数据，运用数据包络分析和单侧截断 Bootstrap 方法，实证考察了产业扶贫、电商扶贫、旅游扶贫、教育扶贫等不同帮扶措施的执行效果，研究得出，电商扶贫对该区域贫困户的生计资本状况的促进作用并不显著。陈雪梅和周斌（2021）利用2019年陕西省三个农村电商示范县的调查数据，实证分析了政府主导模式和企业主导模式对农户升级策略的影响差异，研究发现，农村电商发展能够促进农户生计水平提升，且企业主导模式的影响更明显。肖开红和刘威（2021）的研究同样证实电商扶贫改善了贫困户的自然资本、人力资本、金融资本以及社会资本，并提出应建立以提升农户可持续生计能力为导向的政策支持体系。

孟凡钊和董彦佼（2021）根据生计功能将个体经营农户分为三类：多收入渠道户、自主销售户以及合同收入户，其实证检验结果显示，广西多收入渠道户有更强烈的意愿分析经营策略与生计结果，也更倾向于从事农村电商活动；自主销售户具有较大的生计压力，其参与电商经营的意愿较弱；合同收入户的电商经营意愿受到乡镇工业企业、户主年龄、农业固定资产、人均收入增量等因素的影响。王翠翠等（2022）的研究发现，农户通过参与农业电商提升了自身发展能力、经济能力和社交能力，其可持续生计水平主要取决于是否参与农业电商、亲戚中有无村干部、公共服务水平、政府支持度和产业基础水平。曾妍等（2022）基于"虚—实"双链创新视角，探讨了电商价值链更新对农民收入的影响机制，实证分析结果表明，分散经营的电商模式对农民家庭增收的作用不明显，但"平台经济"和"双品牌"的价值链更新具有增收效应。

（五）文献述评

关于农村电商问题的已有研究中，学者们对农村电商的概念的界定不尽相同。有关农村电商模式的研究成果颇丰，农村电商集群、淘宝村发展等问题引起了学术界关注。主成分分析法、聚类分析法、熵权法、模糊集定性比较方法等研究方法被应用于测算区域农村电商发展水平，不同区域农村电商发展的主要影响因素存在明显差异。

关于电商扶贫问题的已有研究中，学者们从电商扶贫的概念、机理、效应、模式、农户参与度及其影响因素等方面进行了较深入的研究。农村电商具有区域创业效应和扶贫效应，主要通过增收和节支两种途径实现减贫脱贫。部分学者实证考察"电子商务进农村综合示范"的政策效应得出，不同区域的政策增收效果具有异质性，也有学者指出该项政策尚未形成"造血"机制。

"直播/短视频＋扶贫销售"等农村电商模式日渐发展成熟。农户参与电商扶贫的意愿受到农民个人特征、社会网络、资源禀赋等多种因素的影响作用。农村电商在不同区域对不同类型的农村居民消费表现出异质性影响效应。

关于农民可持续生计问题的已有研究中，尽管一些国际机构和组织以及部分学者相继开发了多种可持续生计分析框架，但最具代表性的是英国国际发展部（DFID）提出的可持续生计分析框架，包含了生计资本、生计策略和生计结果等内容。我国学者对可持续生计的研究主要基于可持续生计分析框架，围绕农户的生计脆弱性、生计资产、生计策略、可持续生计评价及其影响因素等问题展开。失地农民可持续生计问题受到部分学者的关注，也有学者指出农村贫困治理的核心在于增加农户生计资产和优化其生计策略。

关于电商与农民可持续生计关系的已有研究中，仅有少数学者对电商与农民可持续生计的关系问题进行了探讨。有学者的实证研究结果表明，电商扶贫不能显著地促进贫困户生计资本状况改善。但也有学者得出相反的结论，验证了电商扶贫能够有效改善贫困户的自然资本、人力资本、金融资本及社会资本。

综上所述，学术界对于农村电商和农民可持续生计问题的研究已经较具系统性，且形成了相当丰富的研究成果。尽管少数学者对电商与农民可持续生计的关系进行了有益的研究，但有关电商与农民可持续生计之间的具体作用机理的研究成果仍然较匮乏。学术界对于西南边疆民族地区农村电商发展问题的关注度还不高，相关实证研究成果也较少。因此，从农村电商视角，探讨西南边疆民族地区农民可持续生计优化路径，需要厘清一些问题，如农村电商与农民可持续生计二者之间的作用机理；农民的就近就业意愿、参与旅游经营意愿、电商扶贫意愿；农村电商发展对农民可持续生计、农村居民消费升级的影响效应研究；农村电商发展促进农民可持续生计优化的实现路径；等等。这正是本书拟研究的主要问题。

三、研究内容、研究方法及技术路线

（一）研究内容

第一章是绪论。首先介绍本书的研究背景，然后分别对农村电商、电商扶贫、农民可持续生计、电商与农民可持续生计的关系等问题进行文献回顾和述评，进一步阐述本书的研究内容、研究目的、研究意义及研究方法。

第二章是农村电商发展促进农民可持续生计优化的实现路径的理论框架。首先，界定农村电商的内涵，明确其特征。其次，对农民可持续生计的内涵与维度进行界定，并归纳农民可持续生计困境的表现形式。再次，通过分析农村电商政策的演进阶段，总结广西农村电商发展的现实条件。最后，明晰农村电商对农民可持续生计作用机理的理论依据，构建农村电商对农民可持续生计作用机理的分析框架。

第三章是新生代农业转移人口就近就业意愿实证研究。从资本禀赋视角，利用广西 14 个地级市新生代农业转移人口就近就业意愿的实地调研数据，构建了二元 Logistic 模型，实证分析了广西新生代农业转移人口就近就业意愿及其主要影响因素。

第四章是农村社区居民参与旅游经营意愿实证研究。从居民感知视角，以广西农村社区居民参与旅游经营意愿为研究对象，采用二元 Logistic 回归模型，结合广西富川瑶族自治县福利镇和朝东镇的实地调查数据，实证分析了广西农村社区居民参与旅游经营意愿及其主要影响因素。

第五章是生计风险感知对农民参与电商扶贫意愿影响实证研究。首先，通过对广西 36 个国家电子商务进农村综合示范县（市）的农民参与电商扶贫意愿进行实地调研，较为客观地反映广西农村电商扶贫的现实情况。其次，以生计风险感知为研究视角，通过构建多群组结构方程模型对广西农民参与电商扶贫意愿的代际差异及其影响因素展开实证分析。

第六章是农村电商发展对农民可持续生计影响实证研究。首先，通过对广西 54 个国家电子商务进农村综合示范县（市）的农村电商发展水平和农民可持续生计能力进行实地调研，充分掌握广西典型区域农村电商和农民可持续生计的现实情况。其次，运用结构方程模型分析方法，实证考察广西农村电商对农民可持续生计的影响效应及其主要影响因素。

第七章是农村电商发展对农村居民消费升级影响实证研究。在分析农村电商发展对农村居民消费升级的影响机制的基础上，利用 2014～2020 年我国 28 个省（直辖市、自治区）的面板数据，采用固定效应模型和中介效应模型，分别从消费规模、消费结构两个层面实证考察农村电商发展对农村居民消费升级的效应。

第八章是农村电商发展典型模式的经验借鉴。总结了政府主导型农村电商模式和农民自发触网型两类农村电商模式下 10 种典型模式的经验与启示，其中，政府主导型农村电商模式主要包括：丽水模式、成县模式、通榆模式、桐庐模式、武功模式、横县模式、富川模式；农民自发触网型农村电商模式主要包括：遂昌模式、沙集模式和清河模式。

第九章是农村电商发展促进农民可持续生计优化的实现路径。根据第三章至第八章的实证研究结果，分别从优化农村电商发展环境、构建现代乡村产业体系、实施"数商兴农"、强化农村电商人才支撑、改善农村消费环境等五个方面，提出农村电商发展促进农民可持续生计优化的实现路径。

（二）研究方法

1. 文献研究法

通过文献研究法总结国内外关于农村电商、电商扶贫、农民可持续生计、电商与农民可持续生计的关系等方面的研究成果，并梳理广西农村电商与农民增收政策的历史沿革、现存的突出问题以及发展趋势。

2. 调查研究法

通过对广西农村电商的典型案例地进行问卷调查，并结合深度访谈法获得检验农村电商对农民可持续生计作用机理的微观数据。

3. 理论模型构建法

基于相关理论建立一个新的综合分析框架理论模型，探寻农村电商对农民可持续生计的作用机理。

4. 实证模型检验法

通过构建一个多元实证分析框架，综合运用多种实证方法，检验新生代农业转移人口就近就业意愿和农村社区居民参与旅游经营意愿，生计风险感知对农民参与电商扶贫意愿的影响效应，以及农村电商发展对农民可持续生计、农村居民消费升级的影响效应。

5. 政策系统设计分析法

从优化农村电商发展环境、构建现代乡村产业体系、实施"数商兴农"、强化农村电商人才支撑、改善农村消费环境等层面，探讨农村电商发展促进农民可持续生计优化的实现路径。

（三）技术路线

农村电商促进农民可持续生计优化的实现路径研究的技术路线，如图1-1所示。

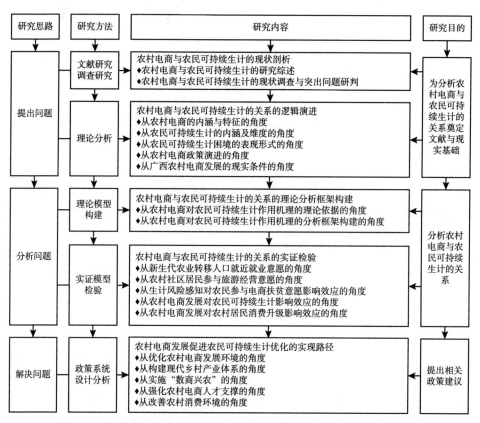

图1-1 农村电商促进农民可持续生计优化的实现路径研究的技术路线

第二章

农村电商发展促进农民可持续生计优化的实现路径的理论框架

本章基于上一章对国内外相关研究成果的归纳总结，构建农村电商发展促进农民可持续生计优化的实现路径的理论框架。首先，界定农村电商的内涵，明确其特征。其次，界定农民可持续生计的内涵与维度，分析农民可持续生计困境的表现形式。再次，厘清农村电商政策的演进阶段，总结广西农村电商发展的现实条件。最后，通过探讨农村电商发展对农民可持续生计作用机理的理论依据，构建农村电商发展对农民可持续生计作用机理的分析框架。

一、农村电商的内涵与特征

（一）农村电商的内涵

电子商务是对传统商业活动的电子化、网络化及信息化，通过互联网、企业网和增值网络进行商品交换的经营活动，具有环节少、速度快、企业库存低等优势。学术界普遍认为农村电商是将传统的商务流程电子化与数字化，包含工业品下行和农产品上行，旨在帮助作为主体的农民克服信息弱势进而直接对接大市场（汪向东，2011）。结合前人的研究成果，本书将农村电商的内涵界定为：基于现代供应链体系、物流链体系，利用多样化电商平台及电子支付工具，农户、新农人、新型农业经营主体等电商从业人员将乡土特色产品、城市工业消费品或专业化服务进行跨时空和跨城乡双向电子交易及管理的经营活动

（郭凯凯、高启杰，2022）。

农村电商包括工业品下行和农产品上行，二者相互促进。其中，工业品下行有助于市场规模的扩大，在提升城市居民购买力和增加其收入的同时，也能够通过降低中间流通环节成本促使农民支出减少，工业品下行还能够对农村假冒伪劣产品销售起到有效预防和遏制作用，进而有助于农民生活质量的提升。农产品上行不仅有利于推动区域农业现代化加速发展和农民收入增加，而且能够缓解农业老龄化、农村空心化等问题，农产品上行还能为城市居民购买新鲜农产品提供更多便利且使得其开支降低，进而有助于提升其生活质量。由于工业品的市场空间与利润空间均较大，因而阿里巴巴、京东等网商更重视工业品下行。地方政府则更强调有效发挥农产品上行的积极作用，扩大农产品生产，促进农民增收，推动农业现代化和农民内源式发展，以此破解农民可持续生计困境（王文龙，2022）。

农村电商以现代互联网信息技术为依托，以相关基础设施为支撑，通过商品交易、服务等形式实现了农村与全国各地的交流往来以及村、镇、乡之间的有效衔接。它由内而外输送农产品和农村特色文化的同时，由外而内输送各种资源、信息，实现了有形要素与无形要素之间的互动交流。2021年以来，我国农村电商迈入"数商兴农"高质量发展阶段。高质量发展是指以提高质量和效率为目标，以创新为引领，坚持绿色开放等发展理念，协调好高质量发展过程中的内外部条件，最终实现经济更公平、更可持续发展。知识积累、技术进步、制度变革是实现农村电商高质量发展的有效途径。农村电商高质量发展是乡村振兴、破解城乡二元结构的重要助推器，能够促进广西农民收入与农村消费双提升。高质量发展的农村电商就是以创新驱动农村电商结构优化，由追求数量向追求质量转变，带动农村电商相关主体发展，拉动社会生产和消费，最终实现农民增收和农业复兴。

结合农村电商的构成要素，农村电商高质量发展应包含"人""货""场""物"四个方面。一是"人"，即从事农村电商交易的各种人力资本。在高质量发展导向下，这些"人"需要借助互联网学习电商专业知识，提升专业能力，培养创新创业理念，以适应不断发展的市场。二是"货"，是农村电商高发展的基础。有"货"电商才能运营，"货"指农特产品、生活消费品等可用于交易的商品。农村电商高质量发展需要有高质量的商品来支撑，既要确保商品质量安全，也要确保商品能够满足消费者日益增长的精品化追求。三是"场"，是连接农户和市场的桥梁。如淘宝村、农村电商综合示范区等电商平台，涉及电商服务、货物储存、货物包装、货物销售等公共服务机构。农村电商高质量发展要求电商机构统筹资源配置，提高电商整体经营效率和收益。四是"物"，即物流。实现农村电商高质量发展要求快递物流打通进村最后一公里，构建高速且系统化的现代物流体系。

（二）农村电商的特征

关于农村电商的特征，学者们大多是从数字化、区域性、多元共生性、长效性等方面进行分析。基于现有研究成果，本书主要从平台、用户、基础、创新四个方面探讨农村电商的多维特征（王瑞峰，2021）。

第一，农村电商平台具有模式差异性和社会功能性特征。农村电商平台基于各种连锁性网点或电商营业点，通过集约化、大数据、体系化等方式，既增加了农户收益，又提升了其他经济链参与者效益。在市场交易中，农村电商平台所占份额较大，有力推动了欠发达地区乡村经济发展。根据平台性质的不同，农村电商平台可分为政府主导型和企业主导型两类。2017 年 7 月，国务院扶贫办主办的中国社会扶贫网开始运营，该平台设立了扶贫对接、扶贫公募、消费扶贫等服务功能，同时针对农产品和入驻商家主体制定了具体标准。淘宝、京东、拼多多等企业主导型电商平台的组建方式更为灵活，高精专人才相对充足，市场敏锐度较高，这些平台实行新用户补贴、活动补贴等多种措施建立自身吸引力，快速抢占市场份额。乡村振兴背景下，农村电商平台对于精准扶贫和助力农民创业增收的社会功能性作用也日益凸显。

第二，农村电商践行主体具有独特性特征。随着农村电商平台上的网购、信息沟通、商家签约、学习模仿等新生活方式对农民的影响日趋明显，农民特别是相对贫困群体可以借助电商企业参与到市场秩序中，并基于对产品供求信息与消费者偏好的了解来进行特色农产品生产，其主观能动性与自我脱贫动力有所增强，学习、生产、追踪等电商市场竞争能力得以提升。但整体来看，农民电商意识还不强，技能水平亟待提高，收入水平相对较低，可持续生计能力仍然较弱。

第三，农村电商具有竞争弱质性和基础薄弱性特征。从农村电商发展经验看，目前成功的电商村大多处于区位优势明显的大城市或城市群周边。这是因为农村电商实现集群化发展的地区均具有一定的产业基础，或者是原有的产业基础虽已衰落，但商业传统和经商人才犹存，进而推动了电商创业。农村电商发展的物质基础包括完善的交通基础设施、普及的互联网技术以及强大的电商平台。与沿海地区农村相比，中西部地区农村普遍缺乏产业基础，在产品品质和品牌建设方面整体尚未建立竞争优势，农村电商发展所需要的交通、通信等基础设施和配套服务均不完善，相应的监管体系亟待健全。

第四，农村电商具有资源整合性、政府扶持性、创新渐进性等创新特征。当前各大电商平台的准入门槛较高，农村电商市场竞争日趋激烈，具有地理标志的农产品、传统手工艺品在政府支持下取得了成功。各地政府在资源整合、电商政策制定与实施、资金扶持等方面具有主导作用。一方面，要根据当地优势资源和特色文化进行资源整合；另一方面，地方政府特别是位于中西部地区的政府要加快推进土地制度改革和城乡社会保障一体化，培育新型农业经营主体，助推农业的规模化、产业化与标准化发展，强化农村基础设施和冷链物流建设，落实稀缺资源的有效配置，为农村电商健康发展创造良好的软件和硬件条件。此外，农村电商发展也是一个持续创新和日渐完善的过程。

二、农民可持续生计的内涵及维度

（一）农民可持续生计的内涵

联合国"世界环境与发展大会"最早将可持续生计界定为：个人或家庭所拥有和获得的、能用于谋生和改善长远生活状况的资产、能力和有收入活动的集合（赵曼、张广科，2009）。尽管学术界对农民可持续生计内涵的理解存在差异，但学者们普遍认为农民可持续生计的改善是通过有效就业来提升该群体的谋生与发展能力，注重生计的持续性和长久性，以防陷入贫困或者返贫。可见，农民可持续生计的核心在于持续改善与维持其生计状况。假如农民能够应对各种生存压力，在遭遇压力与打击下也能恢复其生计，并且在维持和改善其能力及资产时又不会对自然资源基础造成损坏，那么其就实现了生计的可持续。结合前人的研究成果，本书将农民可持续生计的内涵界定为农民所拥有和获得的生计资本与能力及其进行的获得收入的活动，能够抵御外界各类风险和压力，进而持续改善与维持其现有及未来长期生计状况，则其生计就具有可持续性（王翠翠等，2022）。

（二）农民可持续生计的维度

借鉴迈赫迪和希瓦科蒂（Mahdi & Shivakoti，2019）、胡江霞和于永娟（2021）的研究成果，本书将农民可持续生计分为五个维度：即经济的可持续性、制度的可持续性、社会的可持续性、环境的可持续性以及农民内生发展能力的可持续性。

第一，经济的可持续性。它是指农民需要以稳定的经济来源作为其生活保障。我国农民收入的构成包括四种类型：即工资性收入、经营净收入、转移净收入和财产净收入。其中，农民务工就业获得的工资性收入是最主要的收入来源，其次是农民从事农业经营获得的经营性收入。一般认为农民增收主要靠农民务工就业获得的工资性收入和政府转移性收入。

第二，制度的可持续性。它是指政府应为农民持续提供社会保障等政策支持。社会保障制度旨在保障基本民生、消除贫困以及减少贫富差距。我国农村社会保障包含基本保障、风险保障、福利保障、补充保障四个层次。其中，基本保障是指对农民的生存保障，包括最低生活保障和医疗救助；风险保障是指对农民的各种风险的补偿保障，涵盖养老保险、医疗保险、农民工的工伤保险和失业保险、农村自然灾害生活保障；福利保障是指对农民的公益性保障，即"五保"供养、老年人和残疾人集体供养、高龄老人补贴、军烈属优抚、妇幼保健与疾病预防等；补充保障是指对农业生产和农民生活的商业性保障，即商业性的农业保险、大病医疗保险、人寿保险等（王曙光、王丹莉，2020）。

第三，社会的可持续性。它是指社会和谐是实现农民可持续生计的重要条件。从本质上看，社会和谐是社会成员利益与社会权利的均衡和谐发展，关键在于加快推进社会公共权利社会化发展。农民对社会环境的评估可以通过其对政府行政输出的感知程度来体现，具体可以从民主法治、公平正义、诚信友爱、充满活力、安定有序等方面进行衡量（徐永平，2016）。

第四，环境的可持续性。它是指农村生态环境治理现代化是实现农民可持续生计的重要基础。农村生态环境治理仍然面临着严峻的生态环境、生产环境以及人居环境形势。农村生态环境保护涉及耕地、水域、森林以及草原四大生产性资源系统的保护。改善农业生产环境应关注农用生产化肥施用强度，提高农药使用的科学性，强化农民使用可降解农膜意愿，拓宽资源化利用途径，提高利用率。农村人居环境整治的难点是对农村生活污水、生活垃圾以及建筑垃圾的处理（于法稳，2021）。

第五，农民内生发展能力的可持续性。它是指农民需要不断提高内生发展能力，才能增强自身竞争力，从而改善其可持续生计。乡村经济发展和产业振兴的前提条件是乡村科技振兴。农民内生发展能力的高低对乡村振兴的实效具有直接影响。乡村振兴战略实施中既要强调农民的主体地位，又要着重激发和提升农民内生发展能力。农民内生发展能力主要表现为健康生存能力、自主学习与科技应用能力、社会认知能力、经营管理能力、人际交往能力以及奋斗能力（龙静云，2019）。

三、农民可持续生计困境的表现形式

西南民族地区农民生计方式仍较传统，主要从事种植业、养殖业，外出务工收入是多数家庭经济收入的主要来源。近年来，西南民族地区加快推进现代农业和旅游业发展，但该区域产业结构整体仍较单一，缺少支柱产业，特色产业发展缓慢，农民增收成效并不显著。农民生计资本禀赋总体偏低，自然资本、人力资本、社会资本、物质资本、金融资本等生计资产均较匮乏。本书主要从生计资本方面分析农民可持续生计困境的表现形式。

（一）自然资本方面

西南民族地区受到地形的制约，耕地面积普遍较小，且地块较分散，交易成本高，难以实现土地流转和土地规模化经营。该区域拥有较丰富的水资源总量，但土地蓄水能力较弱，水利基础设施发展滞后，水资源利用率不高，工程性缺水问题突出。作为重要的自然资本之一，西南民族地区农民的宅基地面积虽较大，但实际上大多处于闲置或少量人口留守状态。部分地区为填补城市建设用地占用的指标，通过行政命令手段进行宅基地复耕，农民因此而获得的宅基地补偿较低。在少数经济相对较发达地区的城乡接合部，农民会采取隐性流转方式进行宅基地的私下交易。由于此类交易不受法律承认与保护，宅基地及地上房屋的价值容易被低估，农民的财产权益也会受损。可见，西南民族地区农民的宅基地应有的资本价值并未得到有效发挥。此外，因缺少村办企业，少数地区有村办企业但规模小且效益低，农民很难从集体经营性建设用地中获得收益（李凤梅，2020）。

（二）人力资本方面

作为我国阻断相对贫困代际传递的难点区域，西南民族地区教育发展水平具有明显的差异性和复杂性，发展质量相对较低，尚不能充分满足人民群众的教育需要。一般而言，农民受教育水平越高，获得较好的就业机会的可能性越大，其非农产业收入的增长越快。对于接受了更多的教育培训的农民来说，其对于信息的嗅觉更为敏锐，搜寻、发现、掌握和利用职业信息的能力明显增强，寻求好工作的主动性也更强。西南民族地区农民整体受教育程度偏低，直接影响了其就业能力、收入来源及结构。由于基础教育相对落后，高等院校数量偏少，农民对教育重要性的认识不足，其子女能够接受高等教育的占比仍然较低。农民通过"干中学"积累人力资本的渠道不畅，该群体接受新事物和掌握新技能的能力整体较弱，劳动技能相对匮乏（翁贞林等，2022）。通过人力资本的投入，提升农民的教育水平和技能水平，有助于其对身边存在的生计风险进行识别和科学评估，并有效抵御各种生计风险的冲突，进而提升其生计风险管理能力（胡江霞、于永娟，2021）。只有加快培育与乡村多种功能对接的人才，才能逐步破解西南民族地区"空心村"困境，有效发挥乡村多种功能，进一步明确乡村发展类型，助推乡村全面振兴（曾欢、朱德全，2021）。

（三）社会资本方面

社会资本是嵌入社会网络之中可动员的潜在资源，行动者通过调动这种工具性资源来获得更高的经济收益。社会资本也是增强组织内部合作的文化内涵和制度规则，包括社会网络、社会信任、规范、合作等基本要素（魏娇娇，2020）。社会资本具有社会网络效应和村庄社会融合效应。社会网络效应体现为因网络规模和结构异质性的变动引致的边际变化。农民的社会资本的含量将随着社会网络规模的扩大而提高，其动员社会资本的能力也将随之增强，进而使其获得的经济效益也越高。由于社会网络结构异质性不断提高，农民通过乡村外部获得优质资源和非农经济收益的能力也将得以增强。相较农村内部网络，外出务工的农民结识新型社会网络，将在更大程度上影响其务工收入，进而使其日后的工资差异逐渐扩大。

村庄社会融合效应是指社会资本被视为社区内部成员横向交往所叠加的私人网络，以及长期合作和彼此信任形成的互惠规范，对农民减贫增收具有举足轻重的作用。一方面，作为一种社区集体资源，社会资本通过充分发挥公共物品的作用，直接或间接地推动实现行动者经济成果共享；另一方面，社区内部融洽的人际关系有助于提升成员生产合作收益，同时也为个体面对灾害与风险时提供了社会支持。随着社会资本的积累，农民外部融资的可得性将得到提升，进而有助于其获取更大的融资规模（张鑫等，2015）。由于受到农村非农化冲击，西南民族地区农民的社会资本在农业生产中互利互惠的机制逐步被摧毁，其作用的条件和形式出现实质性变迁。社会资本对非农化进程的作用不断增强，并且社会资本在趣缘或业缘群体等次级关系中的重要性逐渐提高（王建，2019）。农村社会资本缺失不利于社区的可持续发展，这就需要重构农村社会公共空间、农村社区"惯习"、农村社区记忆和社会认同，以及重构农村公共精神和公共人物，以此实现价值的规范和再生产（王春娟，2015）。

当农民拥有的资源很有限且生计较脆弱时，需要权衡取舍社会资本、人力资本和金融资本。对于"离土不离乡"的非农户，村"两委"需要激发农户参与集体活动的热情，促进其彼此间加强了解和信任，充分挖掘现有社会资本，为其积累社会资本创造有利环境。而"离土又离乡"的非农户基于乡土社会所形成的原社会资本、社会网络作用相对有限，社区或工会应组织外出务工农户建立互助组织，助推非农户形成以业缘作为依托的社会关系网络，引导其积累更高质量的社会资本（张蕴晖、赵伟，2023）。

（四）物质资本方面

农民的物质资本主要是指农民自有房屋及其居住条件，与其经济收入和社会保障水平密切相关。作为最重要的物质资本，房屋是农民家庭福利和保障实现的重要基础，具有生产和生活资料双重功能。房屋的类型反映了农民的居住条件和生计水平。受"建房潮"和"买房潮"的影响，西南民族地区空心村问题不断凸显，农民的物质资本整体较薄弱。农村房屋与宅基地空置、闲置现象较为普遍，土地资源利用率低，不能为农民规避风险和再次购买房屋提供支持。由于农民仅拥有宅基地的使用权，宅基地使用权的抵押、转让等均难以实现。目前宅基地自愿有偿退出机制和流转政策仍有待完善，农民的宅基地和住房难以变现，尚不能促进农民财产性收益增加。而外出务工的农民大多不具备在城市购置房产的经济能力，在城市没有长期稳定的居住场所，只能栖身在集体宿舍、城乡接合部的出租屋等（聂飞，2017）。

（五）金融资本方面

金融资本是指农民在生产和消费过程中所需要的资金流，由储蓄、基金和保险等构成。其具体包括农民可支配的资金、通过机构和民间获得的贷款、对农业生产投保的保险，以及获得补贴的金额等转移性收入。金融资本反映农民的家庭人均纯收入状况和获得信贷情况，其获得的信贷越多，说明其扩大生产经营活动的资金越充足。近年来，我国政府持续运用财政手段和金融手段，通过拨款与贷款的方式惠及相对贫困群体，增加了该群体的自有资本和信贷资本。金融资本对于农民生产经营的策略选择具有直接影响，农民的机械化水平和经营规模受到其可支配资金能力的制约，当农民拥有充足的金融资本，其对农业依赖性较小，转出土地从事非农经营的意愿更强（王雪琪等，2021）。金融资本有助于农户抵御大病风险冲击，农民的金融资本存量越高，其家庭遭受大病风险冲击的概率就越小，同时能够有效降低大病风险冲击对其家庭的影响（唐林、罗小锋，2020）。

在乡村农业产业振兴进程中，国家财政与金融支农政策发挥着重要作用（黎春梅、何格，2021）。农民的金融资本来源于上一年度经营收入、银行信贷、亲友投资或借款以及政府补贴。国家对农业的信贷支持政策、对特定产业资金补贴有利于吸引部分农民工返乡或部分非农经营者入乡开展农业生产。目前金融资本是西南民族地区农民和非农经营农民从事农业生产经营的瓶颈因素，阻碍了该区域农业适度规模经营的实现和新经营主体下乡进程。农户内部收入分层与区域差异是制约金融资本的增收效果的主要因素。农民特别是相对贫困农民的自有资本主要用于储蓄，只有通过有效投资才能实现增值，从而有效阻断相对贫困农民返贫，推进农村普惠金融服务还应注重区域间的均衡性与协调性（武丽娟、李定，2019）。

四、农村电商政策的演进

近年来，中央、地方等各级政府持续出台了一系列农村电商政策，从顶层设计角度构建了政府引导、社会资本与企业参与的电商政策体系，农村电商日渐成为我国乡村振兴和数字乡村建设的重要抓手。总体而言，我国农村电商政策的演进可分为路径探索、规划部署、示范推进、精准施策、"数商兴农"高质量发展五个阶段。

（一）路径探索阶段（1998~2013年）

1998年，郑交所集诚现货网（中华粮网）基于"金农工程"进行网上粮食交易，标志着我国农产品上行进入起步阶段。2005年中央一号文件《中共中央、国务院关于进一步加强农村工作 提高农业综合生产能力若干政策的意见》提出"鼓励发展现代物流、连锁经营、电子商务等新型业态和流通方式"。同年，易果网成立，开启了生鲜农产品网上交易。此后国家层面上主要从流通方式、交易方式、基础设施建设等角度对农村电商发展政策进行部署。例如，2012年中央一号文件《中共中央、国务院关于加快推进农业科技创新持续增强农产品供给保障能力的若干意见》明确提出："充分利用现代信息技术手段，发展农产品电子商务等现代交易方式"；2013年中央一号文件《中共中央、国务院关于加快发展现代农业 进一步增强农村发展活力的若干意见》进一步提出："大力培育现代流通方式和新型流通业态，发展农产品网上交易、连锁分销和农民网店。加快宽带网络等农村信息基础设施建设"。中国互联网络信息中心（CNNIC）发布的《第33次中国互联网络发展状况统计报告》显示，截至2013年12月，我国网民规模达到6.18亿人，其中手机网民达到5亿人；互联网普及率为45.8%。全国共有各类涉农网站3.1万家，其中电子商务网站3000多家，涉农政府信息网、涉农交易网等多层次性的电子商务网络体系初步形成[1]。

（二）规划部署阶段（2014~2016年）

2014年，中共中央、国务院印发的《关于全面深化农村改革 加快推进农业现代化的若干意见》中提出"启动农村流通设施和农产品批发市场信息

---

[1] 中共中央网络安全和信息化委员会办公室. 第33次中国互联网络发展状况统计报告［EB/OL］. http：//www.cac.gov.cn/2014 – 05/26/c_126548822.htm, 2014 – 05 – 26.

化提升工程，加强农产品电子商务平台建设"。商务部基于"新农村商务网"建设开通了全国农产品商务信息公共服务平台，在与中央电视台农业频道合作的同时，对接大型农产品批发市场和连锁超市。淘宝、京东等平台类生鲜电商群体，以及顺丰优选、中粮我买网等垂直生鲜电商群体初步形成。

从2014年开始，商务部和财政部联合启动"电子商务进农村综合示范工程"，建立适应农村电商发展需要的支撑服务体系，促进农村尤其是国家扶贫开发重点县和集中连片贫困县形成造血机制，推动电子商务和农民增收等形成良性循环。2015年，电子商务农村服务站点建设全面铺开，以阿里巴巴、京东、苏宁为代表的电商企业分别推出农村电商计划。商务部继续开展示范基地和示范企业创建工作，总结推广典型经验做法，逐步完善电子商务示范体系。2015年10月，国务院办公厅发布《关于促进农村电子商务加快发展的指导意见》，指出要"培育和壮大农村电子商务市场主体，加强基础设施建设，完善政策环境，加快发展线上线下融合、覆盖全程、综合配套、安全高效、便捷实惠的现代农村商品流通和服务网络"。

2016年3月，商务部等6部门共同发布《全国电子商务物流发展专项规划（2016—2020年）》，提出"加快中小城市和农村电商物流发展，积极推进电商物流渠道下沉，实施电商物流农村服务工程"。2016年7月，商务部印发《农村电子商务服务规范（试行）》和《农村电子商务工作指引（试行）》，明确了县级人民政府建设农村电子商务公共服务体系和农村电子商务工作的具体内容。2016年11月，农业部出台《全国农产品加工业与农村一二三产业融合发展规划（2016—2020年）》提出"到2020年农产品电子商务交易额将达到8000亿元，年均增长保持在40%左右"。2016年12月，商务部、中央网信办、发展和改革委联合发布《电子商务"十三五"发展规划》，提出要"形成服务于现代农业发展的新型农村电子商务体系，促进农业转型升级"。

（三）示范推进阶段（2017～2018年）

2017年，中央一号文件《中共中央、国务院关于深入推进农业供给侧结构性改革　加快培育农业农村发展新动能的若干意见》首设"推进农村电商发展"专节，提出两个国家级专项工作："深入实施电子商务进农村综合示范"和"推进'互联网十'现代农业行动"；鼓励地方规范发展电商产业园。国务院、商务部等部门围绕农产品电商、电商扶贫、农商协作、物流配送等农村电商的重要领域，提出一系列促进农村电商发展的政策措施，农村电商政策体系日趋完善。2017 年 8 月，商务部、农业农村部发布《关于深化农商协作大力发展农产品电子商务的通知》。各地大胆探索实践，形成"电商 + 龙头企业""电商 + 农民合作社""电商 + 农户""商—旅—文融合"等发展模式，有力带动产业升级与农产品销售，促进农民增收。

2018 年 6 月，中共中央、国务院发布《关于打赢脱贫攻坚战三年行动的指导意见》就电商扶贫提出要求，国务院办公厅首次专门印发消费扶贫意见。2018 年 5 月，工业和信息化部印发《关于推进网络扶贫的实施方案（2018 - 2020 年）》指出进一步聚焦深度贫困地区，更好发挥宽带网络优势，助力打好精准脱贫攻坚战，促进产业兴旺、生活富裕。2017 ～ 2018 年，电子商务进农村综合示范工作进一步向深度贫困地区和欠发达革命老区倾斜。电子商务进农村综合示范累计支持 1016 个示范县，覆盖全国 28 个省份，其中，国家级贫困县 737 个，2017 年，全国农村网络零售额首次突破万亿大关，达到 1.24 万亿元。2018 年，全国农村网络零售额达到 1.37 万亿元，其中，国家级贫困县网络零售额达 697.9 亿元，同比增长 36.4%，电商扶贫成效显著①。社交电商、小程序、短视频等电子商务新模式和新业态得到快速发展。

（四）精准施策阶段（2019～2020 年）

精准施策阶段的农村电商政策的总体导向是以实施乡村振兴战略为总抓手，抓重点、补短板、强基础，围绕"巩固、增强、提升、畅通"，深化农业供给侧结构性改革，坚决打赢脱贫攻坚战。2019 年，中央一号文件《中共中央、国务院关于坚持农业农村优先发展做好"三农"工作的若干意见》提出实施数字乡村战略，深入推进"互联网 + 农业"。《中共中央、国务院关于实施乡村振兴战略的意见》《乡村振兴战略规划（2018—2022 年）》《数字乡村发展战略纲要》《数字农业农村发展规划（2019—2025 年）》等一系列促进农村电商发展的政策文件陆续发布。

2019 年 1 月，商务部、教育部、交通运输部等十部门联合印发《多渠道拓宽贫困地区农产品营销渠道实施方案》，指出要多渠道拓宽农产品营销渠

---

① 温福英，黄建新. 欠发达地区农村电商政策与乡村振兴耦合及提升路径［J］. 中共福建省委党校（福建行政学院）学报，2021（6）：132 - 138.

道，动员引导社会各方力量加强农产品产销对接，帮助具备条件的贫困地区农产品销售，推动建立长期稳定的产销关系，促进贫困地区产业发展，助力脱贫攻坚和乡村振兴。2019 年 5 月，中央网信办、国家发展和改革委、国务院扶贫办以及工业和信息化部联合印发了《2019 年网络扶贫工作要点》，指出要瞄准建档立卡贫困户，推进网络扶贫工程升级版，扎实推进农村电商工程，深化电商扶贫频道建设，打好建制村直接通邮攻坚战，大力推进"快递下乡"工程。

2019 年，我国农村电商迈入规模化专业化发展阶段，农村网络零售额达到 1.7 万亿元，农产品网络零售额达到 3975 亿元[①]。电子商务进农村综合示范工作聚焦脱贫攻坚和乡村振兴，取得了阶段性成效。主要表现为"一个全覆盖"和"三个首次"："一个全覆盖"是指政策支持的范围全面覆盖全国 832个国家级贫困县。"三个首次"是指首次提出整区推进实施方式，支持西藏自治区以整区推进方式开展综合示范，商务部会同有关部门在市场营销、专家咨询、企业帮扶等方面协调资源；首次提出打造综合示范"升级版"，将已经支持过的国家级贫困县再次纳入示范的范围，巩固脱贫成效，促进渠道、产业、服务、主体和机制的升级；首次将国务院督查激励典型县纳入支持的范围，将国务院激励表扬的，在发展农村电商、扶贫带贫和产销对接等方面成效突出的 10 个典型县市直接确定为示范县。

2020 年是全面建成小康社会和"十三五"收官之年，也是脱贫攻坚的决胜之年。中央一号文件连续七年对农村电商作出部署。随着"互联网 +"农产品出村进城、电子商务进农村综合示范、电商扶贫、数字乡村建设等工作深入推进，我国县域电商继续保持高速发展态势，县域网络零售市场规模和农产品上行规模不断扩大，县域消费市场潜力进一步释放。新冠疫情发生以来，网络直播、短视频带货等呈现爆发式增长。商务部发布的《中国电子商务报告 2020》显示：2013 ~ 2020 年，全国电子商务交易额从 10.28 万亿元增长至 37.21 万亿元，年均增长率为 32.8%[②]。截至 2020 年底，国家级脱贫县网商总数达 306.5 万家，较 2019 年增加 36.6 万家，同比增长 13.7%。2020 年，全国 832 个国家级脱贫县网络零售总额达到 3014.5 亿

---

① 中华人民共和国商务部. 中国电子商务报告（2019）［EB/OL］. http：//dzsws. mofcom. gov. cn/article/ztxx/ndbg/202007/20200702979478. shtml，2020 – 07 – 02.

② 中华人民共和国商务部. 中国电子商务报告（2020）. http：//dzsws. mofcom. gov. cn/article/ztxx/ndbg/202109/20210903199156. shtml，2021 – 09 – 15.

元，同比增长 26.0%^①。

（五）"数商兴农"高质量发展阶段（2021 年至今）

2021 年 10 月，商务部、中央网信办、国家发展和改革委联合发布《"十四五"电子商务发展规划》，提出要以推动高质量发展为主题，做大、做强、做优电子商务产业，深化电子商务在各领域融合创新发展。2022 年，中央一号文件《中共中央、国务院关于做好 2022 年全面推进乡村振兴重点工作的意见》进一步明确实施"数商兴农"工程，指明了农村电商发展的新方向。"数商兴农"是发展数字商务振兴农业的简称，意指充分释放数字技术和数据资源对农村商务领域的赋能效应，全面提升农村商务领域数字化、网络化、智能化水平，推动农村电子商务高质量发展，进而支持和促进农业生产发展与乡村产业振兴。"数商兴农"行动侧重于改善农村电商基础设施、物流配送和农产品电商化，促进产销衔接，是电子商务进农村综合示范工程的升级，是中央对农村电商发展的统筹布局。表 2 - 1 为 2012～2022 年中央一号文件中有关农村电商的政策内容。

表 2 - 1　　　2012～2022 年中央一号文件中有关农村电商的政策内容

颁布时间	政策文件	相关内容
2012 年	《中共中央、国务院关于加快推进农业科技创新 持续增强农产品供给保障能力的若干意见》	充分利用现代信息技术手段，发展农产品电子商务等现代交易方式
2013 年	《中共中央、国务院关于加快发展现代农业 进一步增强农村发展活力的若干意见》	大力培育现代流通方式和新型流通业态，发展农产品网上交易、连锁分销和农民网店。加快宽带网络等农村信息基础设施建设
2014 年	《中共中央、国务院关于全面深化农村改革 加快推进农业现代化的若干意见》	启动农村流通设施和农产品批发市场信息化提升工程，加强农产品电子商务平台建设

---

① 中华人民共和国中央人民政府 . 2020 年全国 832 个国家级贫困县网络零售总额超 3000 亿元 [EB/OL] . http://www.gov.cn/xinwen/2021 - 01/28/content_5583360.htm, 2021 - 01 - 28.

颁布时间	政策文件	相关内容
2015 年	《中共中央、国务院关于加大改革创新力度　加快农业现代化建设的若干意见》	支持电商、物流、商贸、金融等企业参与涉农电子商务平台建设。开展电子商务进农村综合示范
2016 年	《中共中央、国务院关于落实发展新理念加快农业现代化　实现全面小康目标的若干意见》	实施"快递下乡"工程。鼓励大型电商平台企业开展农村电商服务，支持地方和行业健全农村电商服务体系
2017 年	《中共中央、国务院关于深入推进农业供给侧结构性改革　加快培育农业农村发展新动能的若干意见》	推进农村电商发展。加快建立健全适应农产品电商发展的标准体系。支持农产品电商平台和乡村电商服务站点建设
2018 年	《中共中央、国务院关于实施乡村振兴战略的意见》	大力建设具有广泛性的促进农村电子商务发展的基础设施，鼓励支持各类市场主体创新发展基于互联网的新型农业产业模式，深入实施电子商务进农村综合示范
2019 年	《中共中央、国务院关于坚持农业农村优先发展　做好"三农"工作的若干意见》	深入推进"互联网＋农业"，继续开展电子商务进农村综合示范。全面推进信息进村入户，依托"互联网＋"推动公共服务向农村延伸
2020 年	《中共中央、国务院关于抓好"三农"领域重点工作确保如期实现全面小康的意见》	有效开发农村市场，扩大电子商务进农村覆盖面，支持供销合作社、邮政快递企业等延伸乡村物流服务网络，加强村级电商服务站点建设，推动农产品进城、工业品下乡双向流通
2021 年	《中共中央、国务院关于全面推进乡村振兴　加快农业农村现代化的意见》	加快完善县乡村三级农村物流体系，改造提升农村寄递物流基础设施，深入推进电子商务进农村和农产品出村进城，推动城乡生产与消费有效对接
2022 年	《中共中央、国务院关于做好2022年全面推进乡村振兴重点工作的意见》	实施"数商兴农"工程，推进电子商务进乡村。促进农副产品直播带货规范健康发展

"数商兴农"行动将会有力推动农村电商乃至县域经济发展。一是通过与"快递进村"工程、"互联网＋"农产品出村进城工程相结合，扩大电子商务进农村覆盖面。二是通过全面加快农村"新基建"，改善农村电商基础设施，健全农村寄递物流体系，深入发展县乡村三级物流共同配送，贯通县乡村物流配送体系。三是通过推动电子商务与一二三产业加速融合，全面促进农业产业

链供应链数字化改造，助力农业转型升级和乡村振兴。四是通过加快普及短视频电商、直播电商、小程序、社区团购等新兴业态，打造农产品网络品牌，催生农民专业合作社、种植大户、农产品加工企业与网商经纪人、物流配送队伍等行业融合发展，带动电商服务业、乡村旅游、餐饮及民宿等产业发展（欧阳日辉，2022）。根据阿里研究院研究数据，2009～2021年，我国淘宝村数量由首批的3个增加至7023个，实现了集群化发展与裂变式扩散（阿里研究院，2021）[①]。

五、农村电商发展的现实条件——以广西为例

（一）农村电商政策支持力度不断加大，但专业人才匮乏

近年来，广西壮族自治区人民政府及相关部门不断完善电子商务政策，相继出台《2015—2017年全区农村电子商务工作实施方案》《关于加快广西电子商务发展的若干意见》《电子商务发展三年行动计划（2018—2020年）》《广西壮族自治区电子商务精准扶贫三年（2018—2020）行动计划》《广西推进农村电商高质量发展实施方案》等多项政策支持电子商务发展。自2014年以来，商务部同财政部、国务院扶贫办持续推进国家电子商务进农村综合示范项目，支持建设完善农村电商公共服务体系和县乡村三级物流体系，着力补齐农村流通基础设施短板，整合邮政、供销、商贸流通企业等资源开展共同配送。依托国家电子商务进农村综合示范建设，广西商务厅大力推动电子商务进农村，推动农产品上行。从2015年开始列入国家电子商务进农村综合示范地区，截至2022年5月，广西累计有66个县（市）获批国家电子商务进农村综合示范县[②]。

广西商务厅组织淘宝、京东、苏宁、乐村淘、村邮乐购、赶街网、百姓乐

---

① 阿里研究院.2021年淘宝村名单出炉 全国淘宝村数量已突破7000 [EB/OL]. http：//www. aliresearch. com/ch/information/informationdetails？ articleCode = 256317657652006912&type = % E6% 96% 96% B0% E9% 97% BB，2021 – 10 – 12.

② 广西壮族自治区商务厅. 自治区商务厅关于印发广西电子商务发展"十四五"规划的通知 [EB/OL]. http：//swt. gxzf. gov. cn/zfxxgk/fdzdgknr/tzgg/t14978259. shtml，2022 – 12 –31.

淘、利农商城等电商平台进行贫困地区农特产品促销，各平台在首页开设扶贫促销活动专栏，带动广西农产品线上销售。同时创新举办了网上年货节、三月三直播电商节、"农产品网上行"等一系列电商促消费活动，打造了螺蛳粉、茶叶、海鸭蛋、蛋黄酥等"桂味"网红产品，推动广西沃柑、砂糖橘、沙田柚、百香果、火龙果等水果批量化、标准化网销全国，百色芒果、融安金桔、横县茉莉花、桂林罗汉果、玉林百香果、灵山荔枝、富川脐橙等成为广西电商产品品牌新名片。

电商专业人才是实现农村电商高质量发展最有力的支撑。目前，广西农村电商专业人才匮乏主要体现在三个方面：一是人才难引，广西壮族自治区位于我国西南边疆，县域经济发展较缓慢，乡村建设较滞后，外地农村电商专业人才到广西工作的意愿不强；二是人才难培，目前广西的农村电商从业者的文化程度存在明显差异，缺乏有针对性的统一培训，分类培训又费时费力，容易造成资源浪费，农村电商培训绩效评估尚未形成统一的标准；三是人才难留，广西农村地区基础条件落后、交通不便，导致难以留住电商专业人才。基于对未来发展和经济收入的考虑，已经接受过农村电商培训的广西本地年轻人大多也不愿留在本地创业或就业。

（二）农村电商发展的规模不断扩大，但产业支撑不足

据广西壮族自治区商务厅数据显示，广西电子商务交易额从 2011 年的 544.5 亿元增长至 2020 年的 2116.5 亿元，实现了电商产业快速发展。"十三五"期间，广西农村网络零售额年均增长 19.5%，农产品网络零售额年均增长 28.9%。国家电子商务进农村综合示范县覆盖了广西 92% 的县（市），对农村电商高质量发展具有明显的带动作用；农村电商业务培训 37 万人次，带动就业 67 万人，培育农产品网销单品 2.8 万个[①]。

实地调研中发现，广西农村电商发展的规模不断扩大，但产业支撑尚显不足。广西区域内入选电子商务进农村综合示范的县（市）均建成了农产品电商产业园并已投入使用，为农产品上行提供了供应、销售、物流等一站式服务。但是，多数农产品电商产业园的供货能力明显不足，电商农产品与市场的

---

① 广西壮族自治区商务厅. 自治区商务厅关于印发广西电子商务发展"十四五"规划的通知 [EB/OL]. http://swt.gxzf.gov.cn/zfxxgk/fdzdgknr/tzgg/t14978259.shtml, 2022 - 12 - 31.

衔接不够畅通。阶段性供应是目前农村电商示范地区的主要状态，往往在衔接下一个产品旺季前，网红单品就已售罄。除了核心的拳头产品，其他产业对农产品电商化支撑均较弱，电商从业主体无法全年开展销售，农产品电商产业园也因此出现阶段性的"休息期"。广西目前与农业相关的数据由不同系统分管，存在管理分散化的问题。多地乡村产业布局不够科学合理，现代农业科技成果的应用与转化亟待推进。

（三）农村电商发展的基础逐步夯实，但基础设施欠完善

近年来，广西农村电商高质量发展的基础逐步夯实。据广西壮族自治区统计局数据显示，在网络通信方面，广西农村宽带接入用户从 2011 年的 69.9 万户增加至 2020 年的 700.7 万户，为农村电商高质量发展提供了便捷的网络设施基础；在公路普及方面，广西公路里程数从 2011 年的 10.49 万千米增长至 2020 年的 13.16 万千米；在物流配送方面，农村电商示范区内已建成 5102 个电商物流服务站点，实现了快递进村，配送效率不断提升；在电商交易活跃度方面，截至 2020 年，广西拥有电子商务交易活动的企业数达到 2136 个，带动形成全面电商交易的氛围，引导更多消费者通过电商平台购买产品[①]。

目前广西农村电商发展的基础设施亟待完善。在交通基础设施方面，广西的山地丘陵地形增加了物流运输成本，部分农村地区交通状况较差，已经修路的地区也因常年缺乏维护造成路况堪忧，还有部分地区尚未建立相应的物流网点。通信基础设施在农村电商的发展中起着重要的支撑作用，但广西部分地区依然存在网络覆盖面小的问题，这受农村的地理位置影响较大，很多网络运营商考虑到经济收益和投资回报，不愿去偏僻的小村落进行网络投资建设。而通信已经普及的地区也会因网络设施条件差导致信号弱、网络覆盖率低，不同地区的信息化程度差异也使得地区间存在信息间隙，不利于辐射效应在市场信息领域发挥作用。此外，广西区域内市、镇、村三级快递物流体系尚不能满足农村居民生产生活需要，预冷—分级—加工—包装—仓储的"最初一公里"冷链运输无法有效开展，损耗严重。

---

① 广西壮族自治区统计局. 广西统计年鉴 2021 ［M］. 北京：中国统计出版社，2021.

（四）农村电商发展的模式不断创新，但品牌化程度不高

近几年，广西充分利用特色农副产品优势和旅游区聚集地优势，逐渐形成了"电商＋乡村旅游＋农产品联合营销""特色产业＋供应链＋本土电商＋精准扶贫""电商＋直播"等农村电商营销模式。2020 年，广西区内建成 90 家直播基地，网络主播在抖音和淘宝等直播平台上成功带货 1.4 亿件商品，销售额达 46 亿元。① 广西还利用特有节日"壮族三月三"开展直播电商节，利用直播电商或段视频形式宣传广西本土风土民情，成功打造了一批农产品品牌。百色芒果等 11 个区域公用品牌上榜农业农村部首批中国农业品牌目录。

发展模式的不断创新，进一步推动了广西农村电商高质量发展。比如，横州市打造"电商＋产业＋扶贫"模式，搭建电商服务体系，建立人才培训机制，完善产业链供应链体系，建立质量品牌体系，培育电商"新优品"，打造了茉莉花茶、甜玉米、木瓜丝、横县大粽子、富硒大米等一批特色产品品牌。富川县打出"明星电商单品＋系统电商产品"的组合拳，围绕"富川脐橙"大力培育"系统电商产品"，培育"富川冰淇淋""富川香芋南瓜""富川状元芋"四季生鲜单品，形成"春芋夏梨秋薯冬橙"全年无淡季的电商产品品牌。推广"电商＋旅游"，开展电商＋乡村旅游＋农产品联合营销，通过线上农产品消费服务，线下农家游体验，培育出七彩虎头、潇贺岔山等网红景点。融安县以融安金桔地方特色产业为核心，通过扩产业、抓服务、定标准、推溯源、强品牌、拓渠道、提物流，持续探索"特色产业＋供应链＋本土电商＋精准扶贫"农村电商发展模式，带动金桔产业做大做强。

在广西农村电商发展过程中，农产品仍然存在质量不合格、直播带货不规范等问题。广西农产品产出量位于全国前列，但在电商农产品标准化方面，大多数电商农产品的选种、种植、培育和收获等过程依然遵循小农生产模式，没有形成统一的规模化管理，农产品标准化程度较低。电商农产品同质化现象仍较普遍，大多数电商从业者通过模仿、复制销售方式进行雷同产品销售。随着消费需求的提高，消费者更偏向于精品化消费，标准化程度不高，质量参差不齐的电商农产品已无法满足新的消费需求。同时，消费者对同种类型的电商农产品时更倾向于选择品牌知名度更高的产品。但广西目前只有少数知名农产品

---

① 周红梅. 八桂风情"云上品"电商直播"购广西"[N]. 广西日报，2021–04–15（9）.

品牌，如富川脐橙、百色芒果、北海咸鸭蛋等，大部分电商农产品缺乏市场知名度和竞争力。

六、农村电商发展对农民可持续生计作用机理的分析框架

（一）农村电商发展对农民可持续生计作用机理的理论依据

1. 电商市场理论

在电商市场中，市场由以产品为中心转向以客户为中心，企业 CRM 经营由规模化生产转变为一对一的个性化服务。一方面，消费者通过搜索引擎仅需输入目标产品的名称、属性、分类等关键词就能够实现自动查找；另一方面，消费者通过电商推荐机制、自动匹配功能等新型商务模式，能够自动接收网站推荐的与目标产品相类似或者相匹配的相关产品。消费者借助电子商务更容易在琳琅满目的商品中快速定位目标产品，既节约了大量时间、精力，又降低了搜索成本。但是，假如电商市场的搜索成本偏高，消费者将购买主流产品而非利基产品，这时利基产品市场将被主流产品完全挤占（赵冬梅、王明，2019）。电商市场具有市场扩大效应、市场扁平化效应、信息反馈机制、赋能增能机制、示范带动裂变机制等特征（林广毅，2016）。

第一，市场扩大效应。随着电子商务对传统市场和行业的冲击力的不断增大，电商市场在挤占线下市场的同时，降低了市场开发成本、渠道建设成本等交易成本。而交易成本的降低使得价格降低的空间变大，随着新的市场进入者的不断增多，产品种类和样式不断丰富，产品市场不断细分，行业竞争不断加剧，进而推动行业发展。由于电商市场条件下消费者获取产品信息更便利，生产商也更容易获得消费者的反馈信息，这更利于信息传播和反馈机制的形成，使得交易效率大大提升。特别是在农村贫困地区，发展电商既能够让当地的生产者对接巨大的市场，获得更大的发展机会，进而带动当地经济发展。

第二，市场扁平化效应。各地相同的农产品的市场接收程度存在明显差异，这使得区域农产品的销售市场范围受制于其产品优势度。各地的农产品还会受到运输成本、市场信息沟通等因素的影响，运输成本和市场信息沟通的成

本将随着产销两地间的距离的增大而增加。但由于农村电商的发展，市场信息沟通日益便捷，物流体系的不断完善也使得农产品物流成本明显降低，因而线上市场呈现出扁平化发展趋势。由此生产地开始逐渐脱离消费地的制约，产地的产品优势度将得到有效发挥，并将获得更广阔的市场，进而抢占更大的市场份额。农村电商发展为相对贫困地区乡村产业振兴提供了有力支撑，并为当地农民带来了更多的就业和创业机会。

第三，信息反馈机制。电子商务的应用拉近了生产商或供应商与消费者之间的距离，有助于生产商或供应商更快捷有效的获取消费者反馈的产品信息。同时消费者也可以更及时准确的了解产品生产情况。这对于标准化程度低的农产品而言尤为重要。农产品传统销售渠道的环节较多，不利于生产商与消费者之间的信息沟通，一方面生产商难以获得消费者的直接有效的信息反馈，另一方面消费者也很难知晓所购买的产品的生产商信息。随着农村电商的快速发展，消费者不仅能够获取生产者的信息，还可以通过自身体验，并结合其他消费者的购后评价信息，不断提升其对该生产者或供应商的认可度；生产者或供应商也更倾向于根据消费者反馈的意见进行生产改进，以期通过提供更优质的产品来增强消费者的信任感。由此形成良性的信息反馈机制，进而推动行业可持续发展。

第四，赋能增能机制。电商市场的赋能增能机制主要表现为三个方面：一是降低了创业门槛。以往创业者需要通过多年的学习或是拥有多年的工作经验才能找到很好的创业项目，而在电商兴起后，电商创业者的创业门槛大大降低。二是增加了门槛较低的就业机会。随着电脑的不断普及，电脑软件日益智能化，与电商相关但对职业技能要求较低的工作机会不断增多。三是提升了贫困主体内生发展能力。农村地区特别是相对贫困地区的电商发展，增加了当地居民与外界沟通交流的途径。当地居民通过参与电商扶贫，主动学习电商相关知识，有助于提升其内生发展能力，进而有效阻断返贫。

第五，示范带动裂变机制。从早期淘宝村发展来看，致富带头人在其中发挥了重要的示范带动作用，这得益于农村电商所具有的成本优势和农村社会优势。一旦部分村民通过开设网店进行产品线上销售并获得可观收益，其他村民将会深信不疑并迅速效仿，由此推动形成产业规模效应。

2. 可持续生计理论

可持续生计理论建立了一个科学的理论分析框架，该理论通过充分掌握发展中国家资源的实际情况，探讨落后地区贫困人员如何增加发展机会，促使其生计方式得以优化与改善，进而摆脱贫困落后。可持续生计方法是一种集成分析框架和建设性工具，成为后续研究者理解与解决复杂的农村发展问题的重要工具（Roberts、杨国安，2003）。牛津饥荒救济委员会（Oxfam）、联合国开发计划署（UNDP）、美国援外合作署（CARE）、英国国际发展署（DFID）与联合国粮农组织（FAO）等国际机构认为，可持续生计方法有助于更好地掌握生计复杂性和理解生计策略对贫困的影响，进而对干预措施进行识别。该方法被应用于南美洲、非洲、中东欧和亚洲等地的扶贫开发及生计建设项目实践中，并成为主流的国际发展方法（Morse et al.，2009）。国外学者运用可持续生计方法围绕贫困、脆弱性、土地利用/覆被变化、气候变化适应，以及对快速城市化、复杂的突发事件（冲突、灾难）的响应等问题展开了较为深入的实证研究（Edward，2014）。生计资产、生计脆弱性背景、制度过程以及组织结构、生计策略、生计结果等要素及各要素之间的相互作用问题也得到了学者们的关注（Speranza et al.，2014）。

一些国际机构和组织以及部分学者相继开发了侧重点不尽相同的可持续生计分析框架。其中，以英国国际发展部（DFID）提出的可持续生计分析框架最具代表性，涵盖了生计资本、生计策略和生计结果等内容（Garney，2003）。作为人们构建生计的资源，生计资产是控制、利用和转变资源规则的权利基础。脆弱性背景是指人们生活的特定的条件、趋势、冲击以及季节性等外部环境，对生计资产的可得性和可控性均具有重要影响（Glavovic & Boonzaier，2008）。生计策略反映了人们实现生计目标的活动及其选择。生计结果是指既定环境下生计资产与生计策略相结合而产生期望的生计结果，如收入增加、福利改善、脆弱性减轻、食物安全改善等（Babulo et al.，2008）。制度过程和组织结构是可持续生计的关键影响因素，决定了资源的可得性，并作用于不同类型资本之间的交换条件和生计策略选择。

3. 新经济增长理论

自 20 世纪 80 年代中期以来，新经济增长理论不断发展完善，代表性的理论包括：罗伯特·卢卡斯（Robert Lucas，1988）的内生经济增长理论、保罗·罗默（Paul M Romer，1990）的内生经济增长理论、纳尔逊—菲尔普斯（Nelson & Phelps，1966）的技术扩散与吸收模型。

第一，罗伯特·卢卡斯的内生经济增长理论。诺贝尔经济学奖获奖者、美国著名经济学家罗伯特·卢卡斯是芝加哥经济学派代表人物之一，在理性预期假说的应用及发展方面作出了重要贡献。1998 年，卢卡斯发表论文《论经济发展机制》，在经济增长模型中引入了人力资本的外部性，并视其为独立的要素，侧重于人力资本积累机制，该研究主要针对索洛模型所预测的收敛趋势不适用于世界经济发展、经济长期可持续增长受到资本收益边际递减规律制约等问题进行了探讨。

卢卡斯认为，人力资本是劳动者技能水平的衡量指标，兼具内部效应与外部效应。内部效应是指劳动者的生产效率受到其技能水平的影响，明确了异质性劳动投入对于产出的影响差异，拓展了新古典生产函数中"劳动投入"的内涵；外部效应是指劳动者技能水平具有传递性，将在人与人之间传递，也会在旧产品与新产品之间传递，通过作用于所有生产要素的生产效率实现全社会产出的报酬递增。相比人力资本的内部效应，卢卡斯更关注人力资本的外部效应。其认为，如果经济增长模型中只引入边际收益递减的人力资本，人力资本不会显著促进经济增长。为确保经济增长的长期可持续性，其将纳入经济增长模型的人力资本划分为两类：一类是直接用于生产的人力资本；另一类是用于积累的人力资本。由此提出了人力资本外部性模型和"干中学"的外部性模型。

在人力资本外部性模型中，人力资本增长率采用非工作时间的线性函数表示。人力资本投资存在正溢出效应，投资者未能获得人力资本投资的所有收益。受人力资本的外部性影响，均衡增长率低于经济中最优产出增长率。由于存在生产规模收益递增趋势，实现了经济内生增长。假如不受到人力资本的外部性制约，经济将获得更高水平增长。这证实了内生的人力资本投资决定了经济增长。尽管该模型不能解释世界各国经济增长率的差异，但其解释了人口由发展中国家流入发达国家的主要原因。

"干中学"的外部性模型包含了两种商品、两个国家。该模型将学习完全内在于生产国但外在于厂商；设定其中一种商品的生产率提升更快；初始资源配置决定了一国专业化于生产其中哪种商品。假如两种商品之间存在较强的替代性，则生长率增长更快的商品的消费也更快，并且对于专业化于生产知识密集型商品的国家的增长率相对更高。但一国贸易开放程度的提高将可能致使该国的增长率降低。

第二，保罗·罗默的内生经济增长理论。1990 年，美国经济学家保罗·罗默在发表的《内生技术进步》一文中，首次提出了技术进步内生的增长模型。该模型揭示了人力资本与技术进步之间的内在关系，认为经济增长率取决于人力资本存量，明确提出了人力资本决定经济增长的观点。该研究设定了三个假设条件：技术进步被视为经济增长的核心；技术进步是人们受到市场激励而导致的有意识行为的结果；在最初投入生产开发成本后，技术一旦形成可以反复使用。罗默基于公共产品特有的非竞争性和非排他性，探讨了知识、技术以及人力资本的产品特性。

该理论认为，基础研究大多是公共产品，依靠政府投入并以税收作为支撑，全社会共享研究成果。尽管技术一旦形成可以实现无成本或是低成本复制，但技术具有部分排他性特征。厂商拥有基础知识存量，并投入一定的人力资本所生产的技术将受专利保护。垄断竞争市场中，厂商还将获得丰厚的回报，这将激励其不断开发新技术。因此，该理论认为市场力量内生决定技术进步。知识和技术的增长取决于人力资本的存量，并且其增长不设上限，知识和技术的边际效益会随着其积累程度的提高而不断增加。

根据知识、技术、人力资本的特性及作用，罗默构建的经济增长模型是一个长期可持续增长的模型，涵盖了竞争性的研究部门、垄断竞争的中间产品部门以及竞争性的最终产品部门。其中，竞争性的研究部门的生产投入包含了现有的知识存量、研究与开发方面的人力资本投入，产出新的产品设计；垄断竞争的中间产品部门投入分为已有的产出和新设计的投入，该部门产出的是耐用资本设备；竞争性的最终产品部门需要投入劳动力、人力资本以及耐用资本设备，消费品是该部门的产出。该模型中，不同部门之间的人力资本配置及均衡对经济增长具有重要影响，技术进步内生化、经济长期可持续增长、内生化与经济增长的运行机制等问题得以解决。罗默在其构建的内生经济增长模型引入不完全竞争，并设立专门的 R&D 部门以生产科技知识，深入分析了技术的产品性质及其形成机制，使竞争性均衡结果达到社会最优，成为技术创新水平估算的理论基础。

第三，纳尔逊—菲尔普斯的技术扩散与吸收模型。1966 年，美国经济学家理查德·纳尔逊（Richard R. Nelson）和埃德蒙德·菲尔普斯（Edmund S. Phelps）在研究经济增长问题时建立了一种新的理论框架——技术扩散与吸收模型。该理论将技术创新与技术吸收扩散视为一个国家经济增长的主要动力，认为人力资本在其中发挥着重要的影响作用，并指出，一国的技术水平与技术领先国家的技术差距决定了该国的技术进步水平，其技术进步与技术差距之间具有正相关关系；各国的技术水平与技术前沿水平间的收敛速度取决于其人力资本水平。该理论证实了后进国家与先进国家之间的技术差距越大，其全要素生产率的增长率也就越大。通过技术模仿与扩散，教育程度较低的地区可以向先进地区学习，以此提高其经济增速。

4. 经济辐射理论

辐射是指辐射源通过一定的媒介与其他辐射源进行能量交换的过程。经济辐射即经济发展水平和现代化程度相对较高的地区与经济发展水平和现代化程度较落后的地区之间进行的人力、资本、技术、信息等要素的流通和转移（彭小珈，2020）。经济辐射的特点具体表现在四个方面：一是辐射的产生需要基于一定的媒介。交通往来、人员流动、信息传播等都可能催生辐射效应。首先，农村电商提供的信息交流平台实现了市场信息与城乡信息的对接，有效解决了区域间信息不对称问题；其次，信息交流所带来的先进的生活观念和消费观念为农村地区居民生活方式和消费方式的改变提供了借鉴；最后，随着农村电商服务体系的不断发展，区域间的受教育程度和文化差异也随之缩小，有助于实现农业农村科学化管理。农村电商发展形成的区域经济和已有的发展基础满足了辐射效应产生和发挥作用的条件，为农村电商高质量发展提供了指导方向。二是辐射的程度和速度与辐射源之间的距离有关。距离越近的辐射源，其辐射作用越大，反之则越小。小农生产形成的区域经济可以充分发挥近距离的辐射效应，利用农村电商之间的联系性与依赖性为电商发展欠发达地区提供借鉴，很好地解决区域间发展不平衡的问题。三是辐射的产生是双向的，体现为辐射源对被辐射对象的带动作用，以及被辐射对象对辐射源的反作用。在双向辐射的过程中，辐射双方在信息、技术、资本等的传播过程中可以实现优势互补、共同发展，提高资源流通和利用效率。围绕乡村建设和农村电商发展而建立起来的宽带网络和基础设施解决了区域经济发展辐射媒介的问题。四是辐射源之间存在经济水平差异。辐射源分为具有优势的辐射源与具有劣势的辐射源，具有优势的辐射源对被辐射对象的带动作用更大。

5. 协同理论

德国物理学家赫尔曼·哈肯（Hermann Haken，2005）于1969年首次提出协同理论，揭示了开放复杂系统内部各子系统间通过协同作用从不平衡到平衡、从无序到有序的内在运行机理，旨在找寻各子系统间相互作用、动态发展的规律，进而指导解决系统内部复杂问题。该理论认为，在一个处于不平衡状态开放系统中，其各子系统之间关系的平衡性与协调性，将对整个系统的稳定性及发展水平产生直接影响。

协同理论的核心内容包括协同效应、伺服原理和自组织原理三个方面。其中，协同效应普遍存在于复杂开放系统中，在系统内部通过各子系统的协同作用，推动系统整体从无序走向有序，进而达到稳定状态，从而产生协同效应。伺服原理反映了复杂开放系统内部各变量之间的内在关系及产生作用的规律，序参量是一种从无到有且能够作用于新结构的特殊慢变量，当系统内部的快变量受到慢变量的制约，该系统的变化过程则取决于序参量，伺服原理出现于系统变化临界区域的变量的考察过程中，通过分析慢变量的变化规律可以看出系统内部的平衡状态变化趋势，并充分掌握序参量以获得系统变化的关键因素，从而实现对整个系统的调控。自组织原理侧重于系统内部的运行变化，阐释了当出现非外部组织命令指引时，复杂开放系统内部各子系统以一定的内在规则为遵循进行自发组织和协调，进而形成新的平衡结构的作用规律。

协同理论强调发挥系统协同效应，实质上是系统内部各要素之间通过相互作用、协调配合，催生主导系统发展的序参量，进而使整个系统功能出现倍增或是放大效应，即实现"$1+1>2$"的协同效用。协同理论被广泛应用在各个研究领域，相关研究主要围绕区域协同、产业协同、协同创新等方面展开，关于协同发展的驱动因素、协同发展机制以及协同绩效评价等问题的研究成果较为丰富。

（二）农村电商发展对农民可持续生计作用机理的分析框架构建

本书通过分析农村电商发展对农民可持续生计的主要影响因素及传导路径，进一步得出农村电商发展对农民可持续生计的作用机理。随着农村电商的不断发展，其市场扩大效应和市场扁平化效应逐渐发挥作用，同时建立信息反馈、赋能增能以及示范带动裂变等机制，农民的生计资本状况将得到改善，其就近就业意愿将会提升，并调整生计策略，更倾向于参与旅游经营、电商扶贫等，推动区域经济、制度、社会及环境的可持续性不断提升，农民内生发展能力的可持续性逐渐增强，进而促进农民可持续生计不断优化。

本书基于电商市场理论、可持续生计理论、新经济增长理论、区域经济发展辐射理论、协同理论，提出农村电商对农民可持续生计的影响过程：农村电商发展效应的发挥→信息反馈、赋能增能与示范带动裂变等机制建立→农民的生计资本状况不断改善→农民就近就业意愿不断提升→农民生计策略调整→区域经济、制度、社会及环境的可持续性不断提升→农民内生发展能力的可持续性逐渐增强→农民可持续生计不断优化。基于以上分析，本书尝试构建农村电商发展对农民可持续生计作用机理的分析框架，如图2-1所示。

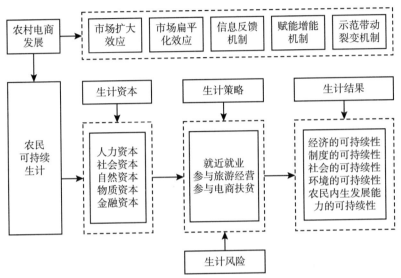

图2-1　农村电商发展对农民可持续生计作用机理的分析框架

第三章

新生代农业转移人口就近就业意愿实证研究

加快农业转移人口就近城镇化进程，必须在充分了解农业转移人口的就近就业意愿的基础上，创新体制机制为农业转移人口顺利实现就近就业提供政策保障，才能有效避免农业转移人口就近城镇化之后陷入既失地又失业的双重困境。近年来，广西新生代农业转移人口在进城务工的农业转移人口中所占比例呈现上升趋势。新生代农业转移人口就近就业意愿将对广西农村电商发展产生重要影响。本章从资本禀赋视角，利用广西 14 个地级市新生代农业转移人口就近就业意愿的实地调研数据，构建二元 Logistic 模型，实证分析广西新生代农业转移人口就近就业意愿的主要影响因素，以此得出研究结论。

一、研究假设

由于区域经济发展极不平衡，我国中西部大量外出务工者向经济更发达的东部沿海地区流动。夏小辉和张贝（2006）的研究指出，外出务工者的决策所引发的负外部性受到不完全信息、即时愉快的吸引力等因素的影响，建议通过发展乡镇企业和县域经济等路径，构建就近就业的经济布局。何飞等（2008）以四川省双流县为例，分析了农民外出就业面临的就业成本较高、工资水平偏低、发展空间狭小，以及留守儿童、空心村等社会问题，认为应充分发挥政府的扶持引导作用，强化产业支撑，增强吸纳农村劳动力的能力，并激发农民创业的积极性，提高其创业成功率。吴红宇和何亦名（2013）的研究结果表明，家庭和自身因素影响着劳动者的就业地选择。申鹏和朱林（2014）通过研究发现，贵州返乡农民工就近就业的行业以建筑业为主，信息来源于"强关系型"社会资本；就近非农就业收入相对较高，但整体社会保障水平和就业稳定性均欠佳。受教育程度和劳动技能是制约返乡农民工稳定就近就业的主要因素（申鹏，2015）。

资本禀赋是指农业转移人口个人及家庭所拥有的自然资本、人力资本、社会资本等资本资源的总和。周景波和周叮波（2007）从教育水平、健康营养状况和生育率水平三个方面分析了 2004 年西藏的人力资本禀赋水平。蔡键（2013）的研究得出，流动性约束对高资本禀赋农户技术采纳行为的影响较小，但显著负向作用于中低资本禀赋农户的技术采纳行为。宋欣和周玉玺（2014）的研究结果显示，人力资本、社会资本、心理资本的动态协同及可持续开发，能够产生聚合效应，这成为提升知识员工创新绩效的关键所在。侯佳伟和窦东徽（2012）的研究发现，相比第二代流动人口，第一代流动人口的人力资本禀赋效应感更强，且受到人口学、经济、社会等因素的影响。就业身份是两代流动人口的人力资本禀赋效应的重要影响因素。

宋山梅和刘文霞（2014）的研究认为，与第一代农民工相比，新生代农民工的资本禀赋更高，且更倾向于专职务工，其就业决策更容易受到自身金融资本的影响，并从人力资本、社会资本、金融资本以及自然资本角度，探讨了资本禀赋对农村劳动力外出就业的具体作用机制，提出应重视几类资本的共生作用，不断增强农村劳动力的就业能力（宋山梅、刘文霞，2015）。赵巧峰和申鹏（2015）基于资本禀赋视角，分析了返乡农民工就业满意度的代际差异，研究发现，工资水平、交通条件显著影响两代返乡农民工就业满意度；健康状况、就业途径、对亲友的信任程度、居住地距最近工业园的距离对两代返乡农民工就业满意度的影响程度存在明显差异。

基于以上分析，本章提出的研究假设为：资本禀赋与广西新生代农业转移人口就近就业意愿之间存在显著的正相关关系。即资本禀赋对广西新生代农业转移人口就近就业意愿影响显著，自然资本、人力资本和社会资本是广西新生代农业转移人口就近就业意愿的重要影响因素。

二、研究设计

（一）研究区域

本书的区域范围涵盖广西壮族自治区的 14 个地级市，具体包括：南宁、柳州、桂林、梧州、北海、防城港、钦州、贵港、玉林、百色、贺州、河池、来宾和崇左。

（二）数据说明

本书的数据来自课题组 2015 年 7 月至 2016 年 1 月进行的实地调查，调查对象为在广西城镇务工且未就近就业的农业转移人口。在正式问卷调查之前，课题组于 2015 年 7 月先采取试调查方式对拟采用的问卷中难以测度的指标进行修正。正式的问卷调研工作于 2015 年 8 月至 2016 年 1 月进行，调查样本涉及广西 14 个地级市。总体来看，调研样本分布比较均匀，且具有一定的代表性。

此次问卷调查的主要内容包括：个人基本信息、就近就业意愿、资本禀赋三个方面。在广西 14 个地级市各发放调查问卷 150 份，共发放 2100 份，回收 1981 份，样本回收率为 94.33%，剔除失效样本后获得有效样本为 1779 份，有效样本率为 89.80%。根据学术界和政策上的通常做法，一般将 1980 年之前出生的农业转移人口定义为第一代农业转移人口，1980 年及以后出生的农业转移人口定义为新生代农业转移人口（杨雪锋、董小晨，2015）。调查结果显示，在 1779 份有效样本中，第一代农业转移人口样本为 802 份，占比 45.1%；新生代农业转移人口样本为 977 份，占比 54.9%。

本书最终使用的是 977 份新生代农业转移人口样本。样本统计分析结果表明，广西新生代农业转移人口的就近就业意愿整体偏低。其中，具有就近就业意愿的样本为 316 份，占比 32.3%；不愿意就近就业的样本为 661 份，占比 67.7%；男性农业转移人口占比为 55.4%，已婚农业转移人口占比为 63.2%；大多数农业转移人口进城务工年限在 4~10 年之间，进城务工年限在 11 年及以上的农业转移人口仅占 17.1%。从受教育程度来看，广西新生代农业转移人口以初中、高中和中专学历居多，具有大专及以上学历的农业转移人口所占比例仅为 23.3%。

借鉴宋山梅等（2014）、李练军等（2015）的做法，本书从自然资本、人力资本和社会资本等三个方面测度广西新生代农业转移人口的资本禀赋。其中，自然资本状况选取家庭土地面积、土地所处环境、土地处置方式、城镇住房类型等指标来衡量；人力资本状况选取受教育程度、进城务工年限、职业技能水平及参加培训次数等指标来衡量；社会资本状况选取交往对象、求助人数、社区参与和工会参加等指标进行衡量。相关变量的定义、赋值及描述性统计分析结果见表3－1。

表3－1　　　　　　　主要变量的描述性统计（N＝977）

变量名称		变量定义与赋值	平均值	标准差	预期方向
自然资本	家庭土地面积	1亩及以下＝1；2～5亩＝2；6～10亩＝3；11亩及以上＝4	2.12	0.494	＋
	土地所处环境	非常不好＝1；很不好＝2；一般＝3；很好＝4；非常好＝5	2.95	0.671	＋
	土地处置方式	土地被征用＝1；有偿转让＝2；家人耕种＝3；无偿转让或抛荒＝4；其他＝5	3.02	0.559	＋
	城镇住房类型	自购商品房＝1；自购经济适用房＝2；政府提供的廉租房＝3；自己租房＝4；借住亲友住房或员工宿舍＝5；其他＝6	4.33	0.869	－
人力资本	受教育程度	小学及以下＝1；初中＝2；高中（中专）＝3；大专及以上＝4	3.53	1.046	＋
	进城务工年限	1年以下＝1；1～3年＝2；4～6年＝3；7～10年＝4；11年及以上＝5	2.99	1.179	＋
	职业技能水平	非常不满意为1，比较不满意为2，基本满意为3，比较满意为4，非常满意为5	2.53	1.112	＋
	职业技能培训		2.49	1.067	＋
社会资本	交往对象	城市市民＝1；同乡＝2；亲戚＝3；其他＝4	2.10	0.707	－
	求助人数	0～5人＝1；6～10人＝2；11～15人＝3；16人及以上＝4	1.71	0.744	＋
	社区参与	从不参与＝1；偶尔参与＝2；经常参与＝3	1.20	0.496	＋
	工会参加	已参加＝1；未参加＝0	0.27	0.445	＋
就近就业意愿		愿意＝1；不愿意＝0	0.32	0.468	

（三）研究方法与模型

Logistic回归分析主要应用于因变量为二分变量的回归模型，以事件发生概率的形式提供统计分析结果。由于因变量"新生代农业转移人口是否愿意就近就业"是典型的二分变量，因此，本书运用SPSS17.0统计分析软件，构建二元Logistic模型，对977份新生代农业转移人口样本数据进行实证分析，探寻广西新生代农业转移人口就近就业意愿的主要影响因素。新生代农业转移人口愿意就近就业（$y=1$）的概率设为P，新生代农业转移人口不愿意就近就业（$y=0$）的概率设为$1-P$，由此可构建理论模型如下：

$$E_i = \ln[p/(1-p)] = b_0 + b_i x_i + \mu$$

其中，E_i表示新生代农业转移人口就近就业意愿，x_i为影响新生代农业转移人口就近就业意愿的资本禀赋等影响因素，b_0为回归常数，b_i为回归系数。

三、实证结果与分析

表3-2是广西新生代农业转移人口就近就业意愿的二元Logistic模型估计结果。可以看出，本书构建的模型所选取的变量大多数在10%、5%和1%的水平上显著，R^2在0.5左右，说明模型整体拟合度良好且解释力较强，回归结果可信度较高。

表3-2　广西新生代农业转移人口就近就业意愿的二元Logistic模型估计结果

自变量名称	系数（B）	标准误差（S. E）	显著性（Sig.）	发生比率 Exp（B）
家庭土地面积	0.178 **	0.141	0.044	1.195
土地所处环境	0.122	0.207	0.255	1.130
土地处置方式	0.285 **	0.232	0.030	0.752
城镇住房类型	-0.439 ***	0.381	0.000	0.645
受教育程度	-0.137 *	0.171	0.051	0.872
进城务工年限	-0.009	0.262	0.858	0.991
职业技能水平	0.067 **	0.176	0.019	0.936
职业技能培训	0.097 **	0.279	0.023	0.908
交往对象	0.171 *	0.304	0.092	0.931
求助人数	-0.230 **	0.302	0.024	0.795

续表

自变量名称	系数（B）	标准误差（S. E）	显著性（Sig.）	发生比率 Exp（B）
社区参与	0.129	0.254	0.402	0.879
工会参加	0.307	0.267	0.165	0.735
常量	2.931	0.799	0.000	18.743
−2 对数似然值	262.577			
Cox & Snell R^2	0.468			
Nagelkerke R^2	0.594			
sig.	0.000			

注：＊、＊＊、＊＊＊分别表示在 10%、5%、1% 的水平上显著。

表 3−2 模型分析结果显示，本书所选取的变量均为影响广西新生代农业转移人口就近就业意愿的重要因素，根据这些变量构建的回归模型能够解释广西新生代农业转移人口就近就业意愿的影响因素是存在差异性的。这验证了本章提出的假设。以下分别从新生代农业转移人口的自然资本、人力资本和社会资本三个方面进行分析。

（一）自然资本

家庭土地面积对新生代农业转移人口就近就业意愿的影响在 5% 水平上显著，系数为 0.178，这就说明广西新生代农业转移人口的家庭土地面积越大，其就近就业意愿越强烈。一般来说，新生代农业转移人口的家庭拥有较多的土地，其往往会考虑在城市积攒了一定资金之后返乡创业或就业，以有效利用其土地资源。土地所处环境对新生代农业转移人口就近就业意愿的影响未通过显著性检验，原因可能在于广西新生代农业转移人口拥有的土地所处环境大都不是很好，使其在面对就近就业选择时不太注重考虑。土地处置方式对新生代农业转移人口就近就业意愿的影响在 5% 水平上显著，但城镇住房类型与新生代农业转移人口就近就业意愿负相关，表明进城务工的新生代农业转移人口获得的土地处置收益越高，其就近就业的意愿也将明显提升。由于新生代农业转移人口的城市适应能力要明显优于第一代农业转移人口，广西新生代农业转移人口在城镇的居住条件越好，就业选择余地越大，其就近就业意愿也越低，大多更倾向于在当前务工所在地或者更好的城镇就业和定居。

（二）人力资本

受教育程度对新生代农业转移人口就近就业意愿的影响在 10% 水平上显著，但系数为负，表明广西新生代农业转移人口的受教育程度越高，其越不愿意就近就业。这是因为高学历的新生代农业转移人口往往会充分利用各种媒介搜集尽可能多的就业信息，就业机会也会更多，大城市对新生代农业转移人口的吸引力明显要大于中小城市、县城和小城镇。进城务工年限对新生代农业转移人口就近就业意愿的影响并不显著。职业技能水平、职业技能培训对新生代农业转移人口就近就业意愿的影响均在 5% 水平上显著，系数分别为 0.067、0.097。与第一代农业转移人口相比，新生代农业转移人口的职业技能水平相对较高，但假如其就近就业，其原有的职业技能水平很可能难以适应新的工作岗位需求。由于大多数新生代农业转移人口也只能在非正规部门实现就业，用人单位出于成本方面的顾虑，通常在农业转移人口的职业技能培训重视程度不够且流于形式，与新生代农业转移人口所期望获得的培训效果相差甚远。因而广西新生代农业转移人口更希望通过更多的职业技能培训来提高其职业技能水平，进而增强其就近就业竞争力。

（三）社会资本

交往对象对新生代农业转移人口就近就业意愿的影响在 10% 水平上显著，系数是 0.171。求助人数与新生代农业转移人口就近就业意愿负相关。广西新生代农业转移人口的交往对象和求助人数直接体现出其私人关系型社会资本状况，如果新生代农业转移人口的主要交往对象是城市市民，求助人数较多，则表明其在务工所在地已经拥有较为丰富的私人关系型社会资本。一般而言，新生代农业转移人口在当前务工所在地的私人关系型社会资本越丰富，其就近就业的意愿越低。社区参与和工会参加对新生代农业转移人口就近就业意愿也未通过显著性检验。尽管多数新生代农业转移人口都能适应城市生活，也希望能够在城镇定居生活，但受到身份、户籍等多方面因素的影响作用，再加上来自工作和生活上的各种压力，实际上大部分新生代农业转移人口很少参与或是从不参与社区活动。此外，新生代农业转移人口的劳动权益维护意识虽有所增强，但鉴于目前多数用人单位的工会组织并未充分发挥其在农业转移人口劳动权益维护过程中的监督、协商和调解作用，与用人单位的谈判效果不佳，致使大多数新生代农业转移人口对工会组织缺乏信任，参加工会的意愿偏低。

四、研究发现与讨论

（一）研究发现

本书从资本禀赋视角，结合实地调研数据，采用二元 Logistic 模型实证分析了广西新生代农业转移人口就近就业意愿的主要影响因素。研究结果表明：广西新生代农业转移人口的就近就业意愿整体偏低，自然资本、人力资本和社会资本对新生代农业转移人口就近就业意愿的影响程度存在一定差异性。其中，家庭土地面积、土地处置方式、职业技能培训、职业技能水平、交往对象与广西新生代农业转移人口就近就业意愿显著正相关；城镇住房类型、受教育程度、求助人数与广西新生代农业转移人口就近就业意愿显著负相关；土地所处环境、进城务工年限、社区参与和工会参加对广西新生代农业转移人口就近就业意愿的影响不显著。

（二）讨论

本书发现广西新生代农业转移人口的就近就业意愿整体偏低，仅占比32.3%。张亮和李亚军（2017）的研究认为，农民工返乡创业缺乏资金和有针对性的培训，政府对农民工返乡创业的支持政策仍需加快落实到位。王彦青（2020）指出，农民工返乡创业成功率整体较低，该群体缺乏主动性和合作意识，产业层次不高，对扶持政策不熟悉，且资源攫取能力较弱。陶琳（2018）的研究指出，边疆地区回流少数民族农民工就近就地就业使得边境地区人居环境得到改善。随着就业机会的增多，农民工经济收入不断增加，进一步推动了民族传统文化的传承与发展。贺雪峰（2020）认为，大部分进城务工农民的收入尚不足以支撑其家庭体面融入城市，因而该群体仍然寄希望于通过返乡创业来获取基于风险的高额利益回报。

　　本书得出，自然资本、人力资本和社会资本显著影响新生代农业转移人口就近就业意愿。车蕾和杜海峰（2019）探讨了具有不同生计资本存量的就近务工农民工的就业风险感知差异及其影响因素，结果表明，在就近务工市场上，农民工具有较高的就业风险感知；个人和家庭生计资本对农民工就业风险感知起到一定的缓解作用；性别、婚育状况、留守经历等个人因素显著作用于农民工就业风险感知。由此提出应从提升农民工有效收入、疏通就业障碍、提高农业全要素生产率、完善公共就业服务体系等方面入手，以此降低农民工就近就业风险感知。郭劲光和万家瑞（2022）基于新冠疫情背景发现，农民工生计决策由外出务工转向返乡创业。并利用中国家庭追踪调查数据，实证检验农村社会保险对农民工生计决策的作用机制得出，农村社会保险显著地提升了农民工创业选择意愿，促进了新时代农民就业转型。

　　强化新生代农业转移人口的就近就业意愿，需要稳步推进农业转移人口土地流转机制创新，切实做好农业转移人口的土地权益保障工作。应完善农村土地承包经营权流转政策法规，优化配置农村土地资源。利用国家"城乡建设用地增减挂钩"政策，强化农村土地综合整治，创新农村承包地和宅基地的流转机制，通过在部分地区先行试点，稳步推进农业转移人口土地财产权的抵押、转让。加强公众参与，完善土地征用和补偿机制，深化征地制度改革，保障农业转移人口土地合理收益和基本权益，为其就近就业和落户定居提供必要的物质保障。此外，还应不断完善新生代农业转移人口职业技能培训体系，政府应加大对农业转移人口职业技能培训的投入力度，确保培训资金落实到位。建立对农业转移人口职业技能培训的监管机制，并对农业转移人口职业技能培训成效明显的企业和培训机构给予资金补贴或税收减免等政策优惠，鼓励企业与职业院校联合创建农业转移人口实训基地，以市场需求为导向，保证农业转移人口职业技能培训的针对性和实用性。加强对农业转移人口的职业技能认证，对符合认证条件的农业转移人口及时颁发职业资格等级证书，提升其人力资本素质，拓宽就业空间，使其能够适应就近就业的工作岗位要求。

第四章

农村社区居民参与旅游经营意愿实证研究

国内外有关社区参与旅游和居民感知的研究成果较为丰富，但大多着重于研究社区居民对旅游发展的被动认知，仅有少数学者对社区居民参与旅游经营意愿进行了探讨（赵磊、方成，2011），尚缺少针对民族地区农村社区居民参与旅游经营意愿的实证研究成果。基于此，本章从居民感知视角，以广西农村社区居民参与旅游经营意愿为研究对象，采用二元 Logistic 回归模型，结合广西富川瑶族自治县福利镇和朝东镇的实地调查数据，深入分析广西农村社区居民参与旅游经营意愿的主要影响因素，进而得出研究结论。

一、研究假设

社区居民是旅游的五大核心要素之一，社区参与旅游被认为是实现旅游业可持续发展的重要途径（Geelder & Ritche，2008）。由此，社区参与旅游引起了国内外学者的广泛关注，并成为旅游研究中的热点问题。20 世纪 80 年代，墨菲（Murphy，1985）在《旅游：一种社区方法》一书中首次研究了旅游规划中的社区导向问题。国外有关社区参与旅游的研究主要侧重于旅游发展与社区两者间的关系、社区参与对旅游发展的作用等方面。我国学者对社区参与旅游的研究始于 90 年代中期，可以分为旅游扶贫中的社区参与初级探索和旅游可持续发展背景下的社区参与快速发展两个阶段，相关研究主要围绕社区参与旅游的概念界定、相关理论基础、发展模式、存在的问题及对策建议等四个方面展开（刘丽梅、吕君，2010；彭建、王剑，2012）。国内学者大多沿用国外学者的研究范式，采用深度访谈法、参与式观察等定性研究方法，通过实地调研和问卷调查等方式获取研究数据，并结合结构方程模型、因子分析法等定量研究方法，针对构建的旅游热点区域社区参与旅游评价模型和指标体系进行研究（保继刚、孙九霞，2006；郭迪等，2015）。

国外有关旅游地居民感知及态度的研究最早是在 20 世纪 70 年代，较具代表性的是柯西构建的愤怒指数模型，该模型以居民对旅游发展的态度的可预测为假设前提，认为旅游地居民对旅游发展的态度和反应具有同质性（Wang et al.，2008）。但后来的学者们更倾向于认为旅游地居民对旅游发展的态度和反应表现为明显的异质性特征（Brougham & Butler，1981），并将不同的社区和居民划分为多种类型（Smith & Krannich，1998）。我国学者研究旅游地居民感知及态度问题始于 20 世纪 90 年代中期，早期的相关研究成果主要是针对部分区域居民对发展旅游的态度研究旅游发展对旅游的影响程度（陆林，1996）。近年来，学者们以社会交换理论、社会表征理论、社会承载力理论、愤怒指数、旅游地生命周期、马斯洛需要层次理论等为研究基础，大多采用结构方程模型、探索性因子分析、聚类分析等研究方法（卢春天、石金莲，2012），从社会人口变量（宣国富等，2002；张文、何桂培，2008）、空间因素（陈志永等，2011）、社区归属感（杜宗斌、苏勤，2011）、经济依赖度（蒋长春，2010）等多个方面研究旅游地居民感知及态度的影响因素。也有学者通过分析乡村旅游社区居民旅游影响感知、态度的动态演变过程，探讨了社区居民感知变化的成因（贾衍菊、王德刚，2015）。因此，提出如下研究假设：

假设 1　个人基本特征对广西农村社区居民参与旅游经营意愿影响显著。

广西农村社区居民的个人基本特征主要包括性别、年龄、受教育程度、居住年限、家庭月均收入等。一般而言，年纪较小、受教育程度较高、居住年限较长以及家庭月均收入偏低的社区居民更倾向于参与旅游经营。

假设 2　广西农村社区居民感知与其参与旅游经营意愿显著正相关。

广西农村社区居民对当地旅游经济、旅游社会文化、旅游环境以及旅游支持条件的感知水平将直接影响其参与旅游经营意愿。因此，广西农村社区居民感知与其参与旅游经营意愿之间存在显著的正相关关系，即农村社区居民感知度越高，其越愿意参与旅游经营。

二、研究设计

（一）研究区域

广西富川瑶族自治县位于广西东北部贺州市境内，县城西距桂林市 190 千米，南距梧州市 220 千米，距离广州市 380 千米，与南宁市相距 586 千米，地理位置较为优越。从富川县旅游景区分布情况来看，主要包括福利镇的神仙湖生态休闲园、朝东镇的秀水状元村、福溪古瑶寨、回澜风雨桥、青龙风雨桥等。近年来，富川县借助其独特的资源优势，加速推进农家民宿旅游项目建设，现已建成"万家客栈"和茅厂屋农家乐度假山庄。同时，该县不断加大生态新农村乡村旅游点、游客服务中心及大型绿色停车场等项目的投资建设力度，并引进了以国内外名贵木本花海为主题的生态农业观光旅游项目。其中，共有 1000 亩神仙湖花海生态农业观光园、2100 亩玫瑰湖（横塘水库）水上乐园、200 亩神仙湖健康养生园（养生地产）、300 亩珍稀水果采摘园。2015 年10 月 1 日，首期 660 亩神仙湖花海生态农业观光园项目已经正式开园，并深受游客青睐。此外，富川县福利镇已于 2015 年 11 月 7 日顺利通过申报国际慢城评估，正式加入国际慢城联盟，成为中国第四个、广西第一个国际慢城。

（二）数据说明

本书所使用的数据来自课题组成员于 2015 年 12 月 ~ 2016 年 1 月在广西富川瑶族自治县进行的逐户随机问卷调查，调查对象为在该地居住年限不少于 1年且年龄在 18 岁以上的农村社区村民，调查样本涉及富川县福利镇、朝东镇两个乡镇。首先采取试调查方式，发放问卷 20 份，并根据试调查结果，对拟采用的问卷中难以测度的变量加以修正。最终调查问卷包括三个部分：居民人口统计特征、居民感知、居民参与旅游意愿。第一部分是居民人口统计特征，包括：被调查者的性别、年龄、受教育程度、居住年限、家庭月均收入等。鉴于社区居民的民族类型和职业类型同质性较高，本书不考虑民族和职业因素的影响。第二部分是居民感知因素，包括：旅游经济影响感知、旅游社会文化影响感知、旅游环境影响感知、旅游支持条件感知等。为使得测量指标具有可比性，本书采取李克特五级量表的形式，按照正向从大到小对旅游影响感知因素各原始代码进行了重新赋值，其中，5 表示非常满意，4 表示比较满意，3 表示基本满意，2 表示比较不满意，1 表示非常不满意。第三部分是居民参与旅游经营意愿。分为愿意和不愿意两类，分别表示为"1"和"0"。

本书于 2016 年 1 月完成了正式的实地调研工作，共发放问卷 160 份，获得有效样本 149 份，有效样本率为 93%。其中，具有参与旅游经营意愿的样本为 124 份，占 83.2%，不愿意参与旅游经营的样本为 25 份，占 16.8%。可见，民族地区农村社区居民具有较强烈的参与旅游经营意愿。从人口统计特征上看，男性样本为 98 份，占 66%，女性占 34%。在年龄构成上，以 36~45 岁、46~60 岁居民为主，分别占 24.8%、52.3%。被调查对象的受教育程度普遍不高，大多为初中及以下学历，高中（中专）学历者占 12.8%，大专及以上学历者仅占 3.4%。居住年限方面，居住时间在 10 年及以上的居民达到 88.6%。居民家庭月均收入为 1000 元及以下的占 9%，1001~2000 元的占 15%，2001~4000 元的占 42%，4001~6000 元的占 23%，6001 元及以上的占 12%。主要变量的描述性统计分析如表 4-1 所示。

表 4-1　　　　　　　　　　主要变量描述性统计（N=149）

	变量名称	变量定义	均值	标准差	预期方向
人口统计特征	性别	男=1；女=2	0.66	0.476	-
	年龄	24 岁及以下=1；25~35 岁=2；36~45 岁=3；46~60 岁=4；61 岁及以上=5	3.41	0.986	-
	受教育程度	小学及以下=1；初中=2；高中（中专）=3；大专及以上=4	1.81	0.786	+
	居住年限	9 年及以下=1；10~20 年=2；21 年及以上=3	2.62	0.684	-
	家庭月均收入	1000 元及以下=1；1001~2000 元=2；2001~4000 元=3；4001~6000 元=4；6001 元及以上=5	3.15	1.093	+

续表

变量名称		变量定义	均值	标准差	预期方向
旅游经济影响感知	地方经济发展水平		3.55	0.962	+
	旅游经营收入		3.32	0.960	+
	外来投资状况		3.40	0.899	+
	居民就业机会		3.74	0.967	+
	居民基本生活水平		3.10	1.038	+
	地区物价水平		3.47	1.100	+
旅游社会文化影响感知	社区风貌的改善		3.57	1.028	+
	瑶族文化传承		3.42	1.169	+
	本地文化活动多样性	非常不满意为1，比较不满意为2，基本满意为3，比较满意为4，非常满意为5	3.17	0.786	+
	居民与旅游公司的关系		3.05	0.937	+
	居民与游客的关系		3.60	1.042	+
旅游环境影响感知	投资环境的优化		3.34	1.138	+
	自然环境开发和保护状况		2.99	0.893	+
	环境卫生状况		2.96	1.077	+
	基础设施完善程度		3.23	0.996	+
	人口拥挤状况		2.28	0.869	+
旅游支持条件感知	旅游经营的政策扶持力度		2.15	0.911	+
	旅游经营培训状况		2.07	0.659	+
	因旅游开发拆迁的补偿政策		3.03	0.757	+
	旅游收益分配合理性		2.88	0.846	+
居民参与旅游经营意愿		愿意参与＝1；不愿意参与＝0	0.83	0.375	

（三）研究方法与模型

Logistic 回归分析主要应用于因变量为二分变量的回归模型，以事件发生概率的形式提供统计分析结果。本书中的因变量"社区居民是否愿意参与旅游经营"是典型的二分变量，因此采用 SPSS17.0 统计分析软件，对 149 份有效调研数据进行二元 Logistic 模型回归分析，探寻广西农村社区居民参与旅游经营意愿的主要影响因素。社区居民愿意参与旅游经营（$y=1$）的概率设为P，社区居民不愿意参与旅游经营（$y=0$）的概率设为$1-P$，由此可构建本书的理论模型为：

$$T_i = \ln[p/(1-p)] = b_0 + b_i x_i + \mu$$

其中，T_i表示社区居民参与旅游经营意愿，x_i为影响社区居民参与旅游经营意愿的居民感知等因素，b_0为回归常数，b_i为回归系数。

三、实证结果与分析

表4-2反映了社区居民参与旅游经营意愿影响因素的模型估计结果。可见，本书构建的模型所选取的变量大多数在10%、5%和1%的水平上显著，R^2在0.5左右，Hosmer和Lemeshow检验结果为sig.=0.852>0.5，说明模型整体拟合度良好且解释力较强，回归结果可信度较高。模型分析结果显示，本书所选取的变量均为影响社区居民参与旅游经营意愿的重要因素，根据这些变量构建的回归模型能够解释农村社区居民参与旅游经营意愿的影响因素是存在差异性的。以下分别从社区居民个人特征因素和居民感知两方面进行分析。

表4-2　社区居民参与旅游经营意愿影响因素的二元 Logistic 模型估计结果

自变量名称	系数（B）	标准误差（S. E）	显著性（Sig.）
性别	1.093	0.246	0.536
年龄	-0.377*	0.549	0.082
受教育程度	-0.551**	0.907	0.043
居住年限	2.459	0.213	0.831
家庭月均收入	-1.340***	0.418	0.007
地方经济发展水平	1.846	0.652	0.723
旅游经营收入	3.417**	0.153	0.035
外来投资状况	2.290**	0.440	0.042
居民就业机会	1.637*	0.274	0.064
居民基本生活水平	-0.858	0.307	0.813

自变量名称	系数（B）	标准误差（S. E）	显著性（Sig.）
地区物价水平	0.981	0.196	0.661
社区风貌的改善	1.418**	0.226	0.021
瑶族文化传承	1.058*	0.441	0.076
本地文化活动多样性	1.374	0.316	0.941
居民与旅游公司的关系	2.565**	0.619	0.049
居民与游客的关系	−2.363	0.820	0.743
投资环境的优化	0.546**	0.206	0.024
自然环境开发和保护状况	0.312**	0.138	0.036
环境卫生状况	−3.540	0.314	0.651
基础设施完善程度	1.370**	0.863	0.014
人口拥挤状况	0.123	0.110	0.836
旅游经营的政策扶持力度	2.585***	0.838	0.002
旅游经营培训状况	1.089**	0.648	0.035
因旅游开发拆迁房屋的补偿政策	0.681*	0.269	0.057
旅游收益分配合理性	1.445**	0.423	0.014
常量	7.619	0.702	0.000
−2 对数似然值	134.802		
Cox & Snell R^2	0.495		
Nagelkerke R^2	0.606		
Hosmer 和 Lemeshow 检验（Sig.）	0.852		

注：*、**、*** 分别表示在10%、5%、1%的水平上显著。

（一）个人特征因素分析

由表4-2可得，广西农村社区居民个人特征因素在一定程度上影响其参与旅游经营意愿，本章提出的假设1得到验证。社区居民的性别和居住年限对其参与旅游经营意愿影响均不明显。年龄对居民参与旅游经营意愿的影响在10%水平上显著，且与居民参与旅游经营意愿呈负相关，表明年纪越大的社区居民越愿意参与旅游经营。受教育程度在 5% 水平上通过了显著性检验（0.043），且与居民参与旅游经营意愿呈负相关，说明受教育程度越低的社区居民参与旅游经营意愿也越强烈。这是因为年龄相对较大且受教育程度不高的社区居民大多较为关注社区旅游发展潜力，并倾向于将旅游业作为其就近就业的理想行业选择。家庭月均收入对民族县域社区居民参与旅游经营意愿影响在 1% 水平上高度显著，且与居民参与旅游经营意愿呈负相关，表明家庭月均收入水平越低的社区居民越愿意参与旅游经营。原因在于民族地区农村社区多数居民的家庭人口较多，经济负担重，家庭经济状况普遍较差，因而其往往寄希望于通过参与旅游经营来获取更多的经济收入，以改善家庭生活质量。

（二）居民感知分析

在旅游经济感知方面，旅游经营收入和外来投资状况两项指标对居民参与旅游经营意愿的影响均在 5% 水平上显著，影响系数分别为 3.417、2.290，与居民参与旅游经营意愿呈正相关。并且，在居民参与旅游经营意愿的所有影响因素中，旅游经营收入对居民参与旅游经营意愿的影响系数最大，地方经济发展水平、居民基本生活水平和地区物价水平三项指标均未通过显著性检验。这就说明民族地区农村社区居民参与旅游经营的意愿在很大程度上取决于其参与旅游经营能够实际获得的经济收入的高低。同时，外来投资状况的好坏也是民族地区农村社区居民决定是否参与旅游经营时考虑的主要方面。一般来说，外来投资机会的增加，会为民族地区农村社区居民带来更多的商业机会，并降低其参与旅游经营的风险。居民就业机会指标在 10% 水平上也通过了显著性检验，且与居民参与旅游经营意愿呈正相关，表明民族地区农村社区居民的就业机会越多，其参与旅游经营时可供选择的就业岗位也相对更多，因而其参与旅游经营意愿将得以提升。

在旅游社会文化感知方面，居民旅游社会文化影响感知的各项指标中，社区风貌的改善、居民与旅游公司的关系两项指标均在 5% 水平上通过了显著性检验，居民与旅游公司的关系对社区居民参与旅游经营意愿的影响系数达到 2.565，在居民旅游社会文化影响感知的各项指标中位居第一位，其次是社区风貌的改善（1.418），瑶族文化传承对居民参与旅游经营意愿的影响相对较小（1.058）。本地文化活动多样性、居民与游客的关系对社区居民参与旅游经营意愿的影响未通过显著性检验。这就说明社区居民参与旅游经营意愿受其与旅游公司的关系影响作用相当明显。实地调查中也发现，神仙湖花海园区居民曾经因为景区的门票收费问题与旅游公司发生冲突。但是，该社区居民也一致认为，近两年该地旅游业得到了快速发展，社区风貌大大改善。并且，调查地居民对本地文化遗产的保护状况较为关注，多数居民希望当地政府能够以瑶族文化传承为前提发展旅游业。

在旅游环境感知方面，投资环境的优化、自然环境开发和保护状况、基础设施完善程度对社区居民参与旅游经营意愿的影响均在5%水平上显著，且与社区居民参与旅游经营意愿均呈正相关，但三项指标对社区居民参与旅游经营意愿的影响程度存在一定差异。其中，基础设施完善程度对社区居民参与旅游经营意愿的影响最明显，影响系数为1.370；投资环境的优化、自然环境开发和保护状况对社区居民参与旅游经营意愿的影响系数分别是0.546、0.312。一方面，完善的旅游社区基础设施如铁路、公路、城市公共交通等，是社区旅游业发展的基础条件，也将为社区居民参与旅游经营提供必要的设施保障；另一方面，投资环境的优化，将有利于地方政府进一步加大招商引资力度，推动民族县域旅游业的稳步快速发展，同时也可为社区居民提供更多的投资机会。社区居民参与旅游经营意愿的影响受环境卫生状况和人口拥挤状况影响不显著，原因可能在于调查所在地目前仍处于旅游开发初期，景区知名度仍较低，即便是在旅游黄金周，尚未出现环境卫生状况非常糟糕或是人口拥挤不堪的状况。

在旅游支持条件感知方面，旅游支持条件中的四项指标旅游经营的政策扶持力度、旅游经营培训状况、因旅游开发拆迁房屋的补偿政策以及旅游收益分配合理性都通过了显著性检验，且与社区居民参与旅游经营意愿均呈正相关，但四项指标对社区居民参与旅游经营意愿的影响程度存在差异性。其中旅游经营的政策扶持力度对社区居民参与旅游经营意愿的影响在1%水平上高度显著，影响系数为2.585，超过旅游收益分配合理性对社区居民参与旅游经营意愿的影响（1.445）。旅游经营培训状况对社区居民参与旅游经营意愿的影响也较大（1.089），因旅游开发拆迁房屋的补偿政策对社区居民参与旅游经营意愿的影响相对较小（0.681）。这就说明社区居民在面临是否参与旅游经营的选择时，将会充分考虑当地政府对其参与旅游经营是否有财税政策扶持以及扶持力度的大小。如果当地政府能够为具有创业意愿的社区居民提供更多的政策优惠条件，部分被调查者表示愿意尝试以创业的形式参与旅游经营，但对其自身的职业技能水平表示不满意，并希望政府能够为其提供相应的免费的职业技能培训。此外，社区居民对旅游收益分配合理性及因旅游开发拆迁房屋的补偿政策的公平性也较为关注。本章提出的假设 2 已得到验证。

四、研究发现与讨论

（一）研究发现

本书以居民感知为研究视角，建立二元 Logistic 回归模型，并结合对广西富川瑶族自治县福利镇和朝东镇社区居民参与旅游经营意愿的实地调查数据，分析居民感知对农村社区居民参与旅游经营意愿的影响及关键性影响因素。研究结果表明，广西农村社区居民整体具有较强烈的参与旅游经营意愿。居民个人特征因素在一定程度上影响社区居民参与旅游经营意愿，年龄、受教育程度及家庭月均收入对其参与旅游经营意愿影响显著；居民感知对农村社区居民参与旅游经营意愿影响显著正相关，其中，旅游经营的政策扶持力度指标对社区居民参与旅游经营意愿的影响高度显著，旅游经营收入对社区居民参与旅游经营意愿的影响系数最大，居民与旅游公司的关系、外来投资状况、社区基础设施完善程度、居民旅游经营培训状况、旅游收益分配合理性等因素，是广西农村社区居民面对是否参与旅游经营选择时的关注点。

（二）讨论

本书从居民感知的角度充分地掌握农村社区居民参与旅游经营的意愿及关键性影响因素，有利于进一步明确广西农村社区居民参与旅游经营的改进方向，并为各级政府及相关部门因地制宜地制定出农村社区居民可持续生计实现路径提供参考依据。调研中发现，广西农村社区居民往往出于生计方面的考虑而参与旅游经营，但由于其自身参与旅游经营的能力不足，一般只能就业于当地的低端住宿餐饮业、交通运输业。部分社区居民主要从事旅游小商品经营，仅有极少数社区居民能够真正参与旅游景区规划、项目运营管理、环境保护等工作。实际上，社区政府并未将社区管理权限下放，仍采取自上而下的管理模式。在社区政府、旅游企业与居民之间的利益分配上，社区居民长期处于劣势，致使部分社区居民与企业之间的矛盾激化。社区基础设施建设的滞后发展，制约了民族地区乡村旅游业发展，也削弱了社区居民参与旅游经营的积极性。

推动广西农村社区居民实现可持续生计，需要尽快提升社区居民参与旅游发展的主人翁意识，增强其参与旅游经营的意愿。政府应充分发挥其协调、监管和服务功能，有效解决社区居民与旅游企业之间的利益冲突，强化社区居民公平感知。要探索建立公平合理的利益分配机制，鼓励社区居民发展集体经济，创办乡村企业，大胆尝试以股份制形式参与旅游经营，并给予资金、场地、税收等方面的政策扶持和制度保障。可采取定期举办培训班、不定期邀请行业专家开展旅游服务技能讲座等形式，根据社区居民的不同特点实施分类培训，切实提高社区居民参与旅游经营的基础性技能和技术性技能水平。推进旅游信息平台建设，实现政府旅游政策、旅游企业信息的共建共享，确保政府、旅游企业与居民之间沟通顺畅，建立信息反馈机制，并妥善处理社区居民反馈的问题。此外，政府还应不断优化旅游社区投资环境，加大投资力度，进一步完善交通道路、停车场、环保卫生设施、旅游服务中心等基础设施和旅游服务设施建设，为社区居民参与旅游经营创造有利条件。

第五章

生计风险感知对农民参与电商
扶贫意愿影响实证研究

农民长期承受着自然、市场以及政策等多重生计风险，其传统生计体系受到农产品市场、劳动力市场和资本市场的共同排斥，从而导致其难以获得可持续生计（苏芳等，2017）。本章尝试从两个方面扩展现有的研究：一是通过对广西36个国家电子商务进农村综合示范县（市）的农民参与电商扶贫意愿进行实地调研，能够较为客观地反映广西农村电商扶贫的现实情况；二是以生计风险感知为研究视角，通过构建多群组结构方程模型对广西农民参与电商扶贫意愿的代际差异及其影响因素展开实证分析，以此得出研究结论。

一、研究假设

一般行为决策理论认为，决策者的行为意愿能够最直接、最准确地预测其行为的发生（Kulik et al.，2008）。风险感知是关于人们对风险的态度与直觉判断的描述。作为个体行为决策规律的重要研究工具（Mitchell，1999），风险感知在社会学、心理学、经济学及管理学等多个学科的研究中得以广泛应用，相关研究主要围绕产品购买决策领域展开（方曼，2017）。博埃（Baue）于20世纪60年代最早提出了风险感知的概念，其认为消费者的行为具有风险性，而消费者对风险的主观认知对其购买行为起到相当重要的影响甚至是决定性作用。维尔达夫斯基和戴克（Wildavsky & Dake，1990）指出风险感知是一种社会和文化建构，反映了价值、表征、历史以及意识形态。西特金和帕布鲁（Sitkin & Pablo，1992）认为风险感知的内涵应包括决策者对情境的描述，对风险的可控制性与概率的估计，以及其对风险估计的信心度等方面。在风险感知的测量上，较具代表性的是斯洛维克（Slovic）的心理测量路径和卡斯帕森（Kasperson）的社会放大路径。其中，斯洛维克的心理测量路径是以不同的风险特征决定了公众对风险反应的异质性为理论基础，并通过设计涵盖心理、社会、制度、文化等因素的量表来测试被试者估计各种风险的程度（Slovic et al.，1987）。人们对社会风险的感知及其风险行为会在社会环境中得到强化或弱化，而其风险行为也会对社会环境和其他群体产生由近及远的影响，进而凸显其对人们的风险感知的放大效应（Kasperson，2005）。也有学者通过研究发现，个体风险感知对其行为和态度均影响显著，且情绪态度起到中介作用（Covello et al.，2001）。

20 世纪 90 年代以来，我国学者对风险感知的研究给予了较多关注，从环境风险、食品安全风险、科技风险以及公众风险感知等多个方面，采用实证分析方法针对城市的普通公众展开研究。在城市化和工业化的双重影响作用下，部分学者开始探讨农民的风险感知问题。徐慧清等（2006）认为农民对生活风险的感知最强烈，其次是生产风险，而生存风险的出现使得农民陷入生产风险和生活风险的双重困境。孙蓉等（2009）的研究结果表明，农业保险制度能够为农民带来的福利大小、农民对农业保险的认知和态度都决定了农民的投保意愿。邱波（2017）实证分析了农民对农业巨灾风险保障的需求状况，并得出农民对于农业巨灾风险的感知度显著影响其农业巨灾风险保障需求。张露等（2017）通过研究发现，农业依赖型农户对气候灾害响应型生产性公共服务的需求强度更大。谢治菊（2013）的研究得出，农民的风险感知对其政治行为产生负面影响，且农民的风险感知对其社会行为的影响具有非均衡特征。仇童伟（2017）的研究表明，在不同的产权情景下，土地产权经历扩大了土地确权对农民的产权安全感知影响的差异，但土地确权并不能明显降低农民土地产权安全感知差异。钟涨宝等（2016）的研究结果显示，农民的养老风险感知度整体较高，但其养老风险感知受到家庭养老和社会养老保障能力评估的影响程度存在代际差异，且目前的新农保待遇水平并不能显著降低农民的养老风险感知度。

根据风险感知理论，当决策者处在产出与结果不确定的情景时就会面临风险，而其做出的首要反应就是通过后续的决策过程和结果来尽可能地规避风险（Fraedrich et al.，1992）。从根本上来说，电商扶贫除了依靠各类外部扶贫主体的帮扶以外，更需要充分发挥贫困农民自身内在的主观能动性。在电商扶贫情境下，广西农民的行为意愿必然与其生计风险感知程度有关，而农民对广西农村电商发展水平的满意度也将在较大程度上影响其参与电商扶贫意愿。因此，本章提出如下研究假设：

假设1　个人基本特征对广西农民参与电商扶贫意愿影响显著。

农民的个人基本特征主要包括性别、年龄、婚姻状况、受教育程度等。与老一代农民相比，新生代农民在其人生价值观形成的青年时期历经改革开放、市场经济体制建立等重要历史事件，并在社会新环境中具备了勇于尝试新鲜事物的性格特征（刘炎周等，2016）。广西新生代男性农民的受教育程度相对较高，其对农村电商扶贫的相关政策也更了解，因而新生代男性农民可能具有更强烈的参与电商扶贫意愿。

假设2　广西农民的生计风险感知与其参与电商扶贫意愿显著正相关。

在农民的生计方式决策中，当其感知到某种不确定性或不良后果的存在时，其往往会努力探寻降低风险感知程度的方法，进而影响其参与电商扶贫意愿。因此，广西农民的生计风险感知对其参与电商扶贫意愿影响显著，即广西农民的生计风险感知度越高，其越愿意参与电商扶贫。但农民的生计风险感知对其参与电商扶贫意愿的影响程度可能存在代际差异，生计风险感知对新生代农民参与农村电商意愿的影响会更显著。

二、研究设计

（一）研究区域

截至2017年，广西共有36个国家电子商务进农村综合示范县（市）。因此，本书区域涉及这些县（市），具体包括：巴马瑶族自治县、靖西市、浦北县、东兴市、柳城县、桂平市、灌阳县、荔浦县、田阳县、富川瑶族自治县、东兰县、忻城县、大新县、融安县、龙胜县、凌云县、横县、鹿寨县、全州县、灵山县、兴业县、宾阳县、恭城瑶族自治县、龙州县、南丹县、扶绥县、天峨县、大化县、乐业县、西林县、资源县、都安县、昭平县、上林县、金秀县和三江县。

（二）数据说明

本书所使用的数据来自课题组于 2017 年 1～9 月进行的实地调查，调查对象为广西壮族自治区内年龄在 18～60 岁，家庭人均纯收入（2016 年）低于国家现行扶贫标准（2855 元），有劳动能力但目前尚未参与电商扶贫的农户户主。调查内容包括：个人基本信息、参与电商扶贫意愿、生计风险感知、产业基础满意度以及电商基础满意度等 5 个方面。借鉴苏芳等（2012）、陈新建（2017）的研究成果，课题组设计了调查问卷，并基于 2017 年 1～2 月开展的试调查结果确定了最终使用的调查问卷的观测变量。生计风险感知由自然风险感知、市场风险感知以及体制转换风险感知构成。其中，自然风险感知以天气灾害风险和病虫害风险来衡量；市场风险感知以生产资料市场风险、农产品市场风险、劳动力市场风险和资金投入风险来衡量；体制转换风险感知以农村金融贷款风险、社会保障风险和土地使用风险来衡量。产业基础满意度以农特产品规模、农特产品加工和农产品标准化进行测量；电商基础满意度以农村交通设施、农村网络设施、农村物流体系和农村电商政策进行测量。农民参与电商扶贫意愿包括愿意和不愿意两类，分别以 1 和 0 来表示，并采用李克特五级量表形式对原始代码进行了重新赋值，从而使得各项测量指标具有可比性。

课题组于 2017 年 7～9 月展开了正式的问卷调研工作，调查样本涉及广西壮族自治区内 36 个国家电子商务进农村综合示范县（市）。在各示范县（市）均发放调查问卷 50 份，共发放问卷 1800 份，回收 1629 份，样本回收率为 90.50%。剔除失效样本后获得有效样本为 1432 份，有效样本率为 87.91%（见表 5－1）。

表 5－1　　　　　　总体调查样本的基本情况及分布（N = 1432）

所属城市	县（市）	发放样本量（份）	回收样本量（份）	样本回收率（%）	有效样本量（份）	有效样本率（%）
	横县	50	45	90.00	40	88.89
南宁	宾阳县	50	42	84.00	36	85.71
	上林县	50	43	86.00	40	93.02

所属城市	县（市）	发放样本量（份）	回收样本量（份）	样本回收率（%）	有效样本量（份）	有效样本率（%）
柳州	柳城县	50	46	92.00	41	89.13
	融安县	50	43	86.00	36	83.72
	鹿寨县	50	42	84.00	37	88.10
	三江县	50	44	88.00	39	88.64
桂林	灌阳县	50	46	92.00	42	91.30
	荔浦县	50	45	90.00	38	84.44
	龙胜县	50	44	88.00	40	90.91
	全州县	50	45	90.00	41	91.11
	恭城瑶族自治县	50	46	92.00	37	80.43
	资源县	50	48	96.00	42	87.50
钦州	浦北县	50	43	86.00	39	90.70
	灵山县	50	45	90.00	40	88.89
防城港	东兴市	50	46	92.00	41	89.13
玉林	兴业县	50	47	94.00	42	89.36
崇左	大新县	50	46	92.00	41	89.13
	龙州县	50	43	86.00	38	88.37
	扶绥县	50	48	96.00	43	89.58
贵港	桂平市	50	46	92.00	38	82.61
百色	靖西市	50	44	88.00	38	86.36
	田阳县	50	47	94.00	41	87.23
	凌云县	50	44	88.00	39	88.64
	乐业县	50	45	90.00	40	88.89
	西林县	50	48	96.00	42	87.50
贺州	富川瑶族自治县	50	48	96.00	41	85.42
	昭平县	50	47	94.00	43	91.49

续表

所属城市	县（市）	发放样本量 （份）	回收样本量 （份）	样本回收率 （%）	有效样本量 （份）	有效样本率 （%）
河池	巴马瑶族自治县	50	46	92.00	41	89.13
	东兰县	50	45	90.00	39	86.67
	南丹县	50	47	94.00	40	85.11
	天峨县	50	46	92.00	43	93.48
	大化县	50	44	88.00	38	86.36
	都安县	50	45	90.00	37	82.22
来宾	忻城县	50	43	86.00	39	90.70
	金秀县	50	47	94.00	40	85.11
合计		1800	1629	90.50	1432	87.91

学术界对新老两代农民的划分一般以 20 世纪 80 年代为分界。鉴于"代效应"中价值观的形成具有滞后性（Lyons & Kuron，2014），参照刘炎周等（2016）的做法，本书以 1975 年出生作为划分标准，将 1975 年之前出生的农民界定为老一代农民，1975 年及以后出生的农民视为新生代农民。通过正式调查获得的 1432 份有效样本中，具有参与电商扶贫意愿的样本为 1051 份，占比 73.39%；不愿意参与电商扶贫的样本为 381 份，占比 26.61%。样本区域内农民参与电商扶贫的意愿整体非常强烈。为比较农民参与电商扶贫意愿的代际差异，本书最终使用的是 1051 份具有参与电商扶贫意愿的农民样本。其中，老一代农民样本为 403 份，占比 38.34%；新生代农民样本为 648 份，占比 61.66%。主要变量的描述性统计结果如表 5-2 所示。可以看出，新生代农民参与电商扶贫意愿明显高于老一代农民，且两代农民在个人特征因素、生计风险感知、产业基础满意度和电商基础满意度的绝大部分测量指标上均存在明显差异。

表 5-2　　　　　　　　　　主要变量的描述性统计（N=1051）

类别	变量名称	全样本（N=1051）		老一代农民样本（N=403）		新生代农民样本（N=648）	
		频数	百分比（%）	频数	百分比（%）	频数	百分比（%）
性别	男	597	56.80	238	59.06	359	55.40
	女	454	43.20	165	40.94	289	44.60
婚姻状况	已婚	826	78.59	341	84.62	485	74.85
	未婚	225	21.41	62	15.38	163	25.15
受教育程度	小学及以下	315	29.97	139	34.49	176	27.16
	初中	486	46.24	189	46.90	297	45.83
	高中（中专）	202	19.22	68	16.87	134	20.68
	大专及以上	48	4.57	7	1.74	41	6.33
自然风险感知	天气灾害风险	均值3.67（0.752）		均值3.69（0.730）		均值3.66（0.765）	
	病虫害风险	均值3.65（0.785）		均值3.64（0.771）		均值3.66（0.794）	
市场风险感知	生产资料市场风险	均值3.54（0.832）		均值3.53（0.817）		均值3.55（0.842）	
	农产品市场风险	均值3.66（0.716）		均值3.66（0.689）		均值3.66（0.733）	
	劳动力市场风险	均值3.59（0.810）		均值3.58（0.817）		均值3.60（0.806）	
	资金投入风险	均值3.55（0.798）		均值3.53（0.795）		均值3.56（0.800）	
体制转换风险感知	农村金融贷款风险	均值3.54（0.760）		均值3.53（0.747）		均值3.55（0.769）	
	社会保障风险	均值3.60（0.839）		均值3.60（0.826）		均值3.60（0.848）	
	土地使用风险	均值3.57（0.782）		均值3.56（0.765）		均值3.58（0.792）	
产业基础满意度	农特产品规模	均值3.37（0.812）		均值3.41（0.788）		均值3.34（0.827）	
	农特产品加工	均值3.18（0.705）		均值3.18（0.705）		均值3.18（0.706）	
	农产品标准化	均值3.20（0.749）		均值3.23（0.745）		均值3.19（0.753）	
电商基础满意度	农村交通设施	均值3.25（0.698）		均值3.29（0.661）		均值3.23（0.719）	
	农村网络设施	均值3.15（0.731）		均值3.11（0.713）		均值3.17（0.742）	
	农村物流体系	均值3.24（0.733）		均值3.21（0.709）		均值3.27（0.747）	
	农村电商政策	均值3.17（0.710）		均值3.12（0.692）		均值3.20（0.721）	

注：括号内的数值为样本标准差。

在个人特征因素方面，老一代农民中男性农民和女性农民的占比分别为59.06%、40.94%。而新生代农民中男性农民仅比女性农民高出10.8个百分点，性别占比差距明显下降。从婚姻状况来看，两代农民中已婚者均占绝大多数，但新生代农民中未婚者所占比例为25.15%，明显高于老一代农民中未婚者占比（15.38%）。从受教育程度来看，两代农民的学历水平总体偏低。其中，初中及以下学历水平的农民占比最大，老一代农民和新生代农民所占比例分别是81.39%、72.99%；但高中（中专）、大专及以上学历的新生代农民占比均明显高于老一代农民。这验证了本章提出的假设1。

在生计风险感知方面，老一代农民的天气灾害风险感知度要明显高于新生代农民，但其对病虫害风险的感知度相对较弱。在市场风险感知上，两代农民对农产品市场风险的感知度相同，但新生代农民在生产资料市场风险、劳动力市场风险和资金投入风险方面的感知度均高于老一代农民。从体制转换风险感知状况来看，老一代农民对农村金融贷款风险和土地使用风险的感知度均低于新生代农民，但两代农民的社会保障风险感知度并无差异。在产业基础满意度方面，两代农民具有相同的农产品加工满意度，但老一代农民对农特产品规模和农产品标准化的满意度均明显高于新生代农民。在电商基础满意度方面，新生代农民对农村网络设施、农村物流体系和农村电商政策的满意度相对更高，而老一代农民对农村交通设施的满意度明显高于新生代农民。

（三）研究方法与模型

本书设计的调查问卷采用的是李克特量表形式，但通过实地调查获得的样本数据并不能直接度量。假如在实证研究中运用传统的统计分析方法，将难以得到较理想的分析结果。而结构方程模型既可以同时进行多个变量之间的关系探讨、预测及变量间因果模型的路径分析，又能允许外衍变量和内衍变量存在测量误差或残差项，还可以检验假设模型的适配度。由此本书运用SPSS17.0统计分析软件建立了包含1051个具有参与电商扶贫意愿的农民样本数据的数据库，接着将样本数据导入AMOS17.0统计分析软件进行实证分析。图5-1是构建的广西农民参与电商扶贫意愿的结构方程模型。

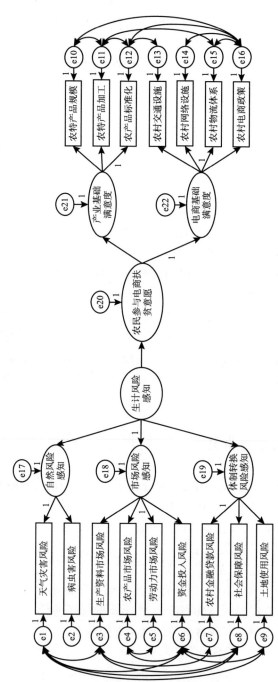

图5-1 广西农民参与电商扶贫意愿的结构方程模型

在理论模型中，潜在变量包括了生计风险感知、农民参与电商扶贫意愿以及各个残差项，且观测变量与潜在变量也都分别包含了内衍变量和外衍变量。结构方程模型由测量模型和结构模型两个基本模型组成。其中，测量模型描述的是潜在变量与观察变量之间的关系，其一般形式如下：

$$X = \Lambda_X \xi + \delta$$
$$Y = \Lambda_Y \eta + \varepsilon$$

（5-1）

其中，X、Y 分别表示外衍观察变量和内衍观察变量；ξ、η 分别为外衍潜在变量和内衍潜在变量；Λ_X、Λ_Y 为观察变量 X 和 Y 的因素负荷量；δ、ε 为观察变量 X 和 Y 的误差项。ε 与 ξ、η 及 δ 无关，而 δ 与 ξ、η 和 ε 也无关。

本书构建的结构方程模型总共设置了 4 个外衍潜在变量、3 个内衍潜在变量、9 个外衍观察变量以及 7 个内衍观察变量。其中，外衍潜在变量包括生计风险感知（LR）、自然风险感知（$LR1$）、市场风险感知（$LR2$）和体制转换风险感知（$LR3$），分别记为 ξ_{LR}、ξ_{LR1}、ξ_{LR2} 和 ξ_{LR3}；内衍潜在变量包括农民参与电商扶贫意愿（EC）、产业基础满意度（$EC1$）和电商基础满意度（$EC2$），分别记为 η_{EC}、η_{EC1} 和 η_{EC2}；外衍观察变量包含天气灾害风险（$LR11$）、病虫害风险（$LR12$）、生产资料市场风险（$LR21$）、农产品市场风险（$LR22$）、劳动力市场风险（$LR23$）、资金投入风险（$LR24$）、农村金融贷款风险（$LR31$）、社会保障风险（$LR32$）及土地使用风险（$LR33$）；内衍观察变量包含农特产品规模（$EC11$）、农特产品加工（$EC12$）、农产品标准化（$EC13$）、农村交通设施（$EC21$）、农村网络设施（$EC22$）、农村物流体系（$EC23$）及农村电商政策（$EC24$）。构建的测量模型如下：

$$
\begin{cases}
X_{LR11} = \lambda_{LR11}\xi_{LR1} + \delta_{LR11}, \ X_{LR12} = \lambda_{LR12}\xi_{LR1} + \delta_{LR12} \\
X_{LR21} = \lambda_{LR21}\xi_{LR2} + \delta_{LR21}, \ X_{LR22} = \lambda_{LR22}\xi_{LR2} + \delta_{LR22}, \ X_{LR23} = \lambda_{LR23}\xi_{LR2} + \delta_{LR23}, \\
X_{LR24} = \lambda_{LR24}\xi_{LR2} + \delta_{LR24} \\
X_{LR31} = \lambda_{LR31}\xi_{LR3} + \delta_{LR31}, \ X_{LR32} = \lambda_{LR32}\xi_{LR3} + \delta_{LR32}, \ X_{LR33} = \lambda_{LR33}\xi_{LR3} + \delta_{LR33} \\
X_{LR1} = \lambda_{LR1}\xi_{LR} + \delta_{LR1}, \ X_{LR2} = \lambda_{LR2}\xi_{LR} + \delta_{LR2}, \ X_{LR3} = \lambda_{LR3}\xi_{LR} + \delta_{LR3} \\
Y_{EC11} = \lambda_{EC11}\eta_{EC1} + \varepsilon_{EC11}, \ Y_{EC12} = \lambda_{EC12}\eta_{EC1} + \varepsilon_{EC12}, \ Y_{EC13} = \lambda_{EC13}\eta_{EC1} + \varepsilon_{EC13} \\
Y_{EC21} = \lambda_{EC21}\eta_{EC2} + \varepsilon_{EC21}, \ Y_{EC22} = \lambda_{EC22}\eta_{EC2} + \varepsilon_{EC22}, \ Y_{EC23} = \lambda_{EC23}\eta_{EC2} + \varepsilon_{EC23}, \\
Y_{EC24} = \lambda_{EC24}\eta_{EC2} + \varepsilon_{EC24} \\
Y_{EC1} = \lambda_{EC1}\eta_{EC} + \varepsilon_{EC1}, \ Y_{EC2} = \lambda_{EC2}\eta_{EC} + \varepsilon_{EC2}
\end{cases}
$$

（5-2）

结构模型描述的是各潜在变量之间的因果关系，其一般形式为：

$$\eta = \beta\eta + \Gamma\xi + \zeta \qquad (5-3)$$

其中，ξ、η 分别代表外衍潜在变量和内衍潜在变量，Γ 为外衍潜在变量对内衍潜在变量的影响路径系数，β 为内衍潜在变量之间的影响路径系数，ζ 为残差项。本书构建的结构模型是一个外衍潜在变量对一个内衍潜在变量的预测，生计风险感知对农民参与电商扶贫意愿的影响记为 ϕ_1，具体模型为：

$$\eta_{EC} = \phi_1\xi_{LR} + \zeta_{EC} \qquad (5-4)$$

三、实证结果与分析

（一）信度与效度检验

第一，信度检验。本书采用 Cronbach's α 系数检验不同代际的农民样本数据的信度，结果表明老一代农民样本和新生代农民样本的信度系数值分别为 0.949、0.963。由此得出研究所使用的两组样本数据的可信度均较高，可以认为两组样本数据都通过了信度检验。

第二，效度检验。本书运用因子分析法对各项观测变量的结构效度进行检验。从样本数据的 KMO 检验结果来看，老一代农民样本和新生代农民样本的各项观察变量的 KMO 值分别为 0.957、0.968。Bartlett 球形检验结果显示，卡方数值的显著性概率均为 0.000。因此，可以认为两组样本数据均通过了 KMO 检验和 Bartlett 球形检验。再采用极大方差法并根据特征值大于 1 的原则对两组样本数据提取公因子，结果表明各项观察变量的因素负荷量均大于 0.50，并且累计解释方差均在 50% 以上，由此可得所有样本数据都通过了效度检验。

（二）参数值估计模型图分析

为比较广西农民参与电商扶贫意愿的代际差异，本书根据构建的结构方程模型图，并运用 AMOS17.0 统计分析软件分别对不同代际的农民样本数据进行计算，进而得到广西老一代农民和新生代农民参与电商扶贫意愿的非标准化参数值估计模型图，如图 5-2 和图 5-3 所示。可见，生计风险感知对广西两代

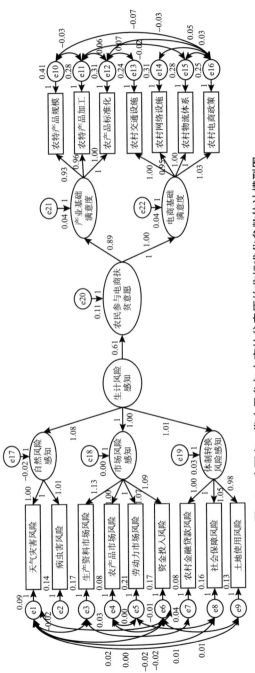

图5-2 广西老一代农民参与电商扶贫意愿的非标准化参数估计模型图

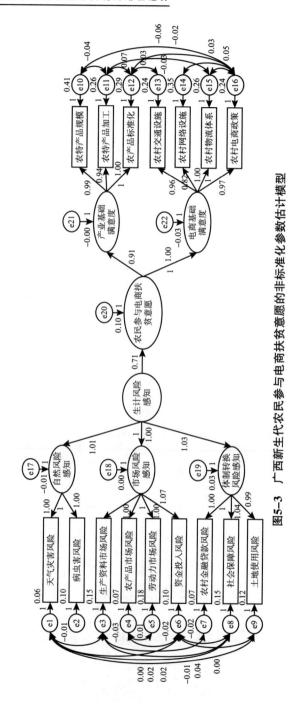

图5-3 广西新生代农民参与电商扶贫意愿的非标准化参数估计模型

农民参与电商扶贫意愿均产生显著影响。生计风险感知这一潜在变量是由自然风险感知、市场风险感知和体制转换风险感知三个观察变量来测量的，由此可以认为广西农民的自然风险感知、市场风险感知和体制转换风险感知对其参与电商扶贫意愿的影响显著。

　　由 e1↔e3 路径可知，两个群组均达到了显著性水平，协方差分别为 -0.02、-0.01，表明两代农民的天气灾害风险感知与生产资料市场风险感知之间存在负向共变关系。农民的天气灾害风险感知越弱，其生产资料市场风险感知则会越强，且老一代农民受到的影响更大。由 e1↔e6 路径可得，两个群组均通过了显著性检验，协方差分别为 0.03、0.02，表明两代农民的天气灾害风险感知与资金投入风险感知之间存在正向共变关系，天气灾害风险感知越强的农民对资金投入风险的感知也越强，且老一代农民表现得更为明显。e1↔e8 路径结果表明，两个群组都达到显著性水平，协方差分别为 0.00、0.01，说明两代农民的天气灾害风险感知与社会保障风险感知之间存在正向共变关系。农民特别是新生代农民对天气灾害风险的感知越强，则其社会保障风险感知度也会越高。从 e1↔e9 路径来看，两个群组都通过了显著性检验，协方差分别为 -0.02、-0.01，说明两代农民的天气灾害风险感知与土地使用风险感知之间存在负向共变关系。老一代农民的天气灾害风险感知度越高，则其对土地使用风险的感知就会更弱。农村养老保险机制的严重缺失，致使大多数农民固守着"养儿防老"的生活理念，生活贫困进一步加剧。随着城镇化进程的快速推进，新生代农民对土地的依赖性有所下降，但其收入仍然较低，并且还需要承担赡养老人和抚育小孩的义务和责任。整体来看，西部民族地区农民形成了种植多种农作物、家庭养殖、外出打工等多元化经营行为（赵雪雁等，2015）。

　　从 e3↔e7 路径来看，两个群组均通过了显著性检验，协方差分别为 -0.02、-0.01，表明两代农民的生产资料市场风险感知与农村金融贷款风险感知之间呈负向共变关系，且老一代农民表现得更明显。当生产资料市场风险感知度较高时，农民特别是老一代往往会采取更为保守的农业生产方式，其农村金融贷款风险感知则会弱化。由 e4↔e5、e4↔e7、e6↔e9 路径系数可知，两代农民的农产品市场风险感知与劳动力市场风险感知、农产品市场风险感知与农村金融贷款风险感知、资金投入风险感知与土地使用风险感知之间均存在正向共变关系，且老一代农民受到的影响都更显著。调查中发现，广西的农民专业合作社的发展水平仍旧较低，农民作为生产者缺乏规模化优势，其销售农产品的主要渠道是通过批发商直接下乡收购。由于农民并不具备议价能力和谈判能力，因而批发商给农民生产者的收购价格较低。农民居住空间较为分散，信息沟通不畅，也使得农产品的信息收集和传递受阻。而农民对农产品市场风险的感知程度越高，其对劳动力市场风险和农村金融贷款风险的感知程度也会越高，资金投入风险感知越强的农民更关注土地使用风险。

$e4{\leftrightarrow}e6$ 路径系数表明两代农民的农产品市场风险感知与资金投入风险感知之间具有负向共变关系，且新生代农民受到的影响程度更高。这是因为当农民感知到农产品生产的机会成本上涨、资本投入回报率比较低时，农业生产投入将引致的低预期收入会使得农民尤其是新生代农民做出减少农业资本投入的理性选择。绝大部分农民特别是老一代农民对于新技术应用的态度相当谨慎，一般会倾向于使用保守的技术进行农业生产以规避风险。$e3{\leftrightarrow}e8$ 路径结果显示，两代农民的生产资料市场风险感知与农村金融贷款风险感知之间具有正向共变关系，新生代农民所受影响更突出。原因可能在于老一代农民在面对农业生产决策时大多凭借自身务农经验，且价值取向更保守，因而其风险偏好也更低。两个群组的 $e5{\leftrightarrow}e8$ 路径的协方差均为 0.04，表明两代农民的劳动力市场风险感知与社会保障风险感知之间呈正向共变关系，但并无代际差异。

此外，两代农民参与电商扶贫意愿与其产业基础满意度和电商基础满意度之间的关系显著，且高度相关。这说明提升农民对产业基础和电商基础的满意程度，将有助于增强广西农民参与电商扶贫意愿。$e11{\leftrightarrow}e12$、$e15{\leftrightarrow}e16$、$e10{\leftrightarrow}e11$、$e11{\leftrightarrow}e15$ 路径结果表明，两代农民的农特产品加工满意度与其农产品标准化满意度、农村物流体系满意度与其农村电商政策满意度之间均呈正向共变关系。而两代农民的农特产品规模满意度与农特产品加工满意度、农特产品加工满意度与其农村物流体系满意度之间均具有负向共变关系。并且，新生代农民在这 4 条路径中均表现得更明显。从 $e10{\leftrightarrow}e16$、$e12{\leftrightarrow}e16$、$e12{\leftrightarrow}e13$、$e14{\leftrightarrow}e16$ 的路径系数来看，两代农民的农特产品规模满意度与其农村电商政策满意度、农产品标准化满意度与农村电商政策满意度之间均存在负向共变关系；而两代农民的农产品标准化满意度与农村交通设施满意度、农村网络设施满意度与农村电商政策满意度之间存在正向共变关系。在这 4 条路径中，老一代农民均表现得更突出。

由结构方程模型的输出结果可以得出广西不同代际的农民参与电商扶贫意愿的测量模型中潜在变量与观测变量之间的标准化路径估计结果，如表 5 - 3 所示。广西两代农民样本的潜在变量对观测变量的检验结果显示，各标准化路径系数位于 0.574 ~ 0.951 之间，且均在 1% 的水平上显著，可以认为测量模型中的所有观测变量都能够较好地解释潜在变量。

表5-3 广西不同代际的农民参与电商扶贫意愿的测量模型的标准化路径估计结果

测量模型路径	老一代农民	新生代农民
	标准化路径系数	标准化路径系数
自然风险感知→天气灾害风险	0.914***	0.951***
自然风险感知→病虫害风险	0.872***	0.917***
市场风险感知→生产资料市场风险	0.896***	0.888***
市场风险感知→农产品市场风险	0.913***	0.935***
市场风险感知→劳动力市场风险	0.826***	0.854***
市场风险感知→资金投入风险	0.860***	0.915***
体制转换风险感知→农村金融贷款风险	0.922***	0.940***
体制转换风险感知→社会保障风险	0.872***	0.886***
体制转换风险感知→土地使用风险	0.880***	0.903***
产业基础满意度→农特产品规模	0.574***	0.627***
产业基础满意度→农特产品加工	0.661***	0.698***
产业基础满意度→农产品标准化	0.656***	0.696***
电商基础满意度→农村交通设施	0.679***	0.732***
电商基础满意度→农村网络设施	0.624***	0.608***
电商基础满意度→农村物流体系	0.661***	0.736***
电商基础满意度→农村电商政策	0.697***	0.738***

注：*、**、*** 分别表示在10%、5%、1%的水平上显著。

在生计风险感知方面，两代农民样本的各项测量指标均达到显著性水平，且标准化路径系数值均较高，最大值和最小值分别为0.951、0.826。在自然风险感知上，两代农民受天气灾害风险的影响程度均大于病虫害风险，说明农民的天气灾害风险感知度的高低对其参与电商扶贫意愿的影响较突出，且新生代农民受天气灾害风险感知和病虫害风险感知的影响均更明显。作为贫困农民家庭收入的主要来源，农业收入对于维持家庭内留守人员的基本生活需求的重要作用不容忽视。但受地理环境因素影响，广西大部分贫困农民需要承担因降雨、霜冻、病虫害等农业气候条件所导致的生计风险。在市场风险感知上，两代农民的农产品市场风险感知都更直接地影响其参与电商扶贫意愿，而劳动力市场风险对两代农民参与电商扶贫意愿影响较小。尽管老一代农民在4项测量指标上的影响系数值均小于新生代农民，但除农产品市场风险外，新生代农民更注重资金投入风险，老一代农民则更关注生产资料市场风险。自1985年农产品价格放开以后，我国农民开始面对农产品市场风险的考验，信息不完全和不对称导致农民盲目性生产，农产品、农业生产资料的价格波动均影响了农民的收入（邓万春，2008）。在体制转换风险感知上，两代农民参与电商扶贫意愿均最容易受到农村金融贷款风险的影响，其次是土地使用风险，社会保障风险对农民参与电商扶贫意愿的影响最小。但这3项测量指标对老一代农民参与电商扶贫意愿的影响程度相对较低。大部分新生代农民的土地经营面积都要大于老一代农民。尽管新生代农民务农时间较短，但整体受教育程度相对较高，因而更容易接受新知识和新技术，也更愿意接受冒险与尝试。为实现家庭收入最大化，新生代农民往往更关注土地承包与流转等信息。

在产业基础满意度方面，两代农民样本的各项测量指标均在1%水平上通过了显著性检验，但各标准化路径系数都较低。农特产品加工对农民参与电商扶贫意愿的影响最大，农产品标准化程度的高低也制约了农民参与电商扶贫意愿，而农特产品规模对农民参与电商扶贫意愿的影响较弱。比较而言，新生代农民受到这3项测量指标的影响都更明显。伴随着农业经营方式的逐渐转变，新生代农民的"熟人圈"不再局限于农村范围，其往往会更主动地了解农业规模化经营方面的信息以及有关政策法规，并根据其对外界风险的感知度来有效整合和利用信息，进而调整自身生计策略。通过实地调查发现，样本区域内大部分地区产业基础薄弱，农产品结构单一，农产品"卖难"问题长期存在。农产品标准化程度偏低，也使得各类农特产品质量参差不齐。此外，大多数地区农特产品加工缺乏技术储备，产后初加工能力和精深加工能力均较弱，导致地区农特产品附加值不高，农产品资源优势难以得到充分发挥，农民增产不增收的现象仍较普遍。

在电商基础满意度方面，两代农民样本的各项测量指标均符合显著性标准，但各标准化路径系数都不高。两代农民对农村电商政策满意度的高低均最直接地影响到其参与电商扶贫意愿，但农村电商政策对新生代农民的影响更显著。本书选取的调查区域均为国家电子商务进农村综合示范县（市），但当地农村电商发展水平仍处于发展的初步阶段。受传统观念影响，老一代农民特别是少数民族自治县的农民对农村电商的扶贫效应仍持质疑态度。新生代农民具有典型的"半工半农"的生计模式特征，其参与电商扶贫意愿主要取决于当地已经参与电商扶贫的农民能够获取的比较利益的大小。从实地调查结果来看，各地政府都非常重视发展农村电商，主要采取"平台＋园区＋培训"的形式作为政策抓手，但很多地区的地方农特产品开发和新农人培育均不成熟，且仅有为数不多的企业入住电商产业园，农民能够获取的电商知识仍然很有限，电子商务发展的溢出效应并不明显。农村交通设施与农村物流体系满意度对新生代农民参与电商扶贫意愿的影响系数均显著大于老一代农民。老一代农民较关注农村交通设施状况，新生代农民更注重农村物流体系的完善程度。加快完善农村地区交通设施和物流体系建设，将对广西农村电商发展水平的提升起到重要的推动作用，进而有助于增强农民参与电商扶贫意愿。此外，老一代农民参与电商扶贫意愿受到农村网络设施的影响也更明显。

（三）模型的拟合优度分析

本书主要运用 8 项重要的拟合指标来检验构建的结构方程模型的拟合指标参数，通过比较拟合指标的输出值和参考值，以此判断模型与样本数据的拟合程度。基于 1051 份农民样本数据，并采用 AMOS17.0 统计分析软件对建立的结构方程模型进行计算分析，进而得到反映广西农民参与电商扶贫意愿拟合程度的 8 项拟合指标数值（见表 5-4）。8 项拟合指标的输出值都在可以接受的范围内，表明构建的结构方程模型与样本数据在整体上能够实现较好的拟合。在此基础上，采用两代农民样本来测定结构方程模型的路径系数，进而得到广西不同代际的农民参与电商扶贫意愿的结构方程模型的路径估计结果（见表 5-5）。其结果表明，生计风险感知对老一代农民和新生代农民参与电商扶贫意愿的标准化路径系数分别为 0.753、0.835，且都在 1% 水平上通过了显著性检验。这验证了广西农民的生计风险感知与其参与电商扶贫意愿显著正相关，且存在代际差异。换而言之，广西农民的生计风险感知程度越高，其参与电商扶贫的意愿也会越强烈，但新生代农民参与电商扶贫意愿受到生计风险感知的影响更明显。这验证了本章提出的假设 2。

表 5-4　广西农民参与电商扶贫意愿的结构方程模型的适配度检验

拟合指标	χ^2/df	AGFI	IFI	CFI	TLI	PNFI	RMR	RMSEA
输出值	2.678	0.919	0.984	0.984	0.975	0.617	0.013	0.040
参考值	<3.00	>0.80	>0.90	>0.90	>0.90	>0.50	<0.05	<0.08
拟合情况	理想	理想	理想	理想	理想	理想	理想	理想

表 5 – 5　　广西不同代际的农民参与电商扶贫意愿的结构方程模型的路径估计结果

年龄	结构方程模型路径	标准化路径系数
老一代农民	生计风险感知→农民参与农村电商意愿	0.753 ***
新生代农民	生计风险感知→农民参与农村电商意愿	0.835 ***

注：*、**、*** 分别表示在 10%、5%、1% 的水平上显著。

四、研究发现与讨论

（一）研究发现

本书以生计风险感知为研究视角，利用来自广西的 1051 份农民样本数据，并通过构建多群组结构方程模型对西部民族地区农民参与电商扶贫意愿的代际差异及其主要影响因素进行实证分析。研究结果表明：（1）个人基本特征对广西农民参与电商扶贫意愿影响显著。与第一代农民相比，新生代农民的性别占比差距在下降，但未婚者所占比例相对较高。两代农民的受教育程度总体偏低，均以初中及以下学历水平为主，但新生代农民中具有高中（中专）、大专及以上学历者占比更大；（2）广西农民的生计风险感知与其参与电商扶贫意愿显著正相关。农民的生计风险感知越高，其越倾向于参与电商扶贫，而新生代农民参与电商扶贫意愿受到其生计风险感知的影响更明显。从各项指标来看，两代农民均注重天气灾害风险、农产品市场风险和农村金融贷款风险的感知程度，以及其对农特产品加工和农村电商政策的满意度。但除生产资料市场风险和农村网络设施两项指标以外，其余各项指标对新生代农民参与电商扶贫意愿均产生更显著的影响。

（二）讨论

我国农村电商发展存在较高的"门槛"，致使其"洼地效应"难以充分发挥。马泽波（2017）以红河哈尼族彝族自治州农民为研究样本，实证分析了农民参与电商扶贫的意愿及其主要影响因素。其研究结果表明，农民的不同禀赋因素对其参与电商扶贫意愿的影响存在明显差异，区域环境因素也对农民参与电商扶贫意愿产生显著的正向影响。西部民族地区农村电商发展的提升空间仍较大，农民的参与意愿对于电商扶贫工作成效具有关键性影响，但现有研究中有关西部民族地区农民参与电商扶贫意愿的实证研究极为匮乏。

现有文献中只有个别学者针对广西农民的电商扶贫意愿问题进行实证研究，本书从生计风险感知视角实证分析了广西农民的电商扶贫意愿及代际差异，得出的研究结论与以往研究不尽相同。第一，本书通过实地调查发现，具有参与电商扶贫意愿的农民样本占比为 73.39%，说明广西大部分农民具有强烈的参与电商扶贫意愿。这验证了以往的研究结果。马泽波（2017）选取红河哈尼族彝族自治州农民作为研究样本，其通过实证研究得出愿意参与电商扶贫的农民样本占比为 79.8%。第二，本书的分析结果显示，具有较高学历的新生代农民更倾向于参与电商扶贫。马泽波的研究同样表明，在愿意参与电商扶贫的农民中，具有初中、高中或中专学历的农民占比为 66.2%。第三，马泽波的研究指出农民参与电商扶贫意愿更容易受到产业基础、电商物流体系、农产品规模与标准化水平的影响。从本书得出的结果来看，尽管农特产品规模和农产品标准化程度均为影响农民参与电商扶贫意愿的重要因素，但两代农民都更注重农特产品加工水平的高低。第四，马泽波通过研究得出农村交通、网络基础设施条件对农民参与电商扶贫意愿的影响不显著。但本书的结果表明，农民对农村交通设施和网络设施的满意度均能够显著影响其参与电商扶贫意愿，且老一代农民受到农村网络设施的影响更明显，新生代农民则更关注农村交通设施水平。第五，本书发现在产业基础满意度和电商基础满意度的各项指标中，农村电商政策满意度对两代农民参与电商扶贫意愿的影响均最明显，且新生代农民受到的影响更大。马泽波的研究结果也证实了政府推进电商扶贫工作的满意度是影响农民参与电商扶贫意愿的重要因素。

本书从生计风险感知视角，选取极具代表性的国家电子商务进农村综合示范县（市）的农民作为研究样本，并对广西农民参与电商扶贫意愿的代际差异及其主要影响因素展开实证分析和比较研究。研究成果是对农村电商扶贫理论与实践的丰富和完善，有助于广西政府及有关部门充分地掌握农民参与电商扶贫意愿及其关键性影响因素，并通过制定和实施相关政策措施，进一步提升电商扶贫成效。但是，本书仍存在一定局限性，只考察了广西内广西壮族自治区的国家电子商务进农村综合示范县（市）的农民参与农村电商扶贫意愿，未来研究可以扩大调研范围至西部民族地区其余省区，并进一步探讨广西农民参与电商扶贫意愿的地区差异及其影响因素。另外，本书未引入影响生计风险感知与农民参与电商扶贫意愿之间关系的中介变量和调节变量，后续研究可以考察生计资本等变量对两者之间关系的影响效应，以更深入地识别和分析影响生计风险感知与农民参与电商扶贫意愿关系的其他因素。

第六章

农村电商发展对农民可持续生计影响实证研究

学术界普遍认为发展农村电商有助于农民就业增收，但现有文献中尚缺少农村电商与农民可持续生计间关系问题的实证研究成果，农村电商对农民可持续生计的影响效应及其主要影响因素问题仍有待探究。本章尝试对广西 54 个国家电子商务进农村综合示范县（市）的农村电商发展水平和农民可持续生计能力进行实地调研，充分掌握广西典型区域农村电商和农民可持续生计的现实情况。并运用结构方程模型分析方法，实证考察广西农村电商对农民可持续生计的影响效应及其主要影响因素，以此得出研究结论。

一、研究假设

已有研究验证了电商经济发展能够显著提升农村居民收入水平（张磊、韩雷，2017）。电商发展的空间溢出显著正向作用于农民收入增长，政府支持力度在二者的关系中产生正向影响，且相对欠发达地区受到的影响更明显（李琪等，2019）。王方妍等（2018）研究发现，相比未参与电商扶贫的农户，参与的农户家庭人均纯收入大约高 28%。农村电商是通过电商交易的产品结构、农产品产出规模、多样化的销售平台等路径，对农户家庭人均收入和户主收入产生显著的促进作用（方莹、袁晓玲，2019）。周静等（2020）指出，电商行为会显著正向作用于农户收入，但不同收入的农户受到的作用程度存在差异。引导农民特别是贫困地区农民参与农村电商，在增加其实际收入的同时，还能持续提升其自身发展能力，进而有助于其实现生计可持续发展（林广毅，2016）。刘亚军和储新民（2017）的研究结果表明，"淘宝村"产业发展不仅让当地农民实现了脱贫致富，还提升了其知识水平和致富能力。

基于以上分析，本章提出的研究假设为：广西农村电商与农民可持续生计之间存在显著的正相关关系。即广西地区农村电商对农民可持续生计影响显著，农民对农村电商发展水平的感知程度越高，其越有可能实现生计可持续发展。加快农村电商发展，将对广西农民可持续生计产生积极的推动作用。

二、研究设计

（一）研究区域

截至 2019 年 10 月，广西共有 54 个国家电子商务进农村综合示范县（市）。本书尝试对这些县（市）的农村电商发展水平和农民可持续生计能力进行实地调研，充分掌握广西典型区域农村电商和农民可持续生计的现实情况。研究区域具体包括：南宁市的横县、宾阳县、上林县、马山县和隆安县等5 个县；柳州市的柳城县、融安县、鹿寨县、三江侗族自治县和融水苗族自治县等5 个县；桂林市的灌阳县、荔浦县、龙胜各族自治县、全州县、恭城瑶族自治县、资源县和永福县等7 个县；钦州市的浦北县和灵山县；防城港市的东兴市；玉林市兴业县和北流市；崇左市的大新县、龙州县、扶绥县、天等县、宁明县和凭祥市等6 个县（市）；贵港市的桂平市；百色市的靖西市、田阳县、凌云县、乐业县、西林县、田东县、平果县、德保县、那坡县、隆林各族自治县和田林县等11 个县（市）；贺州市的富川瑶族自治县、昭平县；河池市的巴马瑶族自治县、东兰县、南丹县、天峨县、大化瑶族自治县、都安瑶族自治县、凤山县、环江毛南族自治县和罗城仫佬族自治县等9 个县（市）；来宾市的忻城县、金秀瑶族自治县和象州县等3 个县。其中，百色市获批的国家电子商务进农村综合示范县（市）数量最多，其次是河池市，再次是桂林市。

（二）数据说明

本书所使用的数据来自课题组于 2019 年 7 ~ 10 月进行的实地调查，调查对象为广西内国家电子商务进农村综合示范县（市）中从事农村电商相关工作的农民。调查内容包括：个人基本信息、可持续生计实现程度、农村电商发展水平感知、生计资本满意度等。借鉴苏芳和尚海洋（2012）、伍艳（2016）的研究成果，课题组设计了调查问卷，并基于2019年7月开展的试调查结果修改完善了调查问卷，进而确定了本书最终使用的观测变量。可持续生计实现程度包括已实现和未实现两类，分别以1和0来表示。农村电商发展水平感知由基础设施感知、外部环境感知、电商平台感知和供需交易感知构成。其中，基础设施感知采用网络设施、道路与物流建设、快递点数来衡量；外部环境感知由农村经济环境、农村电商政策、农村电商人才、龙头电商企业、农村电商协会来衡量；电商平台感知由市场信息共享、资金运转能力、交易安全性来衡量；供需交易感知由买方需求、交易畅通度、卖方供给能力来衡量。生计资本满意度由人力资本满意度、物质资本满意度、金融资本满意度和社会资本满意度构成。其中，人力资本满意度采用受教育水平和劳动技能水平进行测量；物质资本满意度采用家庭住房情况和家庭固定资产进行测量；金融资本满意度采用家庭现金收入、融资渠道和无偿现金援助进行测量；社会资本满意度采用社区参与和社会关系网络进行测量。并采用李克特五级量表形式对原始代码进行了重新赋值，使各项测量指标具有可比性。

　　课题组于2019年8～10月展开了正式的问卷调研工作，调查样本涉及广西54个国家电子商务进农村综合示范县（市）。在广西的国家电子商务进农村综合示范县（市）内分别发放问卷30份，共发放问卷1620份，回收1483份，样本回收率为91.54%，剔除失效样本后获得有效样本为1351份，有效样本率为83.40%。总体调查样本的基本情况及分布如表6-1所示。

表6-1　　　　　　　总体调查样本的基本情况及分布（N=1351）

所属城市	县（市）	发放样本量（份）	回收样本量（份）	样本回收率（%）	有效样本量（份）	有效样本率（%）
南宁	横县	30	28	93.33	26	86.67
	宾阳县	30	27	90.00	24	80.00
	上林县	30	28	93.33	26	86.67
	马山县	30	27	90.00	25	83.33
	隆安县	30	28	93.33	25	83.33

续表

所属城市	县（市）	发放样本量（份）	回收样本量（份）	样本回收率（%）	有效样本量（份）	有效样本率（%）
柳州	柳城县	30	26	86.67	23	76.67
	融安县	30	27	90.00	24	80.00
	鹿寨县	30	28	93.33	26	86.67
	三江侗族自治县	30	27	90.00	24	80.00
	融水苗族自治县	30	28	93.33	25	83.33
桂林	灌阳县	30	27	90.00	26	86.67
	荔浦县	30	26	86.67	24	80.00
	龙胜各族自治县	30	26	86.67	23	76.67
	全州县	30	28	93.33	25	83.33
	恭城瑶族自治县	30	28	93.33	26	86.67
	资源县	30	26	86.67	24	80.00
	永福县	30	28	93.33	25	83.33
钦州	浦北县	30	27	90.00	26	86.67
	灵山县	30	28	93.33	25	83.33
防城港	东兴市	30	29	96.67	27	90.00
玉林	兴业县	30	28	93.33	26	86.67
	北流市	30	27	90.00	25	83.33
崇左	大新县	30	26	86.67	24	80.00
	龙州县	30	28	93.33	25	83.33
	扶绥县	30	28	93.33	25	83.33
	天等县	30	27	90.00	23	76.67
	宁明县	30	27	90.00	24	80.00
	凭祥市	30	28	93.33	26	86.67
贵港	桂平市	30	28	93.33	24	80.00
百色	靖西市	30	28	93.33	25	83.33
	田阳县	30	27	90.00	25	83.33

续表

所属城市	县（市）	发放样本量（份）	回收样本量（份）	样本回收率（%）	有效样本量（份）	有效样本率（%）
百色	凌云县	30	26	86.67	24	80.00
	乐业县	30	28	93.33	27	90.00
	西林县	30	28	93.33	25	83.33
	田东县	30	28	93.33	27	90.00
	平果县	30	28	93.33	25	83.33
	德保县	30	28	93.33	24	80.00
	那坡县	30	27	90.00	25	83.33
	隆林各族自治县	30	28	93.33	26	86.67
	田林县	30	28	93.33	26	86.67
贺州	富川瑶族自治县	30	29	96.67	27	90.00
	昭平县	30	29	96.67	25	83.33
河池	巴马瑶族自治县	30	28	93.33	24	80.00
	东兰县	30	27	90.00	25	83.33
	南丹县	30	26	86.67	23	76.67
	天峨县	30	26	86.67	25	83.33
	大化瑶族自治县	30	28	93.33	26	86.67
	都安瑶族自治县	30	27	90.00	25	83.33
	凤山县	30	27	90.00	25	83.33
	环江毛南族自治县	30	28	93.33	26	86.67
	罗城仫佬族自治县	30	27	90.00	24	80.00
来宾	忻城县	30	27	90.00	24	80.00
	金秀瑶族自治县	30	28	93.33	26	86.67
	象州县	30	28	93.33	26	86.67
合计		1620	1483	91.54	1351	83.40

从表6-1可以看出，在1351份有效样本中，属于实现可持续生计的样本为802份，占比59.36%；属于未实现可持续生计的样本为549份，占比

40.64%。整体来看，样本区域内农民的可持续生计能力较强。为进一步考察农村电商对农民可持续生计的影响效应及主要影响因素，本书最终使用的是802份实现可持续生计的农民样本。参照刘炎周等（2016）的做法，本书仍然以1975年出生作为划分标准，将1975年之前出生的农民界定为老一代农民，1975年及之后出生的农民视为新生代农民。为考察问卷调查获得的数据的分布情况及离散程度，本书采用SPSS20.0软件计算得到各项测度指标的均值和标准差。主要变量的描述性统计结果如表6-2所示。

表6-2　　　　　　　主要变量的描述性统计（N=802）

类别	变量名称	频数	百分比（%）
性别	男	487	60.72
	女	315	39.28
婚姻状况	已婚	699	87.16
	未婚	103	12.84
年龄	新生代	622	77.56
	老一代	180	22.44
基础设施感知	网络设施	均值3.47（0.725）	
	道路与物流建设	均值3.72（0.781）	
	快递点数	均值3.50（0.639）	
外部环境感知	农村经济环境	均值3.69（0.746）	
	农村电商政策	均值3.78（0.724）	
	农村电商人才	均值3.53（0.710）	
	龙头电商企业	均值3.36（0.739）	
	农村电商协会	均值3.32（0.658）	
电商平台感知	市场信息共享	均值3.57（0.724）	
	资金运转能力	均值3.39（0.637）	
	交易安全性	均值3.52（0.752）	
供需交易感知	买方需求	均值3.60（0.813）	
	交易畅通度	均值3.55（0.770）	
	卖方供给能力	均值3.64（0.892）	

类别	变量名称	频数	百分比（%）
人力资本满意度	受教育水平	均值 3.28（0.726）	
	劳动技能水平	均值 3.37（0.691）	
物质资本满意度	家庭住房情况	均值 3.61（0.733）	
	家庭固定资产	均值 3.56（0.678）	
金融资本满意度	家庭现金收入	均值 3.46（0.662）	
	融资渠道	均值 3.42（0.751）	
	无偿现金援助	均值 3.30（0.646）	
社会资本满意度	社区参与	均值 3.24（0.628）	
	社会关系网络	均值 3.58（0.749）	

注：括号内的数值为样本标准差。

由表 6-2 可知，在 802 份研究样本中，老一代农民样本为 180 份，仅占比 22.44%；新生代农民样本为 622 份，占比达到 77.56%。且已实现可持续生计的农民以已婚男性农民为主，已婚农民样本为 699 份，占比 87.16%；男性农民样本为 487 份，占比 60.72%。这验证了本章提出的假设 1。反映农村电商感知的 14 项指标的均值位于 3.32~3.78 之间，其中，农村电商政策均值最大，其值为 3.78，表明被调查的农民认为农村电商政策在很大程度上影响着其对农村电商的感知水平；道路与物流建设和农村经济环境的均值分别为 3.72 和 3.69。反映农民可持续生计的 9 项指标的均值位于 3.24~3.61 之间，其中，家庭住房情况的均值最大，其值为 3.61，表明被调查的农民认为家庭住房情况相对较好；社会关系网络、家庭固定资产的均值分别为 3.58 和 3.57。并且，反映农村电商感知和农民可持续生计的各项指标的标准差均低于 1。

（三）研究方法与模型

本书设计的调查问卷采用的是李克特量表形式，通过实地调查获得的样本数据不能直接度量。因此，本书运用 SPSS20.0 统计分析软件建立了包含 802 份已经实现可持续生计的农民样本数据的数据库，然后将样本数据导入 AMOS20.0 统计分析软件进行实证分析。构建的广西农村电商对农民可持续生计影响的结构方程模型如图 6 – 1 所示。

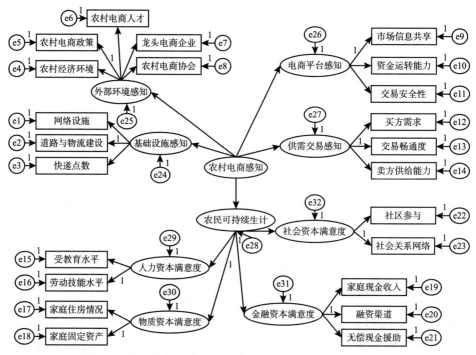

图 6 – 1　广西农村电商对农民可持续生计影响的结构方程模型

在理论模型中，潜在变量包括了农村电商感知、农民可持续生计以及各个残差项，且观测变量与潜在变量也都分别包含了内衍变量和外衍变量。结构方程模型由测量模型和结构模型两个基本模型组成。其中，测量模型描述的是潜在变量与观察变量之间的关系，其一般形式如下：

$$X = \Lambda_X \xi + \delta$$
$$Y = \Lambda_Y \eta + \varepsilon \qquad\qquad (6-1)$$

其中，X、Y 分别表示外衍观察变量和内衍观察变量；ξ、η 分别为外衍潜在变量和内衍潜在变量；Λ_X、Λ_Y 为观察变量 X 和 Y 的因素负荷量；δ、ε 为观察变量 X 和 Y 的误差项。ε 与 ξ、η 及 δ 无关，而 δ 与 ξ、η 和 ε 也无关。

本书构建的结构方程模型总共设置了 5 个外衍潜在变量、5 个内衍潜在变量、14 个外衍观察变量以及 10 个内衍观察变量。其中，外衍潜在变量包括农村电商感知（RE）、基础设施感知（$RE1$）、外部环境感知（$RE2$）、电商平台感知（$RE3$）和供需交易感知（$RE4$），分别记为 ξ_{RE}、ξ_{RE1}、ξ_{RE2}、ξ_{RE3} 和 ξ_{RE4}；内衍潜在变量包括农民可持续生计（SL）、人力资本满意度（$SL1$）、物质资本满意度（$SL2$）、金融资本满意度（$SL3$）和社会资本满意度（$SL4$），分别记为 η_{SL}、η_{SL1}、η_{SL2}、η_{SL3}、η_{SL4}；外衍观察变量包含网络设施（$RE11$）、道路与物流建设（$RE12$）、快递点数（$RE13$）、农村经济环境（$RE21$）、农村电商政策（$RE22$）、农村电商人才（$RE23$）、龙头电商企业（$RE24$）、农村电商协会（$RE25$）、市场信息共享（$RE31$）、资金运转能力（$RE32$）、交易安全性（$RE33$）、买方需求（$RE41$）、交易畅通度（$RE42$）以及卖方供给能力（$RE43$）；内衍观察变量包含受教育水平（$SL11$）、劳动技能水平（$SL12$）、家庭住房情况（$SL21$）、家庭固定资产（$SL22$）、家庭现金收入（$SL31$）、融资渠道（$SL32$）、无偿现金援助（$SL33$）、社区参与（$SL41$）以及社会关系网络（$SL42$）。构建的测量模型如下：

$$
\left\{
\begin{aligned}
& X_{RE11} = \lambda_{RE11}\xi_{RE1} + \delta_{RE11}, \; X_{RE12} = \lambda_{RE12}\xi_{RE1} + \delta_{RE12}, \; X_{RE13} = \lambda_{RE13}\xi_{RE1} + \delta_{RE13} \\
& X_{RE21} = \lambda_{RE21}\xi_{RE2} + \delta_{RE21}, \; X_{RE22} = \lambda_{RE22}\xi_{RE2} + \delta_{RE22}, \; X_{RE23} = \lambda_{RE23}\xi_{RE2} + \delta_{RE23}, \\
& X_{RE24} = \lambda_{RE24}\xi_{RE2} + \delta_{RE24}, \; X_{RE25} = \lambda_{RE25}\xi_{RE2} + \delta_{RE25} \\
& X_{RE31} = \lambda_{RE31}\xi_{RE3} + \delta_{RE31}, \; X_{RE32} = \lambda_{RE32}\xi_{RE3} + \delta_{RE32}, \; X_{RE33} = \lambda_{RE33}\xi_{RE3} + \delta_{RE33} \\
& X_{RE41} = \lambda_{RE41}\xi_{RE4} + \delta_{RE41}, \; X_{RE42} = \lambda_{RE42}\xi_{RE4} + \delta_{RE42}, \; X_{RE43} = \lambda_{RE43}\xi_{RE4} + \delta_{RE43} \\
& X_{RE1} = \lambda_{RE1}\xi_{RE} + \delta_{RE1}, \; X_{RE2} = \lambda_{RE2}\xi_{RE} + \delta_{RE2}, \; X_{RE3} = \lambda_{RE3}\xi_{RE} + \delta_{RE3}, \\
& X_{RE4} = \lambda_{RE4}\xi_{RE} + \delta_{RE4} \\
& Y_{SL11} = \lambda_{SL11}\eta_{SL1} + \varepsilon_{SL11}, \; Y_{SL12} = \lambda_{SL12}\eta_{SL1} + \varepsilon_{SL12} \\
& Y_{SL21} = \lambda_{SL21}\eta_{SL2} + \varepsilon_{SL21}, \; Y_{SL22} = \lambda_{SL22}\eta_{SL2} + \varepsilon_{SL22} \\
& Y_{SL31} = \lambda_{SL31}\eta_{SL3} + \varepsilon_{SL31}, \; Y_{SL32} = \lambda_{SL32}\eta_{SL3} + \varepsilon_{SL32}, \; Y_{SL33} = \lambda_{SL33}\eta_{SL3} + \varepsilon_{SL33} \\
& Y_{SL41} = \lambda_{SL41}\eta_{SL4} + \varepsilon_{SL41}, \; Y_{SL42} = \lambda_{SL42}\eta_{SL4} + \varepsilon_{SL42} \\
& Y_{SL1} = \lambda_{SL1}\eta_{SL} + \varepsilon_{SL1}, \; Y_{SL2} = \lambda_{SL2}\eta_{SL} + \varepsilon_{SL2}, \; Y_{SL3} = \lambda_{SL3}\eta_{SL} + \varepsilon_{SL3}, \\
& Y_{SL4} = \lambda_{SL4}\eta_{SL} + \varepsilon_{SL4}
\end{aligned}
\right.
$$

$$(6-2)$$

结构模型描述的是各潜在变量之间的因果关系，其一般形式为：

$$\eta = \beta\eta + \Gamma\xi + \zeta \tag{6-3}$$

其中，ξ、η 分别代表外衍潜在变量和内衍潜在变量，Γ 为外衍潜在变量对内衍潜在变量的影响路径系数，β为内衍潜在变量之间的影响路径系数，ζ为残差项。本书构建的结构模型是一个外衍潜在变量对一个内衍潜在变量的预测，农村电商感知对农民可持续生计的影响记为φ_1，具体模型为：

$$\eta_{SL} = \varphi_1 \xi_{RE} + \zeta_{SL} \tag{6-4}$$

三、实证结果与分析

（一）信度与效度检验

第一，信度检验。本书采用 *Cronbach's α* 系数检验802份农民样本数据的信度，得到信度系数值为0.956。表明样本数据通过了信度检验。

第二，效度检验。本书运用因子分析法对各项观测变量的结构效度进行检验。研究样本的各项观察变量的KMO值为0.962，Bartlett球形检验得出卡方数值的显著性概率为0.000，可以认为样本数据通过了KMO检验和Bartlett球形检验。再采用极大方差法，遵循特征值大于1的原则提取公因子，得到各项观察变量的因素负荷量均大于0.50，累计解释方差均高于50%。表明样本数据通过了效度检验。

（二）参数值估计模型图分析

根据图6-1，利用AMOS20.0统计分析软件对802份有效样本数据进行计算，可以得到广西农村电商对农民可持续生计影响的非标准化参数值估计模型图。根据结构方程模型的输出结果，可以进一步得出广西农村电商对农民可持续生计影响的结构方程模型中潜在变量与观测变量之间的标准化路径估计结果（见表6-3）。在测量模型中，所有潜在变量对观测变量在1%水平上通过显著性检验，且各标准化路径系数位于0.758～0.955之间，可以认为测量模型中的观测变量都能够较好地解释潜在变量。以下分别从基础设施感知、外部环境感知、电商平台感知、供需交易感知、人力资本满意度、物质资本满意度、金融资本满意度和社会资本满意度等8个方面进行分析。

表 6 – 3   广西农村电商对农民可持续生计影响的测量模型的标准化路径估计结果

测量模型路径	标准化路径系数	测量模型路径	标准化路径系数
基础设施感知→网络设施	0.831 ***	供需交易感知→买方需求	0.870 ***
基础设施感知→道路与物流建设	0.946 ***	供需交易感知→交易畅通度	0.798 ***
基础设施感知→快递点数	0.827 ***	供需交易感知→卖方供给能力	0.924 ***
外部环境感知→农村经济环境	0.939 ***	人力资本满意度→受教育水平	0.781 ***
外部环境感知→农村电商政策	0.955 ***	人力资本满意度→劳动技能水平	0.868 ***
外部环境感知→农村电商人才	0.893 ***	物质资本满意度→家庭住房情况	0.703 ***
外部环境感知→龙头电商企业	0.884 ***	物质资本满意度→家庭固定资产	0.899 ***
外部环境感知→电子商务协会	0.758 ***	金融资本满意度→家庭现金收入	0.887 ***
电商平台感知→市场信息共享	0.817 ***	金融资本满意度→融资渠道	0.896 ***
电商平台感知→资金运转能力	0.765 ***	金融资本满意度→无偿现金援助	0.810 ***
电商平台感知→交易安全性	0.790 ***	社会资本满意度→社区参与	0.784 ***
		社会资本满意度→社会关系网络	0.857 ***

注: * 、 ** 、 *** 分别表示在10% 、5% 、1% 的水平上显著。

在基础设施感知方面，3 项具体指标均通过了显著性检验，但各项指标对基础设施感知的影响程度不同。基础设施感知对网络设施、道路与物流建设和快递点数的标准化路径系数分别为0.831、0.946 和0.827。这说明道路与物流建设对农村电商基础设施的影响最大，其次是网络设施，快递点数对电商基础设施感知的影响相对较小。目前广西大多数示范县（市）均开始通过引进国内大型物流企业参与农村电商建设，创建县级物流配送中心和物流聚集区，并通过建立和完善物流配送团队，整合商贸流通企业配送资源，实现了物流配送直达村屯和农产品配送直达县城。

在外部环境感知方面，5 项具体指标均通过了显著性检验，但各项指标对外部环境感知的影响程度具有明显差异。外部环境感知对农村经济环境、农村电商政策、农村电商人才、龙头电商企业和电子商务协会的标准化路径系数分别为0.939、0.955、0.893、0.884、0.758。这就表明农村电商政策对外部环境感知的影响最直接，其次是农村经济环境，再次是农村电商人才，电子商务协会的影响最小。调查中发现，在经济发展水平相对较高的示范县（市），当地政府对农村电商发展的重视程度更高，龙头电商企业也更愿意进驻，农村电商政策效应已经开始显现。但高素质、专业型电商人才匮乏仍然是各个示范县（市）亟待解决的难题。

在电商平台感知方面，3项具体指标均通过了显著性检验，但各项指标对电商平台感知的影响程度存在差异。电商平台感知对市场信息共享、资金运转能力和交易安全性的标准化路径系数分别为0.817、0.765和0.790。这说明市场信息共享对电商平台感知的影响最明显，其次是交易安全性，资金运转能力对电商平台感知的影响最小。从事农村电商的农民往往能够直接感知到电商平台为其提供有价值的市场信息的程度，也能明显感受电商平台的交易安全性，而难以感知到电商平台资金运转能力。各农村电商示范县（市）均完成了县级电子商务公共服务中心建设，逐步引进了阿里巴巴、苏宁易购、京东、乐村淘、村邮乐购等入驻办公，乡村服务站点的设施设备和配套服务功能日益完善。

在供需交易感知方面，3项具体指标均通过了显著性检验，但各项指标对供需交易感知的影响程度不同。供需交易感知对买方需求、交易畅通度和卖方供给能力的标准化路径系数分别为0.870、0.798和0.924。这说明卖方供给能力对供需交易感知的影响最大，其次是买方需求，再次是交易畅通度。目前农村电商行业竞争日益激烈，产品质量参差不齐，而消费者的个性化需求不断凸显。部分示范县（市）已经建立农村电商质量保障体系，促进了当地特色农产品网上销售额提升，带动了农民增收致富。但大多数农民仍然缺乏农村电商从业经验，自身资源的供给能力明显不足。

在人力资本满意度方面，两项具体指标均通过了显著性检验，但两项指标对人力资本满意度的影响程度不一。人力资本满意度对受教育水平和劳动技能水平的标准化路径系数分别为0.781、0.868。这表明劳动技能水平对人力资本满意度的影响明显大于受教育水平。从各示范县（市）从事农村电商的农民的受教育水平来看，绝大部分农民仍然是高中学历或大专学历，具有本科学历者非常少。由于农村电商从业门槛较低，因而更注重从业人员的劳动技能水平而非学历水平。各示范县（市）开展的有关电商特色农产品上行、电商扶贫等专题培训，在一定程度上提升了农村电商从业人员的劳动技能水平。但该群体的法律意识普遍较淡薄，抄袭、"刷单"等违法违规问题时有发生，整体维权意识也不强。

在物质资本满意度方面，两项具体指标均通过了显著性检验，但两项指标对物质资本满意度的影响程度存在差异。物质资本满意度对家庭住房情况和家庭固定资产的标准化路径系数分别为 0.703、0.899。这说明相比家庭住房情况，家庭固定资产对物质资本满意度的影响更大。各示范县（市）从事农村电商的农民大多是在城镇多年务工积攒了一定积蓄后才返乡就业或创业。该群体在农村均拥有土地和宅基地，通过从事农村电商工作，其家庭住房情况得到改善，生产性工具、耐用消费品等家庭固定资产明显增加。

在金融资本满意度方面，3 项具体指标均通过了显著性检验，但各项指标对金融资本满意度的影响程度存在一定差异。金融资本满意度对家庭现金收入、融资渠道和无偿现金援助的标准化路径系数分别为 0.887、0.896、0.810。这说明融资渠道对金融资本满意度的影响最大，其次是家庭现金收入，最后是无偿现金援助。大多数示范县（市）从事农村电商的农民不再单纯地将土地作为主要谋生手段，已经转向了兼业化生产，但整体金融资本仍然较匮乏，其资金需求仍然依赖于亲朋之间的拆借，生产规模和配套基础设备受到限制，难以实现生计多样化。由于绝大多数农民家庭现金收入较低，且难以获得无偿现金援助，因而寻找合适的融资渠道成为改善其金融资本可持续能力的直接途径。

在社会资本满意度方面，两项具体指标均通过了显著性检验，但两项指标对社会资本满意度的影响程度不同。社会资本满意度对社区参与和社会关系网络的标准化路径系数分别为：0.784、0.857。这表明社会关系网络对社会资本满意度的影响程度明显高于社区参与。农村家庭或家族成员之间的高度信任有助于构建合作关系网络，相互之间的合作成本低且效率高。农民是参与农村社区发展的核心主体，但是目前大多数示范县（市）从事农村电商的农民尚处于弱参与阶段，以执行式和动员式参与为主，主动参与意识薄弱，参与能力不足，整体参与效益较低。

（三）模型的拟合优度分析

本书首先运用 AMOS20.0 统计分析软件，计算得到反映广西农村电商对农民可持续生计影响的结构方程模型拟合程度的八项拟合指标数值，如表 6-4 所示。结果表明，所有指标的拟合情况均为理想，可以认为构建的结构方程模型能够与样本数据整体拟合。通过测定结构方程模型的路径系数，得到广西农村电商对农民可持续生计影响的结构方程模型的路径估计结果，其标准化路径系数为 0.762，且通过了显著性检验。这说明广西农村电商对农民可持续生计影响显著，即农村电商发展水平越高，广西农民越有可能实现可持续生计。这验证了本章提出的假设2，可以认为构建的结构方程模型无须再做调整。

表6-4   广西农村电商对农民可持续生计影响的结构方程模型的适配度检验

拟合指标	χ^2/df	AGFI	IFI	CFI	TLI	PNFI	RMR	RMSEA
显示值	2.839	0.925	0.974	0.985	0.981	0.640	0.007	0.036
参考值	<3.00	>0.80	>0.90	>0.90	>0.90	>0.50	<0.05	<0.08
拟合情况	理想	理想	理想	理想	理想	理想	理想	理想

（四）稳健性检验

为确保前文估计结果的有效性，将802份研究样本划分为老一代农民样本（180份）和新生代农民样本（622份）再进行稳健性检验，由此得到广西农村电商对农民可持续生计影响的多群组结构方程模型的路径估计结果。结果显示，广西农村电商对老一代农民和新生代农民可持续生计影响的结构方程模型的标准化路径系数分别为0.648和0.815，且均在1%水平上通过了显著性检验。并且，在不同代际的农民样本下，所有潜在变量对观测变通过显著性检验，且各标准化路径系数均位于0.594~0.962之间。由此可以认为研究结论具有较好的稳健性。

四、研究发现与讨论

（一）研究发现

本书基于广西壮族自治区54个国家电子商务进农村综合示范县（市）的802份农民样本数据，构建结构方程模型实证考察了广西农村电商对农民可持续生计的影响。研究结果表明，广西新生代农民的可持续生计能力相对较强，且已婚的男性农民占比较高；广西农村电商与农民可持续生计之间存在显著的正相关关系。基础设施感知、外部环境感知、电商平台感知、供需交易感知、人力资本满意度、物质资本满意度、金融资本满意度和社会资本满意度等维度的各类因素均在不同程度上发挥作用，其中，主要影响因素包括道路与物流建设、农村电商政策、市场信息共享、卖方供给能力、劳动技能水平、家庭固定资产、融资渠道以及社会关系网络。

（二）讨论

现有文献中有关农村电商与农民可持续生计间关系问题的研究成果较少，部分学者围绕农村电商与农民收入的关系问题进行了有益的探讨。学者们对于农村电商发展对农民收入的积极作用已经形成了一致性观点。本书基于对国家电子商务进农村综合示范县（市）农民样本数据，得出农村电商显著正向影响广西农民可持续生计的结论，进一步印证了前人的研究成果。张磊和韩雷（2017）采用系统广义矩估计方法，实证分析了我国电商经济发展对城乡居民收入分配的影响效应，其研究发现，电商经济发展显著提升了农村居民收入水平，且城镇居民收入水平受到的影响更显著。王方妍等（2018）基于宁夏固原市农户调查数据，采用倾向得分匹配法，实际检验了贫困农户参与电商扶贫对其家庭人均纯收入的影响。结果表明，相比未参与电商扶贫的农户，参与的农户家庭人均纯收入高28%左右。李琪等（2019）探究了电子商务发展对农民收入增长的作用机制，并利用浙江省11个地级市的面板数据进行了实证检验，该研究得出，电子商务发展及其空间溢出显著正向影响农民收入增长，政府支持力度在二者的关系中产生正向作用，且相对欠发达地区受到的作用更明显。本书还发现，农村电商政策是影响县域农村电商发展水平的主要因素。

方莹和袁晓玲（2019）利用江西省6个"淘宝村"农户样本的调研数据，从精准扶贫的角度分析了农村电商对农户收入的影响及实现路径。研究结果表明，农村电商对农户家庭人均收入和户主收入均具有显著的促进作用。并且，农村电商通过电商交易的产品结构、农产品产出规模和多样化的销售平台等路径发挥其对农户的促收效应。本书发现，农村电商是通过提高农民生计资本进而对农民可持续生计产生显著的正向作用。周静等（2019）的研究得出，社会关系网络对农户电商收入具有显著的促进作用。本书也验证了社会关系网络是县域农民可持续生计的重要影响因素。此外，周静等（2020）通过实证研究发现，电商行为显著正向作用于农户收入，但不同农户收入组受到的作用程度存在明显差异。

  发展农村电商对于促进广西农民就业增收、实现可持续生计具有重要作用。本书选取极具代表性的国家电子商务进农村综合示范县（市）的农民作为研究样本，运用结构方程模型分析方法，实证考察广西农村电商对农民可持续生计的影响效应及其主要影响因素，以此得出研究结论。研究成果是对可持续生计理论与实践的丰富和完善，有助于广西地方政府及有关部门更有针对性的制定农村电商发展的政策措施，促进农民生计可持续发展。但本书仍存在一定局限性，没有分析广西农村电商对农民可持续生计影响的地区差异，也没有引入影响农村电商与农民可持续生计之间关系的中介变量。因此，后续研究可以考察就业能力等变量对两者之间关系的影响效应，以更深入地识别和分析影响农村电商与农民可持续生计关系的其他因素。

第七章

农村电商发展对农村居民消费升级影响实证研究

农村电商已经成为促进农村居民消费升级的重要途径，研究二者间的关系有利于充分挖掘农村居民消费潜力，全面推动乡村振兴。本章拟探究农村电商发展的非均衡性将如何影响农村居民消费升级，更好地释放和扩大农村居民消费等问题，并通过考察农村电商发展对农村居民消费升级的总体效应、农村电商发展的异质性影响，以及二者之间的区域异质性，进一步分析农村电商发展影响农村居民消费升级的具体作用路径。首先，分析农村电商发展对农村居民消费升级的影响机制。其次，利用 2014～2020 年中国 28 个省（直辖市、自治区）的面板数据，采用固定效应模型和中介效应模型，分别从消费规模、消费结构两个层面实证考察农村电商发展对农村居民消费升级的影响效应。

一、研究假设

消费是驱动经济增长的"三驾马车"之一，其对促进经济的作用越来越重要（蒋艳辉等，2020）。学者们对农村居民消费升级的研究成果颇丰，分别从不同的视角分析农村居民消费的影响因素，农村电商是其中之一。文献梳理发现，学术界有关农村电商发展与农村居民消费升级的关系的研究成果已经较为丰富，为本书奠定了坚实的理论基础和逻辑出发点。但学者们大多是基于农村居民消费水平升级单一视角，也鲜有关注农村电商发展影响农村居民消费升级的异质性。相对于已有研究，本书丰富了农村居民消费升级的内涵，补充了农村电商发展对农村居民消费升级影响的理论研究，聚焦农村电商发展的非均衡性在促进农村居民消费升级中的作用程度。一方面，数字经济发展离不开电子商务，我国要尽快形成双循环新发展格局，消除区域隔阂，逐步缩小相对贫困差距，激活农村电商发展，需要系统深入地研究；另一方面，农村电商发展的水平具有区域异质性，尤其是存在返贫风险的地区的农村电商发展仍处于低水平阶段，从地区差异性和农村电商发展水平异质性的角度展开研究，有助于为实现共同富裕提供一定的借鉴。本章拟探讨农村电商发展的非均衡性将如何影响农村居民消费升级，如何更好地释放和扩大农村居民消费等问题，并通过考察农村电商发展对农村居民消费升级的总体效应、农村电商发展的异质性影响，以及二者之间的区域异质性，进一步分析农村电商发展影响农村居民消费升级的具体作用路径。本章尝试提出解释农村电商发展促进农村居民消费升级的内在机制的假说，并进行实证检验。

农村电商发展影响农村居民消费升级存在内在的逻辑性。农村居民消费升级具体包括两个层面：一方面是消费水平的提高，表示农村居民消费支出在总量方面的增加；另一方面是消费结构的提升，指的是农村居民消费更多侧重于发展型和享受型的消费。二者的差别在于"总量"的增加和支出类别的广泛性。同时，不同地区农村居民消费水平和农村电商发展水平存在差异，导致农村电商发展对农村居民消费升级的影响具有异质性。学者们普遍认为农村电商发展将对农村居民消费升级产生影响作用，但农村电商发展对农村居民消费升级的内在作用机制仍有待进一步探究。

现有关于农村电商发展和农村居民消费升级的研究，大部分学者们支持促进论。一方面，农村电商的不断深入，促进了本地特色产业的发展，为农村居民提供了更多的创业与就业机会，使得农村居民的收入和消费水平逐步提升，由此加速了农村居民消费升级。而不同的消费者具有不同的消费偏好，农村电商平台的广泛应用，使得低收入群体可以更方便地获取廉价产品，进一步促进农村居民消费水平升级。中高收入群体的消费也拥有更多的选择性，从而带动农村居民消费水平和消费结构升级。另一方面，农村电商将互联网技术推向农村地区，从而使相关技术得到更广泛的应用，农村居民多样化的消费需求得到更好的满足。具体而言，农村电商平台的广泛应用，有助于加强农村居民在消费体验上的线上线下衔接，有助于农村居民更方便地追求品质与个性方面的消费。电商平台在农村居民消费升级的过程中具有重要作用（张正荣、杨金东，2019），农村电商平台的兴起进一步延展了消费服务的广度和深度，将对农村居民消费升级产生更大的影响。因此，提出研究假设1。

假设1：农村电商发展能够促进农村居民消费升级。

农村电商发展对农村居民消费升级的效应具有异质性。第一，各地区农村居民消费水平不一，边际消费倾向存在异质性，发达地区与欠发达地区、城镇与农村地区的居民消费具有不平等性，居民的消费水平和消费能力具有明显差异（蒋团标、张亚萍，2021；纪园园、宁磊，2020）。近年来，农村地区经济水平得到显著提升，农村居民生活条件日益改善，但其在消费水平和消费结构方面并没有随着经济的发展实现消费升级（方巧玲、施其芸，2021）。这是因为农村居民消费的异质性还受到自身消费习惯和消费观念的影响（吴学品、李荣雪，2021），当农村居民的消费观念改变后，就会表现出多样化的消费需求，更容易实现消费升级。农村电商的不断发展，有助于农村居民及时了解消费市场行情，从而拓宽消费选择，使其消费潜力得到有效释放。

第二，农村电商发展水平存在差异性，不同地区的农村电商发展水平不一。按照产业周期理论，农村电商发展会经历产生、成长、成熟三个阶段，处于不同发展阶段的农村电商对农村居民消费升级的影响是不一致的。在我国东部地区，农村电商发展更快（唐红涛、李胜楠，2020）。在农村电商发展水平较高的地区，农村居民搜寻商品信息时仅需要付出很低的成本，这将有助于农村居民消费升级。同时，农村电商发展水平会影响农村居民消费结构，农村网络基础设施建设是否完善会直接影响农村居民能否将消费观念转化为实际消费（刘婷婷等，2022）。农村电商发展水平较高，不仅有助于促进农村消费市场的发展，更新农村居民的消费观念，拓宽农村居民消费规模，也将倒逼农村地区完善相关基础设施建设，满足农村居民获取高品质产品的追求，实现消费升级。因此，提出研究假设2。

假设2：农村电商发展对农村居民消费升级的影响存在地区差异，农村电商发展欠发达地区对农民消费升级的驱动效应低于发达地区。

收入是影响农村居民消费的重要因素，当农村居民收入增加后，其消费需求和消费能力会上升，而城乡收入差距则会影响农村居民消费升级（冯富帅，2020）。城乡收入差距越大，表明农村基础设施越落后，电商发展的条件越不成熟，不利于最大程度地发挥农村电商的作用。由于城乡之间在产业经营成本方面存在差异，与城镇居民相比，农村居民能够获得的经济效益较少。电子商务在农村地区快速发展，使得农村居民可以跨越时间与空间快速获取信息，以更低的成本实现信息交流，有助于重塑城乡关系，提升城镇地区的扩散辐射作用，缩小城乡收入差距（陈享光等，2022）。因此，农村电商发展会影响城乡收入差距。一方面，农村电商发展使得相关生产要素在城乡之间实现了更便捷的流通，加速了农村产业发展，拓宽了农村居民的收入来源。另一方面，农村电商发展也使得农村产业经营成本明显降低，有助于缩小城乡收入差距，进而促进农村居民消费升级（王泽昊等，2022）。随着农村电商的深入发展，各要素在城市与农村之间流动，为城镇居民消费"示范效应"的发挥提供了条件（王芳、胡立君，2022）。由于居民消费具有攀比性，使得农村居民在消费支出结构上与城镇居民攀比，农村居民在消费观念上产生转变，且具有明显的升级趋势。但是城镇居民的消费"示范效应"会受到城乡收入差距的影响。当城乡收入差距过大时，农村居民的收入水平远低于城镇居民，居民之间的消费也存在较大差距，会制约消费的"示范效应"；当城乡收入差距在一定范围内时，会促使消费"示范效应"增强，推动农村居民消费升级。因此，提出研究假设3。

假设3：农村电商发展通过缩小城乡收入差距，推动农村居民消费升级。

二、研究设计

（一）模型设定

为了检验农村电商与农村居民消费升级之间的关系，构建了如下模型：

$$C_{it} = \alpha_0 + \alpha_1 EC_{it} + \sum \alpha_2 X_{it} + \mu_{it} \qquad (7-1)$$

其中，C_{it} 表示农村居民消费升级，具体包括农村居民消费水平升级 con_{it} 和消费结构升级 str_{it}；农村电商用 EC_{it} 来表示；X_{it} 表示其他一系列控制变量；μ_{it} 为随机扰动项；下标 i 表示省份，t 表示年份。

根据前面的理论分析，城乡收入差距会制约农村电商对农村居民消费升级的影响，为进一步考察农村电商是否会通过城乡收入差距来影响农村居民消费升级，本章运用中介效应模型，在式（7-1）的基础上，构建了如下模型式：

$$incgap_{it} = \beta_0 + \beta_1 EC_{it} + \sum \beta_2 X_{it} + \mu_{it} \qquad (7-2)$$

$$C_{it} = \gamma_0 + \gamma_1 EC_{it} + \gamma_2 incgap_{it} + \sum \gamma_3 X_{it} + \mu_{it} \qquad (7-3)$$

其中，$incgap_{it}$ 表示城乡收入差距。

本章借鉴温忠麟等（2004）中介效应的分析方法进行研究。采用以下具体检验步骤：第一步，对式（7－1）做回归分析，考察核心解释变量农村电商与农村居民消费升级的关系，如果 α_1 显著，说明农村电商显著影响农村居民消费升级，则进入第二步；第二步，对式（7－2）进行回归，进一步对核心解释变量农村电商与中介变量城乡收入差距进行回归分析，如果 β_1 显著，表明农村电商发展对城乡收入差距的影响是显著的，则继续进行第三步；第三步，对式（7－3）进行回归，针对农村居民消费升级，如果 γ_2 显著，而农村电商的作用力度降低或者未通过显著性检验，则说明存在中介效应。

（二）变量选择

被解释变量：农村居民消费升级（C）。通过参考孙久文和李承璋（2022）的研究，分别从消费水平升级和消费结构升级两方面来衡量。其中，农村居民消费水平升级（con）采用农村居民人均消费支出的对数来表示。而农村居民消费结构升级（str）采用农村居民非食品消费占总消费支出的比重来表示。

解释变量：农村电商发展（EC）。借鉴王宸圆（2020）的做法，采用阿里研究院每年发布的各省份淘宝村数量来衡量农村电商发展水平。

中介变量：城乡收入差距（$incgap$）。选取城镇居民收入与农村居民收入的比值来测度城乡收入差距。

控制变量：（1）人力资本（edu），选择农村居民平均受教育年限来表示，具体计算公式为：（小学生在校人数/总人口数）×6＋（初中生在校人数/总人口数）×9＋（普通高中和中职在校人数/总人口数）×12＋（普通高等学校在校人数/总人口数）×16；（2）外商投资水平（fdi），选择实际利用外资与地区GDP的比例来度量；（3）政府支持（gov），采用政府公共财政支出与地区GDP的比例来衡量。

（三）数据来源及描述性统计

从2014年开始，商务部和财政部联合启动"电子商务进农村综合示范工程"，由于国家政策的大力支持，淘宝村在全国范围内得到快速发展，截止到2020年底，全国已经建立1个及以上淘宝村的省份只有28个（除西藏、青海、内蒙古、港澳台地区）。因此，本书的样本设定为2014～2020年中国28

个省（直辖市、自治区），数据主要来源于 2015～2021 年《中国统计年鉴》《中国农村统计年鉴》，并根据阿里研究院历年公布《中国淘宝村研究报告》整理得到农村电商发展指标数据。表 7-1 为变量的描述性统计结果。

表 7-1   变量的描述性统计

变量名称	样本数量	均值	标准差	最小值	最大值
con	196	9.3160	0.2966	8.6946	10.0190
str	196	0.6819	0.4424	0.5622	0.7622
EC	196	88.5918	242.8024	0	1757
incgap	196	2.5150	0.3525	1.8451	3.4738
edu	196	9.3700	0.8856	7.7669	12.6811
fdi	196	0.24443	0.0838	0.1188	0.4617
gov	196	0.0777	0.1192	0.0001	0.7012

根据表 7-1 可知，2014～2020 年我国农村居民消费水平的最小值为 8.6946，最大值为 10.0190，农村居民消费结构的最小值为 0.5622，最大值为 0.7622，表明各地区农村居民消费水平具有较大的差异，且升级水平并不高。从农村电商发展情况来看，农村电商发展的最小值为 0，最大值为 1757，其标准差为 242.8024，表明我国各地区农村电商发展水平相差很大，离散程度高。从城乡收入差距来看，其均值为 2.5150，最小值为 1.8451，最大值为 3.4738，说明样本期内我国各省份的城乡收入差距依然较大。从其余控制变量来看，各地区的人力资本、外商投资水平和政府支持均具有较大的差异。

三、实证结果与分析

（一）基准回归分析

为了探究农村电商发展对农村居民消费升级的影响，本章采用 Hausman 检验判定估计模型，结果显示 P 值小于 0.01，故采用固定效应模型。回归结果如表 7-2 所示。表 7-2 第（1）和（2）列显示，在加入控制变量之后，农村电商发展对农村居民消费水平的影响系数为 0.0002，且在 1% 的水平下显著，表明农村电商发展显著促进了农民消费水平方面的升级；第（3）和（4）列显示，在加入控制变量后，农村电商发展对农村居民消费结构的影响系数为 0.0002，且通过了 10% 的显著性水平，表明农村电商发展对农村居民消费结构升级表现为促进作用。从经济意义上来说，农村电商每增加 1%，农村居民的消费水平和消费结构均上升 0.02%，表明农村电商发展确实有助于提升农村居民的消费水平，能够满足农民多元化的消费需求，刺激消费，有助于消费升级。这一结果验证了本章提出的假设 1。

表 7-2　　　　　　　　　　　　　基准回归结果

变量	con		str	
	（1）	（2）	（3）	（4）
EC	0.0004 *** (0.0008)	0.0002 *** (0.0006)	0.0001 * (0.0001)	0.0002 * (0.0001)
edu		0.5552 *** (0.0537)		0.1919 ** (0.0772)
fdi		0.3384 ** (0.1567)		0.3824 * (0.2256)
gov		0.5596 (0.4180)		-1.0038 * (0.6017)
_cons	9.2776 *** (0.0142)	3.9349 *** (0.4932)	6.8087 *** (0.0153)	5.2348 *** (0.7100)
R^2	0.1409	0.5604	0.1107	0.1927
N	196	196	196	196

注：括号内的数值为稳健标准误，*、**、*** 分别表示在 10%、5%、1% 的水平上显著。

　　人力资本和外商投资水平均有助于促进农村居民在消费水平和消费结构上升级。一方面，随着农村居民受教育程度的不断提高，农村居民可以更加理性判断自己的消费观，独立思考的能力更强，在收入一定的情况下，农村居民不会盲目消费，更愿意在改善消费水平的同时追求发展型和享受型的产品。另一方面，外商投资对地方产业发展有着重要影响。随着外商投资领域的不断扩大，吸收外资促进地方产业不断发展，可以为农村居民提供更多的就业机会，通过提升收入水平助推其消费水平与消费结构升级。

（二）稳健性检验

本章通过剔除数据和替换被解释变量两种方式对回归模型的估计结果进行稳健性检验，回归结果如表7-3所示。第一，考虑到相较于其他省份，北京、上海、重庆、天津4个直辖市的农村地区和人口较少，可能与其他省份存在异质性，因此，本书对4个直辖市数据进行了剔除。表7-3第2列和第3列结果显示，剔除4个直辖市之后，农村电商对农村居民消费水平和消费结构均具有正向作用，与基准回归结果一致。第二，由于目前学术界对农村居民消费升级指标的衡量方式未达成一致，借鉴张喜艳和刘莹（2020）的研究，以生存型消费支出（包括食品、衣着、住房）的增长率（c）来衡量，具体见式（7-4）。表7-3第4列结果显示，替换被解释变量后，结果基本一致，说明研究结果具有较好的稳健性。

$$quality_{it} = \frac{(food_{it} + cloth_{it} + house_{it}) - (food_{it-1} + cloth_{it-1} + house_{it-1})}{food_{it-1} + cloth_{it-1} + house_{it-1}}$$

$$(7-4)$$

表7-3　　　　　　　　　　稳健性检验回归结果

变量	剔除直辖市		替换被解释变量
	con	str	c
EC	0.0004 *** (0.0006)	0.0001 (0.0001)	0.0001 ** (0.0001)
edu	0.0974 *** (0.0311)	0.2768 *** (0.0696)	-0.0130 ** (0.0064)
fdi	0.6967 *** (0.2443)	-2.2370 *** (0.5471)	-0.0757 (0.0489)

变量	剔除直辖市		替换被解释变量
	con	str	c
gov	− 0.4701 ** (0.1861)	− 0.4534 (0.4168)	− 0.1818 *** (0.0637)
_cons	8.4065 *** (0.2934)	4.5350 *** (0.6570)	0.2741 *** (0.0638)
R^2	0.5165	0.1401	0.1420
N	168	168	196

注：括号内的数值为稳健标准误，＊、＊＊、＊＊＊分别表示在10%、5%、1%的水平上显著。

（三）异质性分析

1. 地区异质性

为探究农村电商发展影响农村居民消费升级可能具有的地区差异性，将样本按照东、中、西部划分，进行分区域估计，结果如表7－4所示。可以发现，农村电商对农村居民消费升级的影响具有显著的区域差异性。其中，第2列至第4列表示农村电商对农村居民消费水平升级的回归结果。东、中、西部地区农村电商发展对农村居民消费水平的影响系数分别为0.0002、0.0020和0.0088，说明东部地区和中部地区农村电商发展对农村居民消费水平升级均具有显著的促进作用，但西部地区受到的影响不显著，这一结果验证了本章提出的假设2。其原因可能在于，西部地区农村由于区位劣势，基础设施不太完善，人力资本比较匮乏，营商环境较差，产业基础薄弱，致使农村电商对农村居民消费水平升级的促进作用尚未得到有效发挥。第5列至第7列表示农村电商对农村居民消费结构升级的回归结果。西部地区的影响系数为−0.0190，表明考察期内农村电商发展未能促进西部地区农村居民消费结构升级。这一结果印证了王文龙（2022）的观点，其研究指出西部地区农村电商发展的劣势仍较突出，电商产品仍然以传统地理标志农产品或手工艺产品为主，产品外溢能力不强，很难形成较大规模的产业集群。根据2020年中国淘宝村研究报告显示，淘宝村数量排名前20名的城市均位于东部沿海省份。农村电商发展凸显了东部地区的规模经济和产业集群优势，城乡居民收入差距得以缩小，农村居民消费结构进一步升级。反观西部地区，因为交通与互联网基础设施不完善，人力资源流失，缺乏产业基础，2020年西部地区淘宝村数量共71个，仅占全国淘宝村总数的1.31%。因此，亟须加快推动西部地区农村电商发展，才能发挥其对农村居民消费结构升级的积极作用。

表7-4　　　　　　　　　　　　　分区域回归结果

变量	con			str		
	东部	中部	西部	东部	中部	西部
EC	0.0002 *** (0.0001)	0.0020 ** (0.0010)	0.0088 (0.0064)	0.0003 (0.0002)	-0.0001 (0.0014)	-0.0190 ** (0.0094)
edu	0.3324 *** (0.0767)	0.5236 *** (0.1061)	0.4481 *** (0.1023)	0.3098 *** (0.0560)	0.1585 (0.1555)	0.4175 *** (0.1508)
fdi	0.3038 ** (0.1383)	3.8533 *** (0.9861)	2.2344 *** (0.7323)	-1.3732 *** (0.3390)	4.5481 *** (1.4455)	3.9507 *** (1.0793)
gov	1.0342 (0.6350)	0.5617 (0.5602)	0.2532 (0.8652)	-4.3571 *** (0.8760)	-2.8084 *** (0.8212)	1.4512 (1.2751)
_cons	5.9238 *** (0.7318)	4.1236 *** (0.9376)	5.0322 *** (0.9363)	4.7200 *** (0.5323)	6.0308 *** (1.3744)	2.5592 * (1.3798)
R^2	0.6656	0.7326	0.6183	0.3724	0.3335	0.3619
N	77	56	63	77	56	63

注：括号内的数值为稳健标准误，*、**、***分别表示在10%、5%、1%的水平上显著。

2. 农村电商发展异质性

鉴于不同地区的农村电商发展水平不一，将2020年淘宝村数量排名前十的省份（直辖市、自治区）归为农村电商发达组，其余为农村电商欠发达组，估计结果如表7-5所示。第2列和第3列表示农村电商发展对农村居民消费水平升级的影响。可以看出，无论是农村电商发达地区还是欠发达地区，农村电商发展对农村居民消费水平升级都具有显著的促进作用，且欠发达地区受到的影响作用更大。第4列和第5列表示农村电商发展对农村居民消费结构升级的影响。可以发现，两类地区农村电商发展对农村居民消费结构升级的影响系数都不显著。原因可能在于农村电商发达地区的居民实际消费规模本身已经处于较高水平，农村电商对农村居民消费结构升级的边际影响是递减的（刘艳冬、王岩，2022），农村电商发展水平提升对农村居民实际消费结构升级的促进作用较为有限。对于农村电商欠发达地区来说，在我国经济欠发达地区的农村电商发展水平较低（刘长庚等，2017），总体上仍处于发展初期，农村产业发展基础薄弱，交通等基础设施建设相对滞后，电商人才相对缺乏，农村电商发展的难度相对更大（梅燕、蒋雨清，2020），导致农村电商发展对农村居民消费升级的促进效果不明显。

表7-5　　　　　　　　　　　农村电商发展差异估计结果

变量	con		str	
	发达	欠发达	发达	欠发达
EC	0.0002 *** (0.0001)	0.0128 *** (0.0027)	0.0001 (0.0001)	-0.0025 (0.0043)
edu	0.3739 *** (0.0838)	0.4576 *** (0.0711)	0.0527 (0.1204)	0.2747 ** (0.1143)
fdi	0.5037 ** (0.2157)	0.2708 (0.1908)	0.6364 ** (0.3097)	0.2694 (0.3067)
gov	-0.0822 (0.7492)	0.8928 * (0.4630)	-0.6588 (1.0760)	-1.1132 (0.7443)
_cons	5.7741 *** (0.7871)	4.7009 *** (0.6388)	6.4356 *** (1.1303)	4.5508 *** (1.0269)
R^2	0.6752	0.6137	0.1386	0.0917
N	70	126	70	126

注：括号内的数值为稳健标准误，*、**、*** 分别表示在10%、5%、1%的水平上显著。

具体而言，农村电商发达的地区，包括浙江省、广东省、山东省、江苏省、河北省、福建省、河南省、湖北省、北京市、天津市，其中，除河南省之外，其余省（市）均属于东部地区。因此，可以得出，对农村居民消费水平而言，无论是按区域划分还是按照农村电商发展水平划分，其结论是一致的，即农村电商发展有助于农村居民消费水平升级，但并未发挥出对农村居民消费结构升级的积极效应。

（四）中介效应检验

前面实证分析表明，农村电商发展有助于促进农村居民消费升级，且具体效果存在区域差异。随着农村电商的不断深入，有助于相关生产要素更方便、快速地流通于城市与农村之间，带动农村相关产业发展，进而使得城乡收入差距减少，从而影响农村居民消费升级。为考察农村电商发展是否能够通过缩小城乡收入差距，进而影响农村居民的消费水平和消费结构升级，本章运用中介效应模型展开验证，结果如表7-6所示。

表7-6 农村电商中介效应回归结果

变量	con	incgap	con	str	incgap	str
	（1）	（2）	（3）	（4）	（5）	（6）
EC	0.0002 ***	− 0.0002 *	0.0001 ***	0.0002 *	− 0.0002 *	0.0001
	(0.0006)	(0.0001)	(0.0001)	(0.0001)	(0.0001)	(0.0001)
incgap			− 0.1952 ***			0.1777 *
			(0.0450)			(0.1079)
edu	0.5552 ***	− 0.1409 ***	0.1285 ***	0.1919 **	− 0.1409 ***	0.2420 ***
	(0.0537)	(0.0264)	(0.0176)	(0.0772)	(0.0264)	(0.0422)
fdi	0.3384 **	0.1099	0.6355 ***	0.3824 *	0.1099	− 1.7062 ***
	(0.1567)	(0.1998)	(0.1243)	(0.2256)	(0.1998)	(0.2981)
gov	0.5596	1.8751 ***	− 0.0910	− 1.0038 *	1.8751 ***	− 0.5589
	(0.4180)	(0.2604)	(0.1826)	(0.6017)	(0.2604)	(0.4378)
_cons	3.9349 ***	3.3819 ***	8.5416 ***	5.2348 ***	3.3819 ***	4.3651 ***
	(0.4932)	(0.2606)	(0.2223)	(0.7100)	(0.2606)	(0.5331)
R^2	0.5604	0.4108	0.6780	0.1927	0.4108	0.1684
N	196	196	196	196	196	196

注：括号内的数值为稳健标准误，*、**、***分别表示在10%、5%、1%的水平上显著。

表7-6中，列（1）至列（3）显示了以城乡收入差距为中介变量，农村

电商发展对农村居民消费水平升级的回归结果。列（4）至列（6）显示了以城乡收入差距为中介变量，农村电商发展对农村居民消费结构升级的回归结果。由列（1）和列（4）结果可知，在没有加入中介变量之前，核心解释变量农村电商发展对农村居民消费水平升级和消费结构升级均具有显著的促进作用，表明中介效应存在的第一个条件是满足的。由列（2）和列（5）结果可知，农村电商发展对城乡收入差距的影响系数为 −0.0002，且通过 10% 的显著性水平，说明农村电商发展有助于缩小城乡收入差距，同时也表明中介效应存在的第二个条件是满足的。由表 7 − 6 列（3）结果显示，加入城乡收入差距这一中介变量后，城乡收入差距对农村居民消费水平升级的影响系数为 −0.1952，并通过了 1% 的显著性水平；同时农村电商对农村居民消费水平升级的作用力度下降。列（6）结果显示，城乡收入差距对农村居民消费结构升级的影响系数为 0.1777，且通过 10% 的显著性水平；同时农村电商发展对农村居民消费结构升级的影响未通过显著性检验，表明中介效应存在的第三个条件是满足的。因此，农村电商发展对农村居民消费升级的影响存在中介效应，即：农村电商发展通过缩小城乡收入差距，进而促进农村居民的消费水平升级和消费结构升级。这一结果验证了本章提出的假设 3。

四、研究发现与讨论

（一）研究发现

本章基于产业周期理论和消费理论分析了农村电商发展与农村居民消费升级之间的关系与作用机制，尝试性提出了一个解释农村电商发展促进农村居民消费升级的内在机制的假说，并利用 2014～2020 年中国 28 个省（直辖市、自治区）的面板数据，运用固定效应模型和中介效应模型，从消费水平升级和消费结构升级两个层面实证研究了农村电商发展对农村居民消费升级的影响，得出以下结论：

第一，农村电商发展能够促进农村居民消费升级，且农村电商发展对农村居民消费水平升级和消费结构升级均产生显著的促进作用。

第二，农村电商发展对农村居民消费升级的影响效应存在明显的异质性特征。从农村居民消费水平升级来看，分区域与根据农村电商发展水平划分得出的结论是一致的。东部和中部地区对农村居民消费水平升级具有显著的促进作用，对西部地区的影响不显著；无论是发达地区还是欠发达地区，农村电商均有助于促进农村居民消费水平升级。就农村居民消费结构升级而言，考察期内农村电商发展未能有效促进西部地区农村居民消费结构升级。

第三，人力资本显著促进了农村居民消费升级。从基准回归结果可知，提升人力资本有助于促进农村居民消费水平和消费结构升级；电商专业人才的缺乏制约了欠发达地区农村电商发展。

第四，农村电商发展对农村居民消费升级的影响具有中介效应。即：农村电商发展通过缩小城乡收入差距，进而促进农村居民消费水平升级和消费结构升级。

（二）讨论

理论和实证分析结果显示，农村电商发展对农村居民消费升级具有显著的正向作用。因此，各级政府部门应当充分重视发展农村电商，积极鼓励并加快推进淘宝村建设，以此倒逼相关基础设施建设，进一步促进农村电商发展，激发农村居民消费潜力，推动农村居民消费升级。要以地区特色产业发展为基础，带动农村电商发展，延伸农村产业链，增加农民的就业机会，从而提高农民收入水平，进而提升农民的消费能力。

从描述性统计结果和异质性分析可以发现，我国各地区农村电商发展的水平差异性较大，发展具有不平衡性，不同地区农村电商对农村居民消费升级的影响是不一样的。因此，应当结合各地区农村电商的发展现状，做到精准施策。对于农村电商发达地区，应进一步提高外商投资水平，吸收外资促进地方产业发展，拓宽农村居民的收入渠道，从而推动农村居民在消费水平和消费结构方面的升级。对于农村电商欠发达地区，通过给予更多的政策优惠举措，加快完善农村地区基础设施建设，大力发展地方特色产业，营造良好的农村电商发展环境，更好发挥出农村电商对农村居民消费升级的促进作用。

基准回归结果显示，人力资本与农村居民消费水平和消费结构升级呈正相关，人才在提升农村消费升级、促进乡村振兴方面发挥着重要作用。因此，在加强建设与农村电商发展相关的基础设施时，不能忽视人力资本的作用。首先，要加强农村电商人才培养，重视并积极开展本土化人才的技能培训工作，鼓励当地农民从事农村电商事业，不断吸引大学生村官和相关人才扎根农村，助力农村电商发展，进而最大限度地发挥农村电商对农村居民消费升级的积极作用。其次，通过整合政府、电商企业等多方主体，加强产学研合作，多渠道解决农村电商专业人才紧缺问题。

根据中介效应机制检验结果可知，农村电商发展能够通过缩小城乡收入差距，进而促进农村居民消费水平升级和消费结构升级。农村居民与城镇居民收入与消费出现差异的重要因素是城乡二元结构。因此，有必要采取措施不断缩小城乡收入差距，促进城乡互补消费。一方面，要持续完善欠发达地区农村电商基础设施建设，深化农产品加工，大幅度提高农产品附加值，降低农产品的运输和经营成本。同时，依托地方特色资源，打造特色化农产品电商品牌，提升农产品电商服务水平。另一方面，借助政策优势弥补城乡收入差距较大的问题，切实发挥城乡收入差距在农村电商与农村居民消费升级关系的中介作用，继而推动农村电商发展与农村居民消费升级的良性循环发展。

学术界有关农村电商发展与农村居民消费升级的关系的研究成果已经较为丰富，为本书奠定了坚实的理论基础和逻辑出发点。但学者们大多是基于农村居民消费水平升级单一视角，也鲜有关注农村电商发展影响农村居民消费升级的异质性。相对于已有研究，本书丰富了农村居民消费升级的内涵，补充了农村电商发展对农村居民消费升级影响的理论研究，聚焦农村电商发展的非均衡性在促进农村居民消费升级中的作用程度。一方面，数字经济发展离不开电子商务，我国要尽快形成双循环新发展格局，消除区域隔阂，逐步缩小相对贫困差距，激活农村电商发展，需要系统深入地研究。另一方面，农村电商发展的水平具有区域异质性，尤其是存在返贫风险的地区的农村电商发展仍处于低水平阶段，从地区差异性和农村电商发展水平异质性的角度展开研究，有助于为实现共同富裕提供一定的借鉴。

第八章

农村电商发展典型模式的经验借鉴

本章主要阐述政府主导型农村电商模式和农民自发触网型两类农村电商模式下 10 种典型模式及其经验与启示。其中,政府主导型农村电商模式主要包括:丽水模式、成县模式、通榆模式、桐庐模式、武功模式、横州模式、富川模式;农民自发触网型农村电商模式主要包括:遂昌模式、沙集模式和清河模式。

一、政府主导型农村电商模式

(一) 丽水模式

1. 区域背景①

丽水市位于浙江省西南部,是浙江省辖陆地面积最大的地级市。全市总面积 1.73 万平方千米,总人口 268 万人,下辖 1 个市辖区、7 县,代管 1 县级市,且 9 个县(市、区)均为革命老根据地县。全市共有 53 个镇(畲族镇 1 个)、90 个乡(畲族乡 6 个)、30 个街道、126 个居委会、2725 个村委会。丽水生态优越,环境得天独厚,素有"中国生态第一市"的美誉。全市森林覆盖率 81.7%,居全国第二;境内水质达标率 98%,饮用水合格率 100%,水环

---

① 丽水市人民政府. 丽水概览 [EB/OL]. http://www.lishui.gov.cn/art/2022/3/21/art_1229216414_57332820.html, 2022 – 03 – 21.

境质量全省第一；环境空气质量指数优良率居全省第一，各县（市、区）空气质量均达到国家二级标准，市区空气优良率 95.4%，是全国空气质量十佳城市中唯一的非沿海、低海拔城市。全市生态环境状况指数连续 13 年全省第一，生态环境质量公众满意度连续 9 年全省第一，生态文明总指数全省第一。旅游资源非常丰富，已建成国家 5A 级旅游景区 1 个、4A 级旅游景区 22 个，省级旅游度假区 5 个，高等级景区数量居全省前列。但从经济发展水平来看，丽水市在浙江省仍属于经济欠发达地区，主要原因在于当地丰富优质的生态资源难以大批量地转化为财富。

2. 主要特点

丽水电商的发展具体表现为三种模式：一是"青年创业 + 基地"模式。人才匮乏往往是农村电商发展的最主要瓶颈问题。丽水市通过鼓励农村青年进行互联网创业，建立了"一核八心"电子商务集聚区。电子商务服务中心有效整合了政府、网商、供应商和平台等各方资源，并解决各方需求转化问题，进一步推动了区域电商生态健康发展。该模式组建了专业的区域电商队伍，将系列推进区域电商发展的项目、活动落到实处，并通过实体场地为区域电商各参与方提供服务。二是"团委帮扶 + 信贷"模式。建立市、县、乡三级团委帮帮团，采用赶街的电子商务模式，并在各县试点行政村开展电商活动。该市团委累计走访电商企业 13862 次，解决问题 1700 多个，为解决当地农村电商发展的资金短缺问题，市团委向景宁、缙云等县的行政村整村授信，为信用村发放了 3000 万元贷款[①]。三是"线上发展 + 实体"模式。在通过互联网销售生态农产品的同时，不断推广实体店营销模式，进而实现线上线下同步发展，并积极探索知名企业实体店 O2O 发展模式，从而使得农产品市场份额稳步增长。

3. 经验与启示

第一，丽水团市委作为农村电商建设的牵头单位，充分发挥统筹协调职能和共青团的组织动员优势，并借鉴外地电商发展经验，先后出台了《丽水市人民政府关于丽水市农村电子商务发展的实施意见》《丽水市农村电子商务发展引导资金管理使用办法》等一系列文件，在政策上保障了农村电商工作的有效推进，明确了主要服务对象是农村青年和大学毕业生，并将促进丽水优质

---

① 黄海洲. 电商扶贫创新与突破 [M]. 合肥：中国科学技术大学出版社，2016.

农特产品网销作为工作重点，加速推进农村电商建设进程。

第二，通过挖掘典型、培育典型并宣传典型，充分发挥典型带动的作用，以此促进电商工作的全面开展。一是在全市 10 个乡镇开展农村电商建设试点工作，逐步形成了"政府推动、村企联动、能人带动、各方互动"的合力发展新格局。在此基础上大力开展农村电商示范乡镇和示范村建设，并不断完善体制机制，凸显集聚效应，促进了乡镇一级农村电商的发展。二是在产销对接、交流合作和人才资源等方面，对成长性较好、竞争力较强的电商优秀企业进行重点扶持，在全市范围内培育了一批具有较强示范带动性和辐射面广的农村电商示范龙头企业。三是注重整合农村电商区域品牌，打造了"北山淘宝村"等农村电商品牌。并依托当地生态环境优势，通过培育特色品牌涌现了一批网络畅销产品。

第三，在服务平台建设方面，建立了全国首家农村电子商务公共服务中心，采取政府主管、企业运营、公益为主要、市场为辅的运营方式，提供培训服务、技术服务、沟通服务和增值服务等推动农村电商发展；通过建设丽水特产淘宝 App—"丽水馆"和丽水青年电商网，充分利用手机平台和网上平台对丽水农特产品和生态旅游进行集中展示并销售。

第四，在电商培训方面，通过面向全市电商招募讲师组建讲师团，采用面授和网络平台等形式，在观念、政策和技能等方面为从事电商工作的青年提供全面指导。现已形成稳定、合理的网创青年培训体系，根据网创青年的不同需求、不同层次开展不同班次、不同类别的网上创业培训。并通过成立青年网上创业联盟，采取日常交流、专题培训、召开年会等方式打造"丽水网商之家"。此外，还通过举办电商论坛、沙龙、电商年会、网商创业先锋评选等各类活动，营造了农村电商发展氛围，激发了当地青年网上创业热情。丽水电商模式将政府服务与市场效率有效结合，将吸引更多人才和电商主体回流。

（二）成县模式

1. 区域背景[①]

成县位于甘肃省南部、陇南市东北部，隶属于甘肃省陇南市。全县总面积

---

① 成县人民政府. 县情概况［EB/OL］. http：//www. gscx. gov. cn/zjcx/xqgk/index. html，2022 - 12 - 28.

122

1677 平方千米，总人口 24.15 万人，下辖 14 镇 3 乡，245 个村 14 个居委会。成县境气候属暖温带半湿润气候，四季分明，冷暖适度，被誉为"陇右小江南""陇右粮仓"。全县森林覆盖率 48.5%，有犀牛江、东河、南河、洛河等"一江三河"丰厚的水资源。成县境内金属矿藏特别是铅锌储量较大，是全国第二大铅锌矿带，其地质储量约 1100 万金属吨，建成了以铅锌为主导，建筑建材、酒类酿造、农副产品加工、能源化工等五大工业体系。但随着矿产资源日趋减少，再加上国家倡导资源节约、可持续发展模式，成县铅锌矿资源优势难以为继。工业经济差，山地较多，且从汶川大地震开始，该县屡受地震的影响。但成县核桃种植历史悠久，2001 年被国家林业局命名为"中国核桃之乡"，并于 2014 年获得国家地理标志保护产品认证。

2. 主要特点

成县的电商化模式相对简单，属于"农户＋网商"模式，主要采取以优势品种——核桃进行单品突围的方式，在打响成县核桃知名度以后，再陆续将成县樱桃、成县土蜂蜜、成县香菇、成县土猪肉等农特产品推向市场。在产品推广方面，县委书记李祥起到了相当大的示范推动作用，由"核桃书记"发起的核桃宣传得以有效开展。一是通过党政干部、县直各部门、乡镇村组、大学生村官、致富带头人等共同使用微信、微博等工具进行营销。通过准确对接微媒体与电子商务，迅速发展各类微博账号，并开通微信公众平台，借助微媒体的广泛宣传，使得成县核桃的影响力大增。二是迅速建立成县核桃的形象展示店、营销窗口、展销厅以及一批网商销售窗口，并形成了青核桃、干核桃、核桃仁到核桃食品等系列化核桃产品。2013 年，成县通过微博、微信、网络等新媒体，在上海、兰州等地销售青皮核桃达到 120 多吨①。三是围绕核桃开展的核桃树认领、核桃文化研讨等活动，加速推进核桃标准化示范园区建设，从而使得核桃产业规模得以不断扩大。此外，为推动电商产业发展，成县还成立了电商协会，由县委书记担任顾问；邀请全国电商专家到成县进行农产品电商培训，为成县农特产品的长远发展出谋划策；通过"走出去、请进来"的方式吸引一批企业和人才加入成县电商队伍；建立电商产业园和农产品交易中心，解决产品供应、配送等问题，推动了全县电商产业全线运转。

---

① 魏延安. 农村电商：互联网＋三农案例与模式 [M]. 北京：电子工业出版社，2017.

3. 经验与启示

成县将电商作为一把手工程，选准一个优势品种，采取集中推、整体推的营销手段，在一点上率先突破，进而带动电商全面发展和全民电商创业。成县核桃的推广从四个环节入手，形成了系统的产业循环，从而带动了县域经济发展。

第一，成县电商发展的网络推广模式和销售模式较为稳定。通过县委书记实名微博、县直各单位、乡镇的政务微博频繁互动，形成了较强大的宣传阵容，也使得话题性更成体系。县委书记牵头，全民创业，"一把手"的示范效应凸显。借助新媒体渠道和特殊的个人身份，起到了整体推介、宣传成县农特产品的作用。同时，成县通过对当地原始生态美景的大力宣传，突出了成县优越的自然生态环境，并利用网络资源进行传播扩散，进一步加深了全国网民对当地生态美景的感知度，也为成县原生态核桃的推介做好了铺垫。在销售模式方面，成县通过与电商平台合作，并成立了全省首家农林产品电子商务协会，逐步建立了稳定的电商销售模式。从单品突围到以点带面打造品牌家族，在运营过程中需要注重突出本地优质农特产品的优势，才能够使消费者充分地理解当地农产品的核心竞争力。

第二，成县电商发展中政府起到了有力的支撑作用。成县县委书记通过实名注册认证新浪微博"成县李祥"，并通过微博叫卖成县鲜核桃，使得成县核桃知名度和成县影响力在网上迅速扩散，由此引起了各类网络媒体的关注报道。随后成县快速建立了农林产品电子商务协会，通过种植大户和销售大户的加盟形成合力。特别是在贫困地区，农村电商的发展更需要依靠政府、协会或社会组织的力量，不断加强对农户的培训工作，提升其电商参与意愿。

第三，成县电商发展中注重有效整合各类资源和完善产业链。在团队的培育上，在对招募的年轻销售人员展开专业化培训的同时，吸引在外地的成县人、大学生加入网络互动以形成聚力。在产品开发上，"成网"工作人员尽全力寻找优质的农特产品货源，先后推出了樱桃等鲜果和中药材等农林产品，逐步迈向了农产品规模化发展之路。在渠道建设上，通过与未来生活网、中粮集团的我买网以及网易时代等电商企业开展合作，使得成县核桃得以进入商超等传统渠道售卖。

小规模网商的后续竞争力往往不足，如何提升小规模网商的可持续发展能力，是成县电商发展中亟须解决的问题（黄海洲，2016）。

（三）通榆模式

1. 区域背景①

通榆县位于科尔沁草原东陲，隶属吉林省白城市。全县总面积 8476 平方千米，总人口 35.04 万人，下辖 16 个乡镇。通榆县属北温带大陆性季节天气，年平均气温 5.5℃。地势平坦，西北高东南低，海拔高低差仅 40 米。全县耕地总面积 540 万亩，草原总面积 169.44 万亩，湿地总面积 48.56 万亩，农业人口人均占有面积均居吉林省第一位。工业及建设用地充足，地价较低，优势明显。通榆县风能、太阳能、生物质能开发潜力巨大，是吉林省风能储量最为丰富的地区之一和光照资源最丰富的地区。作为典型的农业大县，通榆县素来就有"葵花之乡""绿豆之乡"的美誉，盛产打瓜子、玉米、高粱、杂粮杂豆、芝麻等特色优质农产品。该县培育的"通榆中国草原红牛"是我国唯一一个拥有自主知识产权的新品种牛，被国家质量监督检验总局认定为国家地理标志保护产品。

2. 主要特点

通榆是全国第三个"千县万村计划"农村淘宝示范试点县，并逐步形成了"政府＋农户＋电商企业＋消费者＋平台"的以原产地直供为核心的农产品电商发展模式。通榆模式的核心是吉林云飞鹤舞农牧业科技有限公司，该公司在当地县委县政府的鼎力支持和深入参与下，由社会力量投资成立于 2013 年末，通过整合农户、上产基地、专业合作社和农产品加工企业等生产方，再经淘宝平台卖出。县委县政府从各部门抽调精干力量组建"通榆县电子商务发展中心"，全力配合该电商公司的工作。在销售方式上，该公司主要以网络直销为主，以外地网络分销商销售为辅，并通过注册统一的品牌"三千禾"在包装、销售和服务方面对所有农特产品进行统一管理。

2013 年 9 月底，通榆县通过招商引入杭州常春藤实业有限公司，通过该公司销售该县特色农畜产品，标志着通榆县农产品电子商务项目正式启动。

---

① 通榆县人民政府. 通榆概况［EB/OL］. http：//www. tongyu. gov. cn/yxty/tygk/201707/t20170704_314874. html，2021－12－10.

2013 年 10 月 14 日，三千禾旗舰店正式上线，主营产品包括通榆县的绿豆、小米、燕麦、葵花等农产品，仅上线当天就完成交易量 13000 单，交易额达到 40 多万元①。2013 年 12 月，"1 号店"与通榆县达成原产地直销战略合作，标志着通榆农产品电商的全面推进，也是国内首次由县政府牵头并与国内领先的电子商务企业直接形成战略联盟。此外，通榆县全面实施电子商务扶贫工作，促进电子商务与扶贫攻坚的深度融合，积极探索创新扶贫开发新模式。一是面向贫困地区人口免费提供电商知识培训，帮助贫困户特别是"两后生"、残疾人等开设网店实现增收。二是通过当地电商龙头企业、专业协会和电商交易平台等构筑电商产业链，帮助和吸引贫困户参与农产品电商过程，实现完全或不完全就业，以达到减贫脱贫效果。

3. 经验与启示

通榆县农产品电商的发展得益于政府的大力支持与主导，在整合当地农产品资源的基础上，通过系统性委托给具有实力的电商企业进行产品包装、推广和线上销售，地方政府、农户、电商企业、消费者及平台共同创造分享价值，既满足了各方的价值需求，又能够带动地方经济的发展。

第一，成立机构，出台政策。先后成立了通榆县电子商务领导小组，组建了通榆县电子商务发展中心，委托"三千禾旗舰店"作为指定网店，实行"统一品牌、统一包装、统一标准、统一质量"策略，并开通"禾协会"微信公众平台以及时分享农产品信息；出台了《关于促进电子商务发展的若干政策》，成立了通榆县电子商务协会、三千禾合作社联合社，并设立了通榆县电子商务专项发展基金。

第二，加强产业配套。建立电商直销基地，精选 10 个品种、建立 1 万亩的种植基地，并根据电商要求进行生产；建立农畜产品检测体系和质量指导中心，落实了大雁、肉羊、肉驴、草原红牛等畜禽产品养殖基地。

第三，加强合作研发。通过与农科院合作，开展技术指导服务，提升农户生产水平；与中国农业大学、吉林大学等对接，强化人才、技术支撑。

在农产品附加值低，物流、保鲜成本居高不下的情况下，如果不能顺利获取融资，通榆电商的长远发展将会受限。而农产品品牌化建设是需要以一定规模化和集约化的耕地为基本条件的，因此该模式在耕地难以集约化和规模化的

---

① 魏延安. 农村电商：互联网＋三农案例与模式［M］. 北京：电子工业出版社，2017.

地区难以实行。

（四） 桐庐模式

1. 区域背景①

桐庐地处钱塘江中游，隶属浙江省杭州市。总面积 1829 平方千米，总人口 41.92 万人，下辖 4 个街道、6 个镇、4 个乡。全县土地面积中，山地丘陵占 86.3%，平原、水域占 13.7%。桐庐物产资源丰富，出产的"雪水云绿""天尊贡芽""五云曲毫"茶为历代贡品，以"中国文化名茶"享誉内外；富春江鲥鱼、子陵鱼扬名古今；杨梅、蜜梨、板栗、柑橘、桃、李、枣、豆腐干、番薯干、青笋干等久负盛名。桐庐板栗是桐庐县的名特产，有着悠久的种植历史和优质的品质。桐庐县各项经济指标依旧高居浙西地区各县、市首位，是浙西地区经济实力第一强县。快递业是桐庐县的重要产业，被誉为"中国民营快递之乡"。该县在 2012 年以前是外向型经济的一面旗帜，其所生产的工业产品出口比例较高，是中国著名的物流之乡、制笔之乡。但随着代工市场向东南亚转移，大量的外向型企业订单锐减，而生产成本逐年增加，桐庐县工业经济发展面临重重困境。

2. 主要特点

桐庐县电商发展历程可以分为三个阶段：一是在启动阶段，桐庐县于 2012 年在全县范围内实施了电子商务"启蒙计划"，以传播电子商务理念为核心，旨在营造良好的电子商务发展氛围，增强电商创业者的信心。2013 年 8 月，桐庐县政府牵头与阿里巴巴总部对接，成功建立战略合作关系。通过共同举办首届桐庐县电子商务发展大会和阿里巴巴"中国产业带"巡回论坛，以帮助政府干部和企业更深入地了解电子商务。政府出台了《关于加快电子商务应用发展的若干意见》，从培养电商人才、整合平台建设等多方面全方位、系统化地推广电子商务，并有效整合政策资源，采取设立专项资金等方式促进电子商务发展。二是在初步发展阶段，桐庐县已于 2014 年基本完成了"1234"

---

① 桐庐县人民政府．走进桐庐［EB/OL］．http://www.tonglu.gov.cn/col/col1229537215/index.html，2022-06-07．

工程，即制定《电商产业发展规划2014—2020年》；成立县电商公共服务中心和电商仓储物流配送中心；建立汇丰大厦、海陆世贸、农产品电商产业园三大园区；搭建一马平川文具电商、桐庐产业带、淘宝特色中国桐庐馆、桐庐购四大平台。三是在提升发展阶段，通过实施"燎原计划"，以"扩面、提质"为核心，以向下和向外"两个突破"为重点，从传统产业到农特产品、休闲旅游，桐庐电商发展实现了一二三产业全覆盖和文创产业等多层次、多领域的电子商务发展格局，同时实现B2B、B2C、C2C、O2O、TP、微信、电视购物等传统电商模式和新媒体电商模式全覆盖，完成了农村电商由作坊向现代化产业的跨越式发展。

3. 经验与启示

政府对桐庐电商发展发挥了主导作用，通过建立科学完善的机制体制，营造了良好的电商发展氛围。桐庐县深化阿里巴巴"农村淘宝"项目，成为全国第一个实现"农村淘宝"全覆盖的县域，并将"桐庐模式"在全国其他县市推广运用，成功创建"浙江省电子商务示范县"，连续两年被评为"中国电子商务发展百佳县"，横村村被评为"淘宝村"，城东村被评为"浙江省电子商务示范村"。

第一，采用"县有中心、乡有站、村有点"的三级模式。该县主要利用现有商业点来建立村级终端，一般村级淘宝服务站通过对村小卖部的店面进行整合利用，为当地村民提供五类服务项目，包括网上代买、网上代卖、网上缴费、创业培育、本地生活。并且，桐庐县具有村级单位物流全通的先天优势。阿里巴巴同当地邮政部门达成协议，所有送到服务点的快递均由桐庐邮政统一配送至各个村。申通、圆通、中通和韵达快递与桐庐县政府也签订了"快递企业支持桐庐电商发展合作协议"，为淘宝的村级服务站计划提供强大的物流支持。

第二，以桐庐农产品电商产业园为核心，通过对农产品资源的有效整合，解决"无标""无认证"等关键问题。并通过整体提升电商集聚平台，相继完成了海淘买手街、网货展示展销中心、电商公共服务中心、电商食堂等重点亮点项目建设。

从阿里巴巴研究院分析发现在全国内贸网商密度最高的25个县中，浙江占了19个，并且在零售网商密度最高的25个县中浙江也占11个。桐庐电商的成功与当地历史所累积的良好产业基础密不可分，但对于大部分产业基础薄弱的地区而言，桐庐模式难以复制，需要立足于打造商业生态，从顶层设计方面逐步解决电商发展中的物流、人才和资金三大瓶颈问题，从整体上改变农村消费方式、生产方式、销售方式以及生活方式，进而稳步推进农村电商发展。

（五）武功模式

1. 区域背景①

武功县位于关中平原腹地，隶属于陕西省咸阳市，地处陕西"一线两带""西咸经济一体化""关中—天水"经济建设圈中心地带。全县总面积397.8平方千米，总人口43.41万，下辖1个街道、7个镇，耕地面积42.5万亩，是陕西人均土地面积较少、人口密度较高的县区之一。武功县属温暖带半湿润性气候区，光能资源比较丰富。城区东距西安市87千米、咸阳市50千米；西距宝鸡市100千米。该县交通便利，陇海铁路、西宝高速、104省道、西宝中线横穿东西；108国道、杨临公路贯通南北。境内地势平坦开阔，地理位置优越，是关中地区重要的交通枢纽和物资集散地。

2. 主要特点

武功县通过成立以县长、县委副书记牵头的电子商务发展工作领导小组，注重加强对电子商务工作的组织协调，促进了县域电子商务纵深、融合发展。同时，建立电商发展协调机制，并成立了特色农产品生产经营者协会和武功县电子商务行业协会，旨在营造电商氛围，将该县建设成为陕西乃至西北地区电子商务人才的聚集地和特色产品的物流集散中心。其中，特色农产品生产经营者协会负责特色农产品的普查、征集、展示和实体销售；电子商务行业协会负责组织电商企业和个体网店进行信息交流和产品配发，最终实现合作共赢、互惠发展。

该县还建立了县域电商运营中心和电商发展扶持机制。一是落实"五免"政策，为入驻电商企业免费提供办公场所、办理注册、传递货源信息、上传产品图文信息、培训人员以及提供无线上网服务。二是通过搭建农产品电子商务孵化中心、监测中心、健康指导实验中心、数据保障中心等平台，促进全业态

---

① 武功县人民政府. 武功概况［EB/OL］. http：//www. wugong. gov. cn/xq/wggk/，2022－11－25.

产业链的快速形成。三是通过招商引资推进"智慧乡村"工程建设，建立电子商务服务点，并加大电商培训力度，培育了上千家个体网店。四是以改造建设便民生活智慧小店为依托，加快推进互联网技术普及应用，逐步实现"消费上网、快递下乡、信息入户、产品预售"的目标。

3. 经验与启示

武功县电商发展中将买和卖联结起来，突破了县域范畴。相比其他模式而言，武功电商模式的思维更开放，视野更开阔。该县拥有关中最大的冷库集群，已有十几家物流企业入驻且物流成本低廉，还有紧邻的杨凌农科城能够为电商发展提供强大的技术支持，省级农产品加工物流园区建成后也将进一步推进该县电商发展。基于地处丝绸之路交通线且与西安相邻的区位优势，以及现有的基础设施优势，该县提出了"立足武功，联动陕西，辐射西北，面向丝绸之路经济带"的目标。

武功模式最突出的特点在于将电商问题发展为电商经济问题，有利于打通生产、储藏、加工、销售等环节，并通过一二三产业融合发展，进一步做大做强县域经济。该模式超越了一般县域电商从促进农产品销售开始的初步模式和催生乡村经济增长点的中级模式，是县域经济发展的较高层次。此外，武功模式提出了"买西北、卖全国"的口号，提出要将武功打造成陕西电子商务人才培训地、聚集地和电子商务物流集散地，有利于宣传和吸引电商产业集聚。

尽管武功县电商发展已经取得了阶段性的成果，但农产品产业链尚不健全，还停留在出售初级农产品的阶段，农产品的附加值较低，且品牌构建意识较弱，市场知名度低。由于武功县电商发展主要依靠的是第三方服务商，在为地区造声势、创氛围和培育人才的同时，也存在一定的风险。因此，武功县需要借力发展区域产品品牌，并加强本地化的网商队伍建设，从而不断扩大地域影响力。武功县已经聚集了西北五省30多类共300多种特色农产品在园区，但还需要进一步吸引农产品生产、加工、仓储、物流和销售企业向园区聚集。该县已经引进了西域美农等30多家电子商务企业，今后还应继续加大招商引资力度，并在财税政策上扶持本土企业发展，最终形成大小结合、内外相济的竞争发展格局。此外，武功电商园区的发展还需要相关配套产业的跟进和聚集，以形成较为健全的电商产业集群。

（六）横州模式

1. 区域背景①

横州市隶属广西壮族自治区南宁市，位于广西东南部，南宁市东部，东连贵港市，南接灵山县、浦北县，西界邕宁区、青秀区，北壤宾阳县，距首府南宁市 100 千米。2003 年，撤南宁地区，横县划归南宁市管辖。2021 年 2 月 3 日，撤销横县，设立县级横州市。总面积 3464 平方千米，耕地总面积 11.01 万公顷。2021 年，横州市年末户籍总人口 126.94 万，境内居住有汉族、壮族、瑶族、苗族、侗族、仫佬族等 12 个民族，其中汉族、壮族等为世居民族。下辖 16 个镇、1 个乡。南玉高铁（在建）、湘桂铁路、黎钦铁路穿越横县境内，设有六景站、芦村站、横州站、新福站四个车站；桂海高速公路、南广高速公路、六钦高速公路，209 国道，G324 国道贯通横州东西南北，有六景、校椅、云表、峦城、平朗、新福 6 个高速公路出入口。郁江流经县境，有横县港、六景港 2 个港口。享有"中国茉莉之乡""世界茉莉花都"的美誉，是第六批国家级生态示范区，全国"平安农机"示范县。入选"县城新型城镇化建设示范名单""2020 中国西部百强县市""国家数字乡村试点地区名单"。

2. 主要特点②

近年来，横州市深入实施"红色电商"引领乡村振兴行动，积极探索新形势下特色农产品的销售渠道，多措并举织密"红色电商"网络，夯实电商行业发展基础，引领电商产业高质量发展。截至 2022 年底，全市实现电子商务交易额 59.7 亿元，同比增长 8%。

第一，织密"红色电商"网络，促进产业兴旺。一是积极推动全市供销社党组织同电商企业党支部以及校椅镇甜玉米协会党支部等农副产品行业协会党组织结对共建，通过横州市供销社商城，线上推广销售本地农副产品。2022年，横州市供销社商城入驻企业、专业合作社达 200 多家，农副产品销售额达

---

① 横州市人民政府. 走进横州市［EB/OL］. http：//www.gxhx.gov.cn/gk/，2022 – 06 – 28.

② 南宁新闻网. 横州市："红色电商"引领乡村振兴［EB/OL］. http：//www.nnnews.net/xianqu/p/3148325.html，2023 – 02 – 22.

1500 万元。二是充分利用中小企业、供销社、邮政快递市、乡、村全覆盖经营网络，积极培育交易服务、物流服务等上下游配套环节，壮大电商产业链，带动农产品持续快速发展，开拓横州"红色电商＋网格化"发展新格局。三是将党建工作转化为生产动力，指导广西顺来茶业有限公司等电商企业通过联建或单独组建方式建立党支部 54 个，组织部门向 80 个电商企业选派党建指导员 42 名。以村屯商店、超市为站点，组织村级党组织联合邮政公司党组织拓展"代投、代运"业务，构建"村党组织＋商超市场＋群众""快递进村"模式，畅通电商行业物流"最后一公里"，助推茉莉花、甜玉米等特色农产品从线上"走出去""卖全国"。2022 年，全市农产品网络零售额 12.7 亿元，同比增长 27.4%。

第二，夯实电商行业发展基础，提升创业"实力"。横州市电子商务产业园孵化中心自 2016 年投入运营以来，为电商创业人才提供免租金、免水电、免网络"三免"政策支持以及创业指导、创业培训、法律援助等专业化服务，每年为创业者降低创业成本近 200 万元。通过成立"花都电商红色小队"，将做优服务、助企纾困等工作纳入"三会一课""主题党日"等党支部组织生活内容，着力帮助电商企业解决实际问题，共为 156 家电商企业提供产品拍摄、平台优化、营销推广等服务 290 多次。同时，推动组织活动场所优先服务电商，建成并运营 17 个市、乡镇级电子商务公共服务中心，建成 150 多个农村电商示范服务站、近 700 个服务网点，电商覆盖全市 80% 以上的行政村。2022 年，全市培育网商数量超 6000 家，带动创业就业超 1.9 万人。

第三，党建赋能"直播经济"，激发群众"动力"。一是积极搭建起农村电商从业人学习培训、信息交流、品牌孵化、抱团发展等多功能的阵地平台。通过开展横州市新农人主播成长百天陪伴项目，邀请直播带货导师开展直播沙龙分享会，举办线上培训班等方式，宣传一批特色产品、培训一批直播人才，让更多的党员群众加入直播队伍，为家乡产品代言，为乡村振兴助力。二是充分发挥电子商务在助力乡村振兴、壮大村级集体经济、带动党员群众增收致富等方面的作用。组织电商合伙人与脱贫村党组织第一书记结对、电商企业党组织与脱贫村党组织结对，依托本地农产品资源禀赋以及企业加工、宣发优势，形成了"周顺来＋茉莉花茶""云上茉莉＋木瓜产业""鑫源果蔬＋甜玉米""莉妃＋茉莉花盆栽""素养茶业＋茉莉花茶"等一批示范品牌。在"红色电商"工作模式上，创建了"党建＋电商＋人才""电商＋基地＋扶贫"等一批党建工作品牌。

此外，横州市在村（社区）建立基层党员联络站、金融红色驿站、电商综合服务站"三位一体"的"党建＋金融"综合服务中心，为群众提供电商创业金融贷款等服务。目前，全市共建立农村普惠金融服务点196家，覆盖28万多户农户。

3. 经验与启示

作为广西"农村淘宝第一县"，近年来，横州市深入实施"红色电商"引领乡村振兴行动，采取"五注重五增强"措施，发挥党建引领电商发展作用，大力发展农村电商，有力推动农村发展、农业增收、农民致富，实现"党建强、电商强"。

一是注重扩大"电商覆盖"，增强电商党建组织力。推行主管部门抓"组建"、党建工作指导员队伍抓"帮建"、县乡联动抓"共建"，采取单独、联合等方式，在符合组建党组织条件的电商企业、行业组织组建电商党组织，对暂未符合组建党组织条件的电商企业、行业组织选派党建工作指导员，做到"电商行业发展到哪里，哪里就有党的组织"。

二是注重培养"电商党员"，增强电商党建新动力。制定"电商党员"培养计划，量化细化村（社区）每年培养电商入党积极分子数量，落实村（社区）"两委"干部结对帮带、服务帮办，着力将电商从业人员培养成党员。依托县乡村三级电商服务中心（站），为有从事电商意愿的党员提供场地、资金、技术、培训、财务、法律等服务，组织开展观摩学习、辅导讲座等，引导党员从事电商，培养政治觉悟高、销售业绩好、带动能力强的党员电商骨干。

三是注重发展"电商人才"，增强电商党建发展力。积极引进电商龙头企业和优秀电商人才，借力电商龙头企业带动和盘活地方资源发展电商产业。推动校企合作，加强与中国（广西）国际青年交流学院、广西农业职业技术学院、南宁职业技术学院等国内、区内高等职业学校在电商产业应用、科研团队建设、人才培养等方面的合作，强化电商人才培训。依托县乡党校教育平台，开设"红领电商"示范培训班，充分利用淘宝大学、县职教中心等优质培训资源，分级分类培训"红色电商人才"。

四是注重培育"电商先锋"，增强电商党建引领力。推行"支部＋电商""支部书记＋电商""党员＋电商""党建阵地＋电商"等工作模式，鼓励农村党组织发展电商，引导农村党组织书记带头融入电商、党员骨干实践电商，推动村级组织活动场所优先服务电商。组织农村党组织通过"三会一课"、主题党日等开展电商教育培训，将电商业务列入农村党组织书记、"两委"干部培训重要内容，把电商发展势头好的农村党员纳入电商人才孵化园、电商孵化中心和全县红色电商"精英培训计划"，在评优评先、项目引进、资金资助等方面给予倾斜。鼓励有条件的村级组织活动场所可预留 1 间房屋用于发展电商。

五是注重创建"电商品牌"，增强电商党建创新力。深入开展"党建 + 电商"主题活动，从 2016 年开始连续举办"村邮乐购"杯青年电商创业大赛，选送 40 多个电商创业团队参加区、市创业大赛，培育孵化 100 多个在区、市有影响力的电商创业团队和 60 多种电商创意产品。大力推进"电商扶贫"活动，采取"1 + N"等方式组织电商合伙人与贫困村（社区）党组织第一书记结对、电商企业与贫困村（社区）党组织结对。依托茉莉花、甜玉米、桑蚕等优势农业资源，引导传统龙头企业主动融入电商发展大潮，引导产业链党组织、党员带头"触网"拓宽销售市场，引领带动产业升级发展。

（七）富川模式

1. 区域背景①

富川瑶族自治县隶属于广西壮族自治区贺州市，位于广西东北部，地处桂、粤、湘三省（区）交汇处，具有珠三角上风上水和"三省通衢"的独特区位优势。总面积 1572 平方千米，辖 12 个乡镇、137 个村委 18 个社区，总人口 342863 人，其中瑶族人口 199645 人，占总人口的 58.2%。全县森林覆盖率达到 55.17%，生活饮用水和空气质量达到国家一类标准，主要江河湖库水质达标率达到 100%。全县 7 个乡镇被评为自治区级生态乡镇，2 个村被评为"全国美丽宜居乡村示范"，6 个村被评为全国首批绿色村庄，12 个村被评为自治区级美丽乡村示范点，18 个村被评为自治区级生态村庄，101 个村被评为市级生态村庄。创建了全国第四个、广西第一个国际慢城，"国际慢城旅游区、龟石国家湿地公园及西岭山自然生态保护与旅游区、潇贺古道民俗文化旅游核心区"三大生态休闲旅游区建设稳步推进，打造了茅厂屋、岔山、大岭、下湾、虎头、毛家等一批美丽乡村经济示范点。

---

① 广西贺州市富川瑶族自治县人民政府. 富川瑶族自治县简介［EB/OL］. www. gxfc. gov. cn http：//www. gxfc. gov. cn/fcgk/fcjj/t12817970. shtml，2023 - 03 - 23.

2. 主要特点①

富川县在获得 2016 年度电子商务进农村综合示范项目的基础上，又获得 2019 年度电子商务进农村综合示范项目（升级版），是广西为数不多的两次获得全国电子商务进农村示范项目的县区之一。2016 年度电子商务进农村综合示范工作已经完成并通过验收。奠定了富川电子商务进农村综合示范工作的基础，培养了一批电商从业人才，加强了富川品牌推广。通过组织"奔跑吧，富川脐橙"等活动，进一步宣传了富川特色农产品，并开展"党旗领航电商扶贫"一系列活动，在精准扶贫工作中发挥了积极作用，还创建了 12 个镇级电商服务站点和 100 个村级电商服务站点，站点建设的数量和质量都位于广西前列。2019 年度电子商务进农村综合示范项目成效明显。

第一，富川农产品电商产业园建成并投入使用。电商产业园占地 280 亩，总投资 2.5 亿元。建成了集电子商务公共服务、农产品预处理、仓储冷链、包装设计制作、农特产品展示、数据信息共享、电商企业孵化、产品检验检测、快递物流集配及电商人才公寓等功能齐全的农村电商服务体系。为该县农村电子商务发展提供了战略性高地，也为农产品上行提供了供应、销售、物流等一站式服务，节约了资源，提高了效率，为打造电商产业高地打下坚实基础。2020 年，持续孵化企业 25 家，带动新增就业岗位 700 余个，日供应电商件从 3 万件提高到 13 万件。

第二，电商孵化及技能培训效果显著。富川农产品电商产业园电商孵化中心建筑面积 4300 平方米，主要包含孵化中心主楼孵化区、产品展示中心、大数据中心，配套有多功能培训教室、直播室、摄影室、农残检测室等公共服务，为富川电商从业企业、创业个人提供全面的咨询、孵化、培训等服务，政策完善，入驻企业两年免租、免费培训、资源共享等。截至 2021 年 8 月，电商孵化中心已入驻企业近 30 家，共组织线上培训 13 场次，线下实训 49 场次，培训学员 7568 人次，其中脱贫户 1985 人次，组织直播超过 200 场，扎实做好电商人才的挖掘与培育。

第三，快递物流体系进一步完善。整合了"三通一达"物流企业入驻电商产业园，初步实现县城内快递企业的共配共享，有效提升快递资源的利用情

---

① 广西贺州市富川瑶族自治县人民政府. 电子商务进农村［EB/OL］. www. gxfc. gov. cn http：//www. gxfc. gov. cn/ztzl/ndzdgz/dzswjnc/，2022 - 06 - 20.

况，同时引进邮政、顺丰、极兔等实力雄厚的主流快递物流企业进驻电商产业园，加强整体物流体系的立体式发展空间，根据不同产品特性，能匹配符合要求的物流快递服务。快递物流成本得到大幅降低，从原来的每 5 公斤 10 元左右下降到目前的 6 元左右，降幅达 40%，计划再降 1 元，逐步向大中城市快递成本看齐。

第四，狠抓宣传，打造多元化电商营销推广体系。受新冠疫情影响，该县农特产品滞销，县电商发展中心在上级有关部门指导下组织电商直播带货。县经贸局领导走进"抗疫助农"直播间，为富川沃柑代言，2 个小时直播浏览量达 43974 人次，点赞人数达 85795 人次，评论达 2962 条；分管副县长化身带货主播，唱起瑶家歌曲为农户推销优质农产品富川沃柑与富川冷泉香芋，短短 2 小时就吸引了 27 万人次观看，成为同时段淘宝直播平台浏览人数在广西所有县域内排名第一，活动当天成交订单 1600 多单，收到很好社会效益和经济效益。

2021 年 5 月，该县新华乡三华李大丰收，但因受新冠疫情及市场的影响，大量三华李滞销，农户心急如焚，县电子商务发展中心得到消息后，立即组织电商培训优秀学员及"富川网红联盟"成员到新华乡三华李果园，为农户公益直播带货，帮助果农销售三华李，其中一户果农滞销的 3000 多斤三华李活动当天就全部销完，公益助农活动受到群众的一致好评。

2021 年 6 月 25 日，以"助力乡村振兴，梨享数字生活"为主题的第三届富川冰淇梨上市推介会活动，在富川县葛坡镇楼村成功举办。同时举办了"冰淇梨线上销售比武大赛""最佳人气直播网红评选""富川冰淇梨节新零售渠道云对接""富川冰淇梨网红主播'云营销'"等活动。活动当天确认订单达到一万多单，通过直播带货销售总额达 40 多万元，有力促进富川冰淇梨及本地特色优质农产品的销售，增加了农民收入。

第五，举办多次活动，提高特色农产品知名度。2020 年 10 月 22 日，县电商发展中心组织企业参加商务部流通中心举办的南京农商互联展销大会，富川脐橙的特装展位成为展位的一大亮点。11 月 3 日，广西农村电商暨电商扶贫现场会在富川电商产业园隆重举行，来自全区 70 多个市县区的领导近 300 人齐聚富川，共谋全区农村电商发展和共商电商扶贫工作。11 月 21 日，电商发展中心组织企业参加全国 A20 新农展，荣获第七届 A20 新农展，最受新零售欢迎地标产品奖。11 月 30 日，富川瑶族文化交流会暨富川脐橙和文化旅游推介会开幕式在富川农产品电商产业园隆重举行，有外地及本土网红 100 多人直播开幕式盛况，成为一大亮点。12月1日，广西全区脐橙高质量发展论坛在富川农产品电商产业园举行。12月2日，广西"脱贫先锋面对面"主题宣讲活动在富川农产品电商产业园举行，自治区党委宣传部、自治区扶贫办、自治区水库和扶贫易地安置中心有关领导及2020年全国脱贫攻坚奖获得者代表齐聚富川农产品电商产业园，开展了有声有色的宣讲活动，大大提升富川县知名度。

第六，充分发挥粤桂帮扶功能，助力乡村振兴。一是开展粤桂（四会·富川）扶贫协作新媒体创业致富带头人直播实训活动，培养本土网红直播带货。网络时代的兴起特别是新冠疫情的影响，改变着人们传统销售观念和销售模式。通过组织学员到农户果园、扶贫车间等实地培训，提高学员直播带货技能，收到很好成效。共培训692人2136人次，其中脱贫户471人次，开设101个抖音账号，向企业输送20多名电商人才，举办两期电商销售比武大赛，销售额超200万元。二是开展粤桂扶贫协作电商数字化提升扶贫项目实施，对古城镇高路村以及朝东镇岔山村进行了电商数字化的推进，不断将富川的绿水青山转化为金山银山，助力乡村振兴。2020年，充分发挥广东东西部扶贫协作网上交易平台优势，助力富川实现线上农产品销售10亿元，帮助贫困户销售农产品超1亿元。

3. 经验与启示[①]

多年来，富川县把发展农村电商作为加快县域经济高质量发展的重要引擎和打赢脱贫攻坚战的重要抓手，建立健全组织领导、人才培养、网货供应、平台搭建、配套服务、物流配送、品牌培育等体系，积极推动种植、加工、包装、仓储、物流等相关产业发展，探索推行了"建机制"+"抓培训""建体系"+"育品牌""创模式"+"拓领域"的农村电商发展"三步工作法"。重点抓好产业基地、合作组织、龙头企业三方主体，推动电商农产品供应链体系建设，以消费市场的需求倒逼农产品向规模化、集约化、标准化发展。

一是建立高位推动、政策完善、责任清晰的实施保障体系。将电商发展作为推动县域经济发展的重要引擎和巩固脱贫攻坚、推动乡村振兴的有效抓手，写入第十四次党代会报告和近年来的政府工作报告。成立了以县委书记、县长

---

① 广西贺州市富川瑶族自治县人民政府. 电子商务进农村［EB/OL］. www.gxfc.gov.cn　http：//www.gxfc.gov.cn/ztzl/ndzdgz/dzswjnc/，2022－06－20.

为组长的县电商产业发展建设领导小组，组建正科级单位县电商发展中心，设置编制 9 名，统筹推进全县电商发展工作，将电商产业发展工作纳入目标管理，列入各乡镇、部门年终考核内容，举全县之力推动电商产业发展。健全政策、资金、人才三大保障，陆续出台了《富川瑶族自治县电子商务发展三年行动计划（2018—2020 年）》《富川瑶族自治县电子商务创业人员孵化实施方案》等系列文件，指导电商产业发展。财政每年配套 300 万元电商工作经费，并与市农业投资集团分别出资 1500 万作为电商产业发展风险担保金，用于种植户、电商等产销主体的融资风险代偿。

二是构建要素集聚、形式多样、普惠公开的人才培育体系。充分营造农村电商发展氛围，把观念转变、技能提升放在提升电商应用的第一位。根据电商创业人员需求的升级，免费为他们提供创业场地，开展电商技能培训，为他们对接货源和资源。依托富川农产品电商产业园项目建设，完成县电商公共服务中心装修升级和设备更新，增设了检测室、设计室，直播室、大数据中心等功能区块，集聚政策扶持、人才培育、企业孵化、智力输出、电商咨询等商务服务与生活服务。

三是健全高效流通、设施先进、业态完整的产销供应体系。夯实县城服务中心为核心、乡镇服务站为骨干、农村服务点为支点的三级电商综合服务体系。建成 1 个县级电子商务公共服务中心、12 个镇级电商综合服务站、100 个村级电商综合服务点。

四是狠抓主导产品、网红单品、创意新品的产品供应体系。始终以产业为基，产品为本，品牌赋能，助推农产品价值和竞争力提升。持续打造"富川脐橙"这一拳头产品，不断提升了"富川脐橙"区域公用品牌形象和价值。在区域网红单品的培育上，富川务实求新的对系列农产品进行产品包装、文创、规格、体验的重构与创新，完成品牌发展的渠道铺设、孵化体系、宣传矩阵、溯源体系等基础建设，培育出"富川冰淇梨""富川香芋南瓜""富川冷泉香芋"四季生鲜单品，形成"春芋夏梨秋薯冬橙"全年无淡季的电商产品矩阵。

五是探索文化变现、山水变现、风情变现的内容营销体系。打造以"村播＋"为主要展现形式的新业态，从单纯的农产品销售转化为"卖山、卖水、卖风景、卖文化、卖民俗"的综合构架，打通绿色发展新路径。以富川人文历史、旅游资源、农业产业为支撑，通过讲好"富川故事"，推介富川产品。积极扩大培育范围和主体，用好"乡情""乡愁"，主导走访对接广东富川商会、南宁富川商会，推选富川电商推广大使，扩大富川电商销售的营销结构。依托"中国长寿之乡""中国农产品质量安全县""国际慢城"等称号优势，主打"绿色牌""长寿牌""富硒牌"，持续开展"富川脐橙和文化旅游节""富川冰淇梨采摘节"等标志性活动，通过线上农产品消费服务、线下农家体验，推动"互联网+农业+旅游+扶贫"融合发展，不断将富川的绿水青山转化为金山银山。

尽管富川县打造了春芋、夏梨、秋薯、冬橙四季产品，并以富川脐橙作为全县的拳头产品和核心产业，但农产品的电商化支撑能力尚弱。除了脐橙产业外，其他产业尚未具备强有力支撑，电商从业主体无法全年开展电商销售。脐橙等柑橘类产业的供应链服务能力较强，但深加工产品、山珍系列、农家系列等产品无法形成规模化的产品体系，也没有建立标准的产品生产体系。因此，阶段性电商是目前富川农村电商的主要形态。此外，相对柳州、南宁而言，富川的物流快递的竞争力不强。虽然电商采购件数较多，但都没有将电商数据、税收留在富川，需要通过对销售型电商企业或者具备直播电商企业进行招商引资或孵化扶持，形成龙头企业的引领作用，才能保证行业的持续性发展。

二、农民自发触网型农村电商模式

（一）遂昌模式

1. 区域背景①

遂昌县位于浙江省西南部，东靠武义县、松阳县，南接龙泉市，西邻江山县和福建省浦城县，北毗衢州衢江区、龙游县和金华婺城区。全县总面积2539平方千米，境内山地面积22.56万公顷，占88.83%，耕地面积1.03万公顷，占4.06%，水域面积1.8万公顷，占7.11%，素有"九山半水半分田"之称。全县户籍人口22.77万人，下辖9镇11乡、390个行政村、7个城市社

① 遂昌县人民政府. 遂昌概览［EB/OL］. http：//www. suichang. gov. cn/art/2020/6/4/art_1229355345_58996936. html，2023－01－01.

区。全县森林覆盖率 83.59%，居浙江省前列。县级饮用水源水质、各交界断面水质达标率 100%，空气质量指数优良率 100%，均名列全省第一。遂昌的工业经济一般，以农业经济为主。因地处山区、交通不便，基础条件较差，在过去很长的一段时间内遂昌都属于典型的经济欠发达地区。

2. 主要特点①

近年来，遂昌立足良好的生态环境、传统的农耕文化和开放的社会环境，创新推出"电子商务综合服务商＋网商＋特色产业"的发展新模式，创造了以原生态农产品为主，竹炭制品、旅游服务、服装销售等为辅的县域农村电子商务发展的"遂昌模式"。截至 2021 年 12 月，以赶街为代表农村电子商务"遂昌模式"已推广至全国 17 省份 47 县，建立农村电商服务网点 12000 多个，服务覆盖 1700 多万村民，全县从事农村电子商务产业的人员超过 11000 人。

第一，政府引导，打造营商环境。一是紧扣农业现代化，成立了以县长为组长的农村电子商务工作领导小组，先后出台《遂昌县促进全民创业实施意见》《遂昌县加快电子商务发展实施意见》和《遂昌县电子商务发展战略规划》等政策和文件，全面实施以培育年销售额超亿元电子商务企业为主的"2510"工程。二是设立电子商务发展专项资金，每年将安排不少于 200 万元资金支持产业发展，鼓励企业做大做强，激发更多有志青年的创业热情。三是与阿里巴巴淘宝网签订 7 项战略协议、成立全市首个农村电子商务服务站、建立中国社科院信息化研究中心遂昌调研基地，全面推进农村电子商务发展。

第二，植根农村，打造三级体系。立足于农村市场，将神经末梢安在了接触农民的最前端，创新推进农村电子商务服务站"赶街"项目。在全县范围内建立县级营运中心、仓储物流中心、农村电子商务服务站点，延伸中国邮政、申通、圆通、韵达、顺丰等物流网络，打造"线下服务网、农村物流网、交易平台网"的县、乡、村三级服务体系。通过县级运营中心对各地村级"赶街"服务站实行统一的严格管理和规范服务，实现"消费品下乡""农产品进城"双向流通，每年至少能为农民节约生产生活成本 500 万元以上。截至 2021 年 12 月，入驻快递企业 10 家，物流企业 8 家，建起了覆盖全县 20 个乡镇（街道），农村电商服务站点 285 个。

---

① 遂昌县人民政府. 农村电子商务让乡村生活更美好——打造全国农村电商"遂昌模式" [EB/OL]. http：//www. suichang. gov. cn/art/2021/12/3/art_1229557780_60224160. html，2021–12–03.

第三，搭建平台，打造创业活力。在全市率先成立县网店协会，投资70万元建起全省首家农村电商学院，打造网店会员与供应商"信息共享、资源互补"的服务性公共平台。通过整合国内外电商领域的优质资源，建立在线学习平台、线下教学、现场教学和统一采购、统一仓储、统一服务的"七统一"服务模式等方式，解决农村电子商务发展中遇到人才瓶颈和电子商务标准化的运营管理，实现了从"单打独斗"到"抱团作战"的转变，建立起全县网商集群式发展的新格局。截至2021年12月，累计培训学员超过12000人次，培训场次超过200场。

第四，突出"农"字号，推动现代技术和传统产业深度融合。着眼于培育壮大县域特色产业，围绕农产品"守土守诚"，管好生产、销售、流通全过程，在源头管理上实行统防统治、农户"诚信联保"，在质量控制上实行生态农产品电子商务服务标准化和电商农产品免费质量检测，在流通环节上健全冷链配送物流体系和可追溯体系，确保"舌尖上的安全"。同时，促进农村电子商务与原生态精品现代农业、乡村休闲养生旅游、现代服务业等相关产业紧密结合，有效解决农产品买难卖难问题，打响了遂昌原生态农产品品牌。

第五，紧扣"引"字诀，打造联动的产业链和产业集群效应。实施"腾笼换鸟"政策，将原上江竹炭园区打造为云策电商小院。紧抓招商引资"一号工程"，利用电子商务中国义乌电子商务博览会暨数字经济博览会等契机，主动对接长三角、京津冀、珠三角等地区电商企业，广泛开展招商引资工作。出台《遂昌县加快电子商务发展二十条（试行）》，实施运营主体、快递快运、场地宽带、规上工业企业开展电子商务应用等奖励，累计兑现奖励资金130余万元。同时，按照"一城五区"生产力布局，在古院新区谋划建设电商创业大楼，吸引全县电商、微商、运营商入驻，形成集聚效应。云策电商小院现已入驻企业183家，其中电商销售企业170家，生产加工跨境电商销售一体化企业1家，快递快运企业11家，公共仓储1家，苏宁易购1家，京东帮1家。在云策小院初步形成电商和快递物流企业的集聚。

第六，念好"跑"字经，着力解决服务群众的"最后一公里"。为破解基层代办员人手不足、代办成本高等困难，遂昌县创新思路，在政商融合上"出实招"。通过编制代办清单、整合硬件资源、打造专业团队等方式，将赶街在全县285个村级电商服务站点，打造为"代办站点"，240名赶街乡镇合伙人和村级代理人加入"赶街跑小二"队伍，将农需品、便民服务、乡村旅游、惠农政策信息法规、政府公共服务、农村金融支持等群众关心的40项民生事项送下乡，推动"最多跑一次"改革向农村延伸。截至 2021 年 12 月，累计为群众代办事项 1.98 万件，节省群众少跑路程 59.5 万千米。

3. 经验与启示

近年来，遂昌县落实乡村振兴、共同富裕的新要求，抢抓山区 26 县跨越式发展及数字化改革重大机遇，推动观念、物流、品牌、平台和服务提档升级、融合聚变，探索形成具有山区特色的电商 + 产业振兴模式。

一是践行"绿水青山就是金山银山"的现实路径。"绿水青山就是金山银山"的理念，已经成为全党全社会的共识和行动，成为新发展理念的重要组成部分。农村电商"遂昌模式"为绿水青山通往金山银山搭建了路径桥梁，进而逐步推动了县域经济社会的转型发展。

二是着力厘清政府与市场的边界。政府在发展之中坚持"引导不主导、扶持不干预"的原则，发挥财政"四两拨千斤"的杠杆作用，以小投入撬动大产业发展，通过买培训、买平台、买服务站，使农民赢得增产增收、企业赢得发展空间、政府赢得节约高效，实现有形之手和无形之手互动互补。

三是解决服务群众"最后一公里"的创新方案。赶街农村服务网点，不仅着力推动越来越多农产品走出大山、成为"网红"，成为农民增收的新渠道，更将各类惠农政策、信息和法规，以最直接和最有效的方式传递到农民群体中去，推动政府"三农"工作有效落实。同时将农需品、便民服务、乡村旅游、惠农政策信息法规、政府公共服务、农村金融支持等群众关心的 40 项民生事项送下乡，推动"最多跑一次"改革向农村延伸，对于解决服务群众"最后一公里"问题，促进城乡统筹发展都具有积极的现实意义。

（二）沙集模式

1. 区域背景①

沙集镇位于睢宁县的东部，是徐州的东大门，睢宁的副中心，全镇面积 66 平方千米，辖 17 个行政村，共 6.4 万人。境内宁宿徐高速、徐淮路、徐宿

---

① 睢宁县人民政府. 政府信息公开 [EB/OL]. http：//www.cnsn.gov.cn/dynamic/zwgk/govInfoPub.html？categorynum=003213&deptcode=001003003，2022-10-21.

淮盐高铁、徐洪河、徐沙河、东沙河等"三路三河"交通网络纵横交错，交通区位十分优越，也因此沙集大量土地被国家征用，造成沙集镇人多地少的格局，人均耕地不足1亩。沙集镇是集产、城、生态于一体的特色镇，是以创意创业特色电商家具产业为产业基础，融合一二三产协同发展的特色镇，兼具特色产业、工业旅游、生态宜居等功能。

2. 主要特点①

沙集镇曾有"中国电商第一镇"之称，"网店＋家具厂"的发展模式也被誉为沙集特色。2006年初，沙集镇东风村三个青年农民在淘宝网上注册网店，他们从经营小电子产品开始，逐渐发展到销售、生产家具，带动了东风村及周边农民开办网站的热潮。沙集镇党委政府敏锐地洞察到电子商务在农村发展的巨大潜力，积极出台扶持政策，鼓励和引导农民网络创业，使电子商务产业不断发展壮大。产业模式逐渐从单纯的网络销售，逐渐发展成集设计发展、加工、销售、客服、运营等为一体的公司化运作模式。近年来，沙集镇抢抓"互联网＋"机遇，发展农村电商产业，引领农户创业，激发发展活力，初步走出了一条信息化、工业化、城镇化、农业现代化"四化融合"的乡村振兴新路径。

"沙集模式"是指农户自发地使用市场化的电子商务交易平台，将自身转变为网商，并与市场直接对接；通过网销细胞裂变式复制扩张，带动制造业及其他配套产业发展，使得各种市场元素不断跟进，塑造出以公司为主体、多物种并存共生的新商业生态，其核心要素是"农户＋网络＋公司"。在"沙集模式"中，农户是主动掌握信息，并在自己家中就能够直接与市场对接，自主经营按需生产的平等的市场主体；网络是指市场化的公共电子商务交易网，农户从事网销应用成本较低，收效显著；公司是指土生土长、农户变身而来的新公司，由此为基础结合其他市场元素，构成为农户网商服务的新生态。沙集模式是信息化带动工业化，工业化促进信息化的现代化道路在农村的具体体现，三大要素间存在逻辑关系。第一个环节是由农户到网络，体现的是农户自发、主动地应用既有的公共电子商务平台的特点，是一种自下而上的电子商务推广模式；第二个环节是网络到公司，体现了由网销带动加工制造，以信

---

① 汪向东，张才明. 互联网时代我国农村减贫扶贫新思路——"沙集模式"的启示［J］. 信息化建设，2011（2）：6－9.

息化带动工业化和农村产业化的典型路径特征；第三个环节是公司到农户，体现了以公司为基础、以市场化的新生态服务并促进农民网商进一步成长的关系。此外，该模式在农户与网络的关系上，体现的是双重的社会资本，即：农村特有的社会土壤和市场化电子商务基础设施的网络外部性形成的社会资本。双重社会资本更能够为农户利用网络、对接市场和快速复制提供良好的条件。

3. 经验与启示

"沙集模式"是农村经济中信息化带动产业化、产业化促进信息化的典型，是信息化带动工业化、工业化促进信息化的现代化道路在农村的具体体现，具有全局性的重大意义和推广价值。沙集镇从简单拼装家具开始，逐渐发展成为年销售额超15亿元的电子商务示范基地。从"三剑客"起家，到全国最大的农村电商集群，沙集镇经历了"自发式生产→裂变式成长→包容性发展"的"三段式"发展。在自发式生产阶段，木制家具网销的成功对周边村民起到了示范性作用；裂变式成长阶段，通过政府扶持引导和网商互助，沙集镇电商实现快速复制裂变，建立了具有规模化、多样化和独特性的完整产业链；在包容性发展阶段，通过信息化与工业化深度融合，产品逐步走向品牌化和创新常态化，网销产业、网商环境与社会环境之间良性互动，从而使得和谐、稳定的生态圈得以形成（董坤祥等，2016）。

第一，沙集网商以家庭经营为基础，大都是在家从事网销家具的生产和经营，年轻人通常负责网店经营，父母负责帮忙包装、打零活。"沙集模式"的产生和发展，主要源于农民内在的自发动力。沙集镇原本没有家具加工业，也不具备资金、木材、交通等资源和区位优势。网销家具业带来了大量原材料、物流、零配件等的需求，进而带动了产业链上下游的发展，并促进了供电、信贷等等系统环境的优化。由于在城市务工的农民工往往具有较为开阔的视野，工作技能水平相对较高，并积累了一定的技术经验和创业资本。因此，返乡创业的农民工成为该模式中的核心网商，而外出打工大学生的返乡进一步提升了当地网商的整体素质水平。

第二，与其他电商发展模式相比，"沙集模式"是完全由电子商务直接催生了本地的主要工业，其进入门槛更低、可复制性更强。但沙集网销业的发展也面临一些瓶颈问题。尽管沙集网销农户数量众多，但是这些网店成立的时间都较短，将近70%的农户只是拥有虚拟的网络商店，且绝大多数农户的加工厂仍然是家庭作坊，缺少成规模的龙头企业。"沙集模式"的快速普及是依靠简单相互模仿、细胞裂变式快速复制，使得同质化恶性竞争现象长期存在。而大部分网商仍然处在低水平模仿阶段，存在侵犯商标权、专利权等知识产权问题隐患，不利于沙集品牌的维护。此外，沙集镇网销业整体发展规划和思路不明确，区域内分工体系尚未形成，配套服务环境亟须完善，短时间内难以形成专业化生产、一体化经营、社会化服务和企业化管理。

（三）清河模式

1. 区域背景①

清河县，地处河北省中南部、邢台市东部，隶属于河北省邢台市。全县总面积 502 平方千米，总人口辖 42 万，下辖 6 个镇 322 个行政村。清河区位优越，交通便利，一条铁路、二条国道、三条高速过境（京九铁路，308 国道、340 国道，大广、青银、邢临高速），距石家庄、济南机场 150 千米以内，距天津港、黄骅港 350 千米以内。清河县域经济发达，具有非常雄厚的产业基础。该县羊绒产业发展始于 20 世纪 70 年代末，已形成从原绒采购、分梳、纺纱、织衫、织布到制衣完备的产业链条，年加工经销山羊绒 6000 吨、绵羊绒50000 吨，分别占全国总量的 50%、90%；纺纱 7000 吨，其中山羊绒纱线3000 吨，占全国总量的 45%；织衫 3000 万件以上，其中山羊绒衫 600 万件，占到全国总量的 21%，是全国最大的羊绒原料加工集散地、全国最大的羊绒纺纱基地和全国重要的羊绒制品产销基地，素有"世界羊绒看中国，中国羊绒看清河"美誉。配套体系完善，建有省级羊绒产业研究院、羊绒设计中心、羊绒生产力促进中心、德成网络跨境电商基地等 10 余个创新平台。

2. 主要特点②

2000 年以后，清河的羊绒制品的生产销售跌入低谷，主要原因是销售渠道不畅和品牌运营经验缺乏。从 2007 年开始，清河县东高庄村村民开始在网

---

① 清河县人民政府．走进清河［EB/OL］．http：//www．qinghexian．gov．cn/news/3559．cshtml，2023 - 01 - 09．

② 魏延安．农村电商：互联网 + 三农案例与模式［M］．北京：电子工业出版社，2017．

上销售羊绒制品，并获得了良好的收益。2010 年前后，东高庄村成为全国首批淘宝村，在该村的示范作用下，清河县陆续形成了一批淘宝村和淘宝镇。在清河电商发展进程中，县政府主要从三方面着手根据网商需要提供服务：一是建立孵化中心。通过聘请网店设计、摄影、美工等专业机构，为全县网商提供服务。并在县职教中心设立常年培训班，免费为农民提供"淘宝网入门""网店提升"等技能培训。二是成立研发中心。县政府聘请清华美院等地的羊绒服饰设计人才，成立了羊绒制品工艺设计研发中心，为各网店免费提供产品设计服务。三是设立检测中心。通过积极与国家羊绒产品质量监督检测中心进行沟通协商，在该县境内设立羊绒制品质量监督检测中心分支机构，便于淘宝网商户足不出户就能获得公正权威的第三方检测报告。

3. 经验与启示①

受 2008 年的全球金融危机影响，清河羊绒的出口额出现大幅度下滑。为此，清河县委县政府提出了"网上网下互动，有形市场与无形市场互补"的发展思路。依托传统优势产业，清河电商走出了一条独特的"专业市场 + 电子商务"的县域电商发展模式。清河羊绒电商的发展有强大的专业市场作支撑，当地的电商供应链的效率高、商品价格低、行业竞争力强。在领路人的示范作用下，有着深厚的产业积累的传统商户和企业能够迅速转型电商，网商群体和交易规模得以迅速放大。

政府大力营造的电商生态对当地电子商务的发展起到了强大的推动作用。一是全线出击。在继续发展网店规模的基础上，建成新百丰羊绒（电子）交易中心，吸引国内近 200 家企业进行羊绒电子交易；建立 B2C 模式的"清河羊绒网"、O2O 模式的"百绒汇"网，吸引 100 多家商户设立了网店。二是园区承载。加大了基础设施建设力度，先后建成了电子商务产业园、物流产业聚集区和仓储中心等一大批电子商务产业聚集服务平台。三是加工升级。通过县财政对引进先进羊绒纺纱设备的企业基于两年贷款贴息的优惠，并对购买计算机横机的给予 2000 ~ 4000 元的补贴。四是实施品牌战略。12 个品牌获中国服装成长型品牌，8 个品牌获得河北省著名商标，24 家羊绒企业跻身"中国羊绒行业百强"。

清河羊绒产业现已形成完整的产业链，并建立起相关配套体系，该县羊绒

---

① 魏延安. 农村电商：互联网 + 三农案例与模式［M］. 北京：电子工业出版社，2017.

产业全面推进。可见，传统产业发达地域的企业的自我发展意识和能力较强。假如政府能够营造良好的电商氛围，并有效整合电商生态，再通过典型电商的示范影响，则很可能实现"多米诺骨牌"效应。但在产业相同且产品类似的地域发展电子商务，需要注意做好行业自律和政府监督，引导企业创新发展，实施品牌化和差异化竞争战略，以避免陷入价格战等恶性竞争。

第九章

农村电商发展促进农民可持续
生计优化的实现路径

在前面的章节中，首先构建了农村电商发展促进农民可持续生计优化的实现路径的理论框架，其次依次检验了新生代农业转移人口就近就业意愿和农村社区居民参与旅游经营意愿，生计风险感知对农民参与电商扶贫意愿的影响效应，以及农村电商发展对农民可持续生计、农村居民消费升级的影响效应。基于前文的实证研究结果，本章主要从优化农村电商发展环境、构建现代乡村产业体系、实施"数商兴农"、强化农村电商人才支撑、改善农村消费环境等方面，提出农村电商发展促进农民可持续生计优化的实现路径。

一、提升政策支持精准性有效性，优化农村电商发展环境

（一）加强农村电商基础设施建设

近年来，我国中央一号文件都对农村电商基础设施的建设提出要求，制约农村电子商务发展的主要因素就是基础设施落后。各级政府应当结合各地区农村电商发展的实际情况，在基础设施建设方面进行统筹规划，并将其与城乡建设规划相协调，主要包括交通、通信、快递物流体系、冷链流通系统等方面。

第一，加快交通基础设施建设。农村交通基础设施的建设对农村电商发展有直接的影响，许多地区由于基础设施条件差，导致没有建立相应的物流网点。加快农村地区交通基础设施建设，有助于农业资源和农产品更加畅通的出

入农村。首先，因地制宜完善现有农村公路设施，解决农村当前交通运输中已有的问题。对于修建年代较长的道路，做到定期监管与保养，加强公路的养护管理，以延长公共交通的使用寿命。其次，加强农村公路建设力度。提高农村等级公路密度，减少质量低劣的等级外公路，改善农村电商物流在交通运输方面的困境，加强交通基础设施对农村电商发展的支撑作用，破解农村电商物流"最后一公里"难题。最后，强化农村交通基础设施建设质量管控。严格遵守我国交通部的指导意见，加强对农村交通基础设施在施工技术和质量方面的管理，进一步提高农村公路竣工验收的标准，聘请专业技术人员或专家做咨询，确保农村交通基础设施的施工质量。

第二，完善通信基础设施建设。通信基础设施的完善是发展电子商务的基础条件，为实现农村经济的快速发展，需要通过依靠互联网技术，加大力度进行基层网络建设。首先，加快推进宽带进村入户。最大限度地做好教育宣传工作，借助乡镇政府、村委会等平台，开展网络知识的宣讲会、培训等，向农民普及网络的重要性的同时，传授互联网应用技术，提高农民对电子商务的认识水平。降低宽带资费水平，减少农民上网的成本，解决农民"不愿上网"的问题，促进农村电子商务的开展。其次，提高农村网络信号的覆盖率。优化网络布局，实现 4G 网络全覆盖，逐渐提升 5G 网络的覆盖率，提高宽带网络在全村的覆盖率，进一步完善农村网络通信的基础设施建设。

第三，推进市、镇、村三级快递物流体系建设。农产品出村进城或者消费品出城下乡进村的重要渠道之一就是农村寄递物，全面推进市、镇、村三级快递物流体系建设对于满足农村居民生产生活需要、释放消费潜力具有重要作用，有助于进一步推进乡村振兴发展。首先，在不同地区尝试建立共享的配送基地、仓储物流中心，进一步创新配送农产品的方式，在农产品配送的场地、设备、信息等资源方面实现共享，从而使得整个物流行业的经济效益得到提高。其次，在三级快递物流体系建设中，每一级物流都应相互协调，充分整合阿里巴巴、邮政等物流资源，采取市场化的方式，处理解决好物流中每一环节的中转衔接，实现物流配送的货件可以在一天内到达各镇、各村。具体来说，在城市方面，应做到流通信息分流与汇总，对乡镇和农村物流体系做出设计规划走势，可以提高物流分配效率。由县级农村电子商务进行衔接，通过电商平台将优质农产品销售出去，并将工业品引入农村，推进农村电商的发展。在乡镇方面，做好城市与农村电商的衔接，依托乡镇物流配送站，整合配送车辆资源，负责将网购商品配送至村级物流配送点，每天定时、定班、定点发送物流，做到高效配送。在农村方面，各村设置物流配送点，整合农村淘宝村站、小卖店等，并配备固定人员。从城市到乡镇，再到农村，构建三级物流服务体系，进一步保障电商物流高效运行。

第四，完善农村冷链流通系统建设。农村区域预冷—分级—加工—包装—仓储的"最初一公里"冷链运输无法有效开展，损耗严重。冷链物流包括从原料产地到食品加工厂，通过保鲜冷冻储藏，再销售到市场，构建冷链流通系统，可以减少农产品的损耗，有助于提升农产品的生产效益和流通效能。首先，政府要加大政策和资金的倾斜力度，联合企业一起创建冷库，不断完善县乡村农产品仓储保鲜及冷链物流设施建设，补齐短板。不断完善农产品储存的设施和配置，根据各类农产品不同的储藏要求，规划出针对性的储存基地，以此满足不同种类农产品长期保存的要求，延长农产品的保鲜期。其次，逐级扩大冷链物流的覆盖面，加强物流技术研发，不断降低农产品在运输过程中的耗损，降低物流成本。通过逐渐提升冷链技术，加快区域农产品的周转速度，使农产品尤其是对冷链技术要求较高的生鲜品类能够更快地到达消费者手中。最后，健全农村冷链流通标准化的监管体系。对农产品供应链全程监管，进行实时状态监控，保证按要求进行农产品的标准化工作，促进农村冷链流通系统的规范化、标准化发展。

（二）完善农产品标准化体系建设

农产品标准化体系的建设是实现现代农业产业经营的重要技术基础，将进一步推进农产品的质量化、绿色化、品牌化发展，打造出农产品全产业链的标准综合体，最终实现新时期农业农村农产品的优质化发展。完善农产品标准化体系建设需要从以下几个方面入手。

第一，强化农产品供应链标准体系。农产品供应链是衔接城市消费者和农民的融合剂，因此加强农产品供应链标准体系很有必要。从农产品的生产到加工再到销售，相关主体构成一个相互衔接的链条，加强农产品全链条的一体化建设，促进农产品供应链内资源的充分利用。首先，应当尽快制定农产品供应链在各环节的省级标准，为各市、区发展全链条的农产品供应链提供实施准则，进一步促进农业的规范生产、保障农产品质量、整顿市场秩序。逐步打造农产品安全保障标准，包括从农田到餐桌全链条的安全保障，实现产前、产中、产后的全覆盖。其次，结合市场需求，构造多元化的农产品供应链体系。

由于农产品消费呈现多样化的特征，这要求农产品供应链要及时捕捉市场需求，并作出相应调整。针对应季的农产品，结合高、中、低端农产品的特性，分类构建专门的流通供应链，以此适应消费者不同的需求。最后，运用大数据技术，关注农产品供应链的不同环节的专业化、功能化作用，通过将农产品供应链的各环节模块化。利用信息技术手段，对农产品物流额各环节进行精细化的管理，引入自动化设备，提高农产品在入库、储存和分拣方面的效率，提高农产品供应链的流通效率。

第二，推进农业标准化建设及推广。农业标准化的建设，有助于提高农业生产水平和农产品质量。首先，创新组织机制，推广农业的标准化建设。在纵向方面，由各地市政府组织成立专门的农业标准化建设领导小组，将农业标准化建设工作上升为政府行为，全局指导农业标准化建设工作。在横向方面，加强整合各部门资源，形成由政府统一领导、农业部门组织实施、其他部门协调工作的标准化建设体系。其次，规范农业标准技术规程。抓好农业标准的实施，还需要配套制定符合本地生产实际且言简意赅的技术规程，在国家农业标准方面规定的基础上，结合各地生产实际情况不断及时修订、更新，转化为地方标准，不断完善农业标准体系。最后，加大农业标准化建设的宣传力度。政府部门要利用网络、电视等媒体向农民宣传农产品供应链标准化的重要性。支持本地龙头企业参与到农业标准化的建设及推广工作中。在农业标准化建设与推广具体实施的过程中，应当强化本地龙头企业的带头作用，要将实施农业标准化工作和实施农业产业化相协调，引导龙头企业构建标准化体系，建立有效且实用的技术信息网络，推广农业标准化生产所需要的技术，建立良好的示范和辐射机制，向中小企业、农户推广先进经验，带动更多的农户推进农业标准化的实施。

第三，完善农产品质量分级标准。随着当前农业生产逐渐集成化、规模化，农业的发展越来越注重质量兴农，完善农产品质量分级标准已经成为农业工作的重中之重。首先，应将农产品质量分级标准纳入农业标准化发展战略中。省级政府应当做好农业标准化发展的长远部署，不断完善农产品市场制度，规范农产品质量分级标准。做好市场调研，根据消费者需求偏好进行农产品的质量分级标准的制定，以消费者偏好的分级作为农产品质量分级的依据，进而构建以市场机制为基础的产业链发展，发挥质量分级标准的作用。其次，明确质量标准分级目的。在制定农产品质量分级标准之前，需要了解对农产品质量进行分级的目的，从而落实标准机构的职责所在。农产品质量分级要为实现农产品流通而服务。针对不同种类的农产品，其质量分级的标准也应当有所区分，对于可以直接流入市场的农产品而言，应该注重规范和引导农产品生产；对于需要加工的农产品而言，应该注重稳定市场价格，维护市场秩序；对于受政策保护的粮油类农产品，应该着重保证农产品质量。最后，积极与国际接轨。加快将强制性标准和推荐性标准结合，统一规定同种类的农产品的质量分级标准，尽量与国际标准用语保持一致。

第四，加大政府扶持力度。完善农产品标准化体系建设，需要政府在法律法规和资金投入等方面的扶持力度。一方面，优化政策环境。将农产品标准立法纳入法制建设体系，依据有关法律、法规制定农产品区级标准，为各地提供实施依据。配套完善农产品标准地方法规，为农产品生产、加工、销售提供法律支持，完善相关标准和行业规范。实现以政府为主导、联合各大电商平台共同推进农产品标准化建设，进一步完善农产品标准体系。另一方面，加大地方财政经费支持力度。统筹设立农业全产业链标准化转移支付项目，增加地方财政在农业方面的专项资金，用于建设农业全产业链标准化体系。积极发挥财政资金的引导作用，对农民和企业按照规定和标准进行生产、绿色防控等措施给予财政补贴；对于工作突出的单位和个人予以表彰，制定农业标准化工作激励机制。

（三）健全农村电商标准体系

近年来，农村电商得到一定程度的发展，但在农村电商发展过程中，也存在农产品质量不合格、直播带货不规范、信息发展瓶颈等问题。需要通过建立农产品质量安全溯源体系、促进农副产品直播带货规范健康发展、数字乡村标准化建设等措施健全农村电商标准体系。

第一，建立农产品质量安全溯源体系。各类农产品安全事件不仅会影响农产品在生产、加工、流通领域的信誉度，而且会危害消费者的安全，因此，有必要建立农产品质量安全溯源体系。首先，完善相关法律法规。借鉴国外或者国内先进地区农产品质量安全立法经验，政府应尽早出台相关法律，从法律制度上对农产品质量安全追溯进行保障，将溯源纳入法律范畴，确保本地区农产品质量追溯更加法制化。通过法律建立统一的农产品质量安全追溯体系，实现农产品安全信息的互联互通。其次，优化溯源流程。由政府搭台建立非营利性的公益溯源机构，对存在质量问题的农产品，先由政府采取财政拨款的方式承担消费者损失，赔偿款先暂存到第三方交易平台，再将问题产品交给专业的检验机构进行测评，判断农产品是否合格，并由溯源机构出具具有法律效应的检测报告。如果检测结果显示农产品不合格，第三方交易平台需将赔偿款交给消费者个人，并依据产生问题的原因，根据农产品溯源系统追溯到相应的环节，下架所有问题产品，由责任主体承担所有费用，并作出相应地处罚；如果检测结果显示农产品合格，第三方交易平台需将赔偿款退还至溯源机构。最后，积极鼓励各市场主体参与。政府可以设立专门的补贴资金，用于农产品质量安全追溯的设备购买、技术开发和人员培训等方面。借助政府的公信力，通过媒体宣传和讲座的形式向大众宣传和普及农产品质量安全溯源的重要性。

第二，促进农副产品直播带货规范健康发展。在互联网经济时代，直播带货发展成一种新的销售业态，同时也存在着诸多问题，如：缺乏行业规范、缺乏服务意识、农产品直播销售推广不足等，需要从以下方面采取措施解决这些问题。首先，出台直播带货农副产品相关规范。出台适合农副产品的直播带货规范，短视频平台方也可以出台相关行业标准，加强对农副产品直播间的管控，借助技术手段进行实时监控，设置行业门槛，约束主播直播带货时的违规行为。其次，培养农民主播。由本地政府牵头，与职业院校进行合作，开设专门的电商课堂，有条件的可以成立直播工作室，培育专业的农副产品主播队伍。政府也可以与电商平台签订合同，不定期邀请专业主播在直播间带货农副产品，吸引更多群体关注农产品；由专业直播人士定期下乡开展直播课堂公益培训，向农民讲解直播技巧、基础知识和应急处理问题能力，通过培训，挖掘有直播潜质的农户进行重点培养。最后，完善服务。直播卖出的农副产品必须保证品质第一，杜绝夸大宣传。借助大数据分析客户信息，对于大订单消费者，做到主动联络，掌握其消费需求及对农副产品的评价；对于常购消费者，设置购买福利，提供贴近客户需求的服务；对于新消费者，发放购物券，免费邮寄试吃品，努力将其转化为常购消费者，提高客户信任度，为消费者提供标准化的服务。

第三，数字乡村标准化建设。利用大数据可以提高乡村的发展效率，数字乡村标准化建设已经成为新时代农业农村发展的重点方向（段世德、黄泽索，2021）。为了有效推进数字乡村标准化建设，需要采取相应的措施。一方面，科学制定数字乡村标准化建设规划。省级政府应加强顶层设计，着眼全局，持续提供数字设施建设方面的保障；市（县）级政府应结合本地实际发展情况，依据中央发展规划，阶段性推进上级政府工作安排。同时，上级部门应对地方政府行为做定期考察，及时处理落实不到位的问题，加快推动数字乡村标准化建设。坚持经济与生态相结合的发展路径。充分考虑当地农民的切身利益，鼓励农民参与到数字乡村建设中，使乡村数字化发展成果真正落到实处。在发展经济的同时，数字乡村发展也要重视生态效益，结合实际情况，合理且充分利用资源。另一方面，提高农业信息标准化程度。政府颁布相关法律法规，明确指出农业信息化的统一标准，根据各个乡村的实际情况，具体问题具体分析，建立多个分支信息平台，各个地区之间的信息平台做到数据共享，促进协同发展。提高农业智能化水平，利用卫星遥感实施远距离监控、信息获取，提高信息平台效益。

（四）强化农村电商生态体系建设

在电子商务、现代物流的不断发展推动下，农村电商也得到不断完善，农业农村发展要坚持新发展理念。农村电商发展应当立足农村电商发展现状，强化农村电商生态体系建设，以此实现农村电商的可持续发展。

第一，强化农村电商生态体系的内部结构。借鉴商业生态系统，将农村电商企业和农户作为农村电商生态系统内的核心型企业，将地方政府、边缘企业和竞争企业作为农村电商生态系统内的支持子系统。首先，充分发挥政府的调控作用。地方政府作为系统内部最大的支持系统，应充分发挥对农村电商发展的宏观调控作用。一方面，规范电商企业和农户各自的权利和义务，均衡农产品的销售权益，探索建立联合执法、信息交换等制度，加快形成信息共享、综合治理、协同合作的工作方式，实现案件的协作，提升办事效率。另一方面，加强与农村电商发展相关的基础设施、网络和物流设施方面的建设，为农村电商的可持续发展提供必要的基础设施和服务。同时，加大农村电商发展的宣传力度，鼓励并支持有经验、有技术的专业人士到乡村发展电商，积极落实人才培养方案，推动农村电商创业，将电商人才留在乡村。其次，充分调动农户和农村电商企业的积极性。农户应当积极学习电商发展的相关知识，增强对农村电商的认识，不断提升自身的电商能力。农村电商企业应提升自身的知名度，不断开发农村市场，加强农户与市场的衔接，将农村电商作为激发农村居民自主发展的内生动力。

第二，构建农村电商生态体系的组织形态。首先，加强农产品电商关联数字技术创新与应用。借助技术手段搭建数字信息平台，在农产品电商平台与政务信息平台之间建立信息共享的协作机制，提升农村电商发展水平，从而推进农村生产、农产品加工业、农产品市场服务业协同发展。其次，健全成熟的农村物流配送体系。一方面，通过政府引导，制定并完善相关的政策法规，为物流体系的建设做好政策支持，鼓励有条件的县、乡、村布置智能快件寄递箱。另一方面，与国内各大物流公司构建深入的合作关系，在县域或者镇的周边建立大型的中转站，依托县域邮件处理场地、客（货）运站、仓储物流设施等建设县域寄递公共性的配送中心。不仅可以节省中转运输的时间，而且可以将发达地区先进的技术引到本地。最后，做好农村电商发展的后端支持。各级政府应当鼓励并支持与农业相关的企业积极发展农村电子商务，通过培育龙头企业，提高农产品在生产加工、农产品的拍摄和图片处理、网站的运营等方面的要求，以辐射带动其他中小型企业。

第三，健全农村电商生态体系建设的支撑模式。首先，进行农产品升级。一方面，在农业种植、加工、销售等各环节进行标准化和规范化的管理，将农产品的质量安全深入到农产品生产销售的整个流程的每个环节中，保证出售的农产品是高质量的。另一方面，推动农产品的品牌化建设。政府出台政策鼓励引导多方力量投入到农村电商的建设事业中，推动农村电商企业提升品牌意识，通过实施差异化、品牌化的竞争策略，摆脱过去依靠价格竞争实现经济效益的方式，实现农村电商的转型升级。其次，采用"企业＋农户"的合作模式。企业应当与农户做到深入交流，及时向农户反馈市场的信息，让农户可以及时调整种植规划，丰富农产品的种类，解决农产品种类单一的问题，满足消费者对农产品的多样化需求。最后，加强农村电商生态体系建设的人才培养。通过加强农村电商技术培训，与地方高校构建合作关系，邀请高校专家定期举行农村电商讲座，增强农村居民对农村电商的认识，主动学习农村电商发展所需的专业技能，提升自主发展的内生动力。引进电商专业人才，政府和企业采取一定的激励措施吸引高端电商人才加盟，为农村电商生态体系的建设提供人才支撑。

二、加快构建现代乡村产业体系，助推农村电商高质量发展

（一）科学编制现代乡村产业发展规划

农民和村集体经济是农村经济结构中重要的组成部分，如果没有科学的发

展规划，乡村产业发展的方向就有可能发生偏离。因此，构建现代乡村产业体系，需要科学编制现代乡村产业发展规划。

第一，明确乡村产业发展的目标任务。首先，坚持乡村产业发展的可持续性。实现可持续的乡村产业发展规划，就是要破除过去传统的产业规划方法，做到深入调研，并针对乡村产业发展现状制定有针对性的产业规划编制方法。坚持生态优先和绿色发展，避免由于产业的开发造成生态环境的破坏。其次，明确乡村产业发展重点。通过对当地农村产业现状进行综合分析，充分考虑在政策、交通、地理位置、自然资源、基础设施等，分析当地发展乡村产业的优势和劣势，明确乡村产业的发展重点。最后，依据产业的发展趋势，形成具有一定规模的产业链发展模式。充分考虑市场导向、基础产业、生态条件等因素，形成完善的产业发展链条，实现农产品生产经营的良性循环，逐步实现乡村产业生产和经营方式的优化升级，并不断向规模化、专业化、品牌化及现代化方向发展。

第二，优化乡村产业布局。当前，多地乡村产业发展出现了同质化问题，要想构建现代乡村产业体系，需要优化乡村产业布局。首先，立足本地实际情况。在选择发展产业时，要充分结合本地区的实际情况，只有这样才能科学地选择发展本地具有比较优势的产业，通过重点关注区域优势，借助区域的整体优势，最大限度地促进乡村产业获取所需的生产要素。注重推广农业绿色技术，农业绿色发展是提升农产品品质的基础。其次，加强县域的综合规划。推进市县、乡镇、村三级有效结合、层次清晰的结构布局，明确乡村产业发展的功能定位，促进县乡、产城融合发展。加强政府政策支持和引导，依据本地乡村社会经济发展的现状以及市场需求来进一步调整乡村产业发展规划，积极推进乡村产业合理布局，加快乡村产业高质量发展。最后，充分协调政府、市场和社会力量。强化政府与社会力量的合作，因地制宜，发挥各自的优势，形成产业分工和协同发展，多角度促进产业结构优化。

第三，科学确定特色产业。首先，选好特色产业。结合本地自然、地理位置、产业集聚等比较优势，通过培植本土特色产业，依靠区位优势，瞄准市场，逐渐形成具有针对性的特色产业。在本土特色资源不足的情况下，可以通过分析地方比较优势，引入特色产业，将适合地方发展且具有市场需求的产业引进来，并赋予新的功能，形成优势特色产业。其次，融合已有资源，发展竞争性乡村产业。根据本地特点，将自然资源与产业基础相结合，同时将文化资源融入产业发展，提升乡村产业发展的文化内涵，逐步形成具有竞争性、较高水平的乡村产业。强化市场机制在乡村产业发展中的作用，使得农业生产经营者合理配置生产要素，准确掌握市场动态，抓住产业自身资源优势，形成专业化的经营模式。最后，推动乡村产业多元化发展，形成品牌效应。一方面，坚持"一镇一业""一村一品"，打造特产产业强镇、强村，提高乡村产业发展质量和效益。另一方面，积极推进一二三产业融合发展，培育具有地方特色的乡村农产品加工业、深加工业、乡村农产品电商以及乡村文化旅游等产业，打造区域品牌，不断优化乡村产业结构，形成更持久的竞争力。

（二）实施乡村产业平台构筑行动

乡村产业平台经济已经成为农业产业组织转型与业态创新的重要方向，实施乡村产业平台构筑行动在倒逼乡村产业转型升级、促进农民创业就业、改善农村经济结构方面具有重要意义。因此，需要实施乡村产业平台构筑行动，进一步加快构建现代乡村产业体系，助推农村电商高质量发展。

第一，抓好现代农业产业园建设。以政府为中心，政府在具体操作的过程中，对现有平台进行系统性的梳理，建设好"一村一品"示范村镇、农业产业强镇、优势特色产业集群以及农产品加工园和返乡入乡创业园等平台。注重产业融合发展，在做大种养规模的同时，大力发展精深加工，打造农产品加工集群，形成全产业链发展格局，不断提高农产品质量效益。首先，加强政府引导。及时出台针对特色村镇建设的鼓励政策，做好特色村镇建设的整体规划，按照地方法规"一村一品"的产业布局原则进行科学规划，并在政策、资金、配套措施等方面给予支持，拓宽产业示范村镇建设的投入渠道，加大支持力度。其次，提升联农带农利益联结机制。现代农业产业园发展的根本宗旨是姓农、务农、为农、兴农，在构建现代农业产业园建设的过程中，需要充分保障农民的利益，不断完善联农带农的价值链。通过推广企业与农民建立分红的合作机制，让农民共享利益成果。支持农民进行创新创业，政府可以出台相关扶持政策，吸引各类人才到农村及进行创业。促进各类经营主体发挥各自优势，探索新的利益联结方式。最后，建立健全现代农业产业园建设的评价体系。引入第三方评估平台，对农业产业园建设运营的全过程进行全方位跟踪监测，达到及时跟踪产业园建设的目的，做到定期评估，保证现代农业产业园的可持续发展。

第二，构筑新媒体产业平台。发挥涉农电商平台的数字赋能优势，借助电商平台驱动乡村产业数字化转型。首先，加快推进乡村信息基础设施建设，进一步扩大涉农电商平台在乡村的覆盖面。加大乡村在信息方面的基础设施建设投入力度，从而扩大与农产品相关的电商平台的覆盖范围，进一步将涉农电商平台的数字赋能优势发挥出来。同时，有针对性、创新性地巩固涉农电商平台的基础建设，为乡村产业振兴提供发展动力。规范涉农电商平台的发展模式，减少各农产品电商平台因模式差异造成的不协调问题，进一步推动乡村产业的专业化发展。其次，构建公共服务中心运营能力。一方面，坚持政府推动和市场运作相结合，构建并完善农村的公共服务中心，在构建乡村产业平台的过程中，针对不同地区特色产业、自然环境、人文环境等特点对农村公共服务中心现有的内容采取有针对性地优化措施，不断提升用户体验；另一方面，配备一定数量的专职服务人员，注重培养乡村从业人员的数字经济意识，不断提高个人的数字技能，为构筑乡村产业平台夯实主体基础。同时，为当地农业龙头企业、乡村产业平台提供政策咨询、人才培养、运营服务等功能，协助政府解决乡村产业平台发展中遇到的问题。利用电信网络和有线电视网直接向大众提供信息服务。

第三，构建农业数据资源共享平台。目前农业相关的数据是由不同系统分管，存在分散化的问题。通过构建农业数据资源共享平台可以有效整合涉农数据，实现各领域、各行业涉农数据的资源共享。首先，创新数据管理模式。由政府统一建立一个专门管理农业数据资源的机构，集中管理各部门与农业相关的信息资源。打破各部门在数据方面的壁垒，消除农业数据路通障碍，提升农业数据资源共建共享的水平。其次，通过大数据技术将农业的生产、加工、销售等各个环节的数据整合到一起。大数据具有价值密度低的特点，可以为发掘乡村产业发展的内生动力提供技术支持，为用户提供更便捷的服务。借助农业数据资源共享平台，将农产品市场需求转达给农户，在农产品后续的生产和加工环节进行系统指导，实现农产品与市场的有效对接，推进农业在产前、产中、产后均能实现全过程的专业化信息服务，进一步推进乡村产业的精准化发展，最终实现乡村的产业兴旺。最后，制定农业数据资源相关制度。通过建立农业数据强制交流机制，定期对科研成果、农作物资源、实验数据等进行共建共享，并将这些资源整合到一起，做到实时动态更新，按照规定进行严格管理。在制定各种农业科研数据资源共享的规定中，在已有的相关标准的基础上，做到精准施策，推动农业数据资源共享平台建设。

（三）科技赋能引领现代乡村产业

乡村发展的出路在于现代化，其关键在科技进步。只有发挥科技的力量，才能真正实现乡村振兴。科技赋能引领现代乡村产业需要从以下几方面着手。

第一，完善"政产学研用"机制。农业科技创新必须坚持走"政产学"一体化发展之路（黄永清等，2020）。"政产学研用"是指通过政府引导，促进高等院校、研发机构和企业发挥各自优势，通过整合资源，加快农业技术的研发、推广和应用。首先，加强政府的引导作用。由省级政府组织领导构建农业科技协调领导小组，由农业部门、科技部门、教育部门、科研院所、农业行业协会、农业龙头企业等与乡村产业发展相关的部门构成小组成员。建立"产""学""研""用"各主体在科技赋能引领乡村产业发展中的风险分担机制，负责协调重大成果与知识产权的共享及利益分配关系，明确各方主体在合作过程中的责任，建立完善的利益共享机制。其次，增强"产"和"用"的主体地位。动员农业龙头企业、示范性合作社、专业大户等参与乡村产业建设，通过项目支持、政策优惠等措施，培养并扩大具有潜力、示范性强的"产""用"主体。在绩效分配中，更加注重学术研究的实用价值，促进科研成果落到实处。最后，激发"学"和"研"的主体参与。根据市场需求，根据现有资源，在高等院校开设应用型相关专业，引进企业和技术人才，围绕人才培养方案、课程设置、教学实施等进行人才培养建设，构建"学""研"不同层面的开放式实践平台。联合地方政府、高校、企业等多方力量，积极推进社会化服务中心建设，完善乡村在土地管理、科技服务、农机服务、农民培训等方面的功能，提升乡村产业社会化服务能力。

第二，优化农业科技创新环境。影响农业科技创新成效的重要原因之一就是环境，要通过采取相应的政策措施来营造良好的农业科技创新环境，进一步激发涉农主体的积极性。一方面，完善农业科技创新政策体系。政府可以通过政策规定引导和鼓励企业、农户等涉农主体参与到农业科技创新活动中，通过税收减免或者成果激励等措施激发农业科技创新主体的积极性，使更多的主体投身到乡村产业建设中。另一方面，优化农业科技创新成果交易环境。通过法律法规明确农业科技成果交易的细节，规范围绕农业科技成果进行所有权、使用权等权益交易行为。政府也可以通过简化农业科技成果交易流程，为各主体营造良好的交易环境。同时，政府也可以设立农业科技成果转化专项基金，来承担第三方担保和信用评价的功能，促使农业科技成果需求者与供给方尽快开展合作，进一步促进科技赋能引领现代乡村产业发展。

第三，加快农业科技成果推广转化。实现农业现代化的重要手段就是农业科技成果的转化，只有在实际生活中将农业科技成果应用好，才能真正实现现代化农业。首先，构建科学技术成果示范点。相关单位应该在现代农业科技成果实际推广过程中发挥示范和引领作用，通过政府采购科技成果的方式推动农业科技成果转化与推广工作。围绕农产品产业链，加强科技示范户、示范村等科技示范建设基地，发挥示范带动作用，让农民切身感受到科技示范成果，加快农业科技成果的转化效率。其次，实现多方参与，提升农业科技推广效率。充分了解农业科技成果推广工作的重要性，利用政策或者法规引导科研企业针对市场需求进行农业科技研发，使农业科技成果可以在市场中自行转化。鼓励研究院所、金融机构参与农产品品种的引进和改良、技术指导以及农民培训。专业的推广人才是农业科技成果的转化与推广的重要力量，通过多方的协同合作，共同实现农业科技成果的高效推广。最后，加强对农民的教育与培训。将普通培训与重点培训相结合，增强农民的现代化思想意识，提升其科技认知程度。在培训内容方面，不仅要讲解现代农业技术的理论知识，也要注重讲解乡村产业主推的技术和品种。在培训过程中，要将理论与实践相结合，充分发挥农村干部和农业技术人才的带动作用，提升现代农业科技成果的应用和转化。

（四）提升金融服务乡村产业的能力

农业产业化发展的关键因素之一就是金融支持，在金融服务水平较高的地区，金融支持对农业产业化的促进作用越强。因此，提升金融服务乡村产业的能力，有助于乡村产业振兴。

第一，深化农村金融体制改革。首先，完善农村金融服务体制。政府应加大乡村基础公共网络的投入力度，出台相关政策鼓励运营商加大农村移动通信覆盖面。一方面，增加金融机构网点。国有银行与非国有银行均应将服务网点下沉到乡村，积极推出适合涉农企业和农民的金融产品，提升金融服务乡村产业的能力；另一方面，升级改造农村现有的传统金融基础设施，提升金融服务乡村产业的质量。其次，完善农村金融管理体系。为吸引更多的社会资本投入农村，可以适当地放宽农村金融机构准入门槛，促进农村金融机构的多样化发展，为涉农主体提供多元化的服务。推动大中型企业业务下沉到农村，合理布局农村商业网点，为农村经济发展提供资金。明确农村金融机构的经营业务范围，加强对农村合作金融机构的规范，规范各类金融机构开展农村信用信息采集，建立农村金融权益保护机制，优化农村金融环境。最后，加大农业保险管理。结合目前农村现实情况，在贯彻已有的农业保护政策外，采取必要的行政手段，如制定与农业保险服务相关的法律法规、政策文件，促进农业保险的健康发展。政府通过给予一定的财政补贴以及税收减免等政策扶持，引导商业保险类公司下沉到农村地区开展业务，开发适合农民需求的"三农"服务，发挥出商业保险公司的优势。

第二，创新金融产品。首先，紧密联系乡村实际，加大金融产品创新力度。在风险可控的范围内，鼓励各类金融机构将创新权限下沉到基层，允许基层金融机构在结合本地实际情况后，设计出与农村特征相符合的、交易便捷的、操作简单的数字金融产品与服务，提高与市场的需求匹配度。简化金融服务手续和流程，推进信息技术在数字金融领域的合法应用，提供跨地域的金融服务，实现金融产品生产数字化，从而提升金融服务效率。其次，强化绿色金融产品创新。通过发行金融债券的方式，支持如清洁能源在内的绿色环保产业，为乡村振兴提供丰富的绿色金融产品。利用农村现有资源，促使基层金融机构发展绿色金融业务，逐步向绿色金融转型，开设专门的绿色金融业务，为现代乡村产业化发展引入多样性的融资平台。

第三，改进农业信担机制。首先，建设农村征信数据库。与中国人民银行、金融机构、互联网企业等信用服务机构达成合作，全面搜集与"三农"相关的数据，构建全面的农村征信数据库。为农村经济主体建立信用档案，构建专门面向"三农"征信系统，从而提升金融服务的质量，减轻风险。其次，建立统一的农村信用评价体系。目前针对农村经营主体的信用评价体系仍不完善，金融机构的信用评价体系主要围绕城市工商企业。政府和有关部门可以制定统一且动态的农村信用评价指标，及时更新农户的信用等级。最后，加强立法和信用环境建设。对于农村金融改革工作来说，信用建设是非常重要的一个环节。因此，需要优化现有的农村信用担保体系，确保农村信用担保机构可以良好发展，从而保障农村信用担保机构具有公信力，有效进行贷款担保。同时，对需要贷款的务农人员进行详细的资产考察，核实其信用等级，从而有效规避风险。

三、持续实施"数商兴农"，提升农村电商竞争力

（一）积极打造农产品网络品牌

农村电商作为农产品信息化发展的重要体现，已经成为衡量各地区农业经济增长的重要体现。农村电商的发展为农产品网络营销提供了重要支撑作用。农产品品牌是农产品独特的记号，代表着农产品的形象，因此积极打造农产品网络品牌有助于扩大农产品的影响力。

第一，基于大数据构建运营体系。首先，通过政府引导，搭建一个全方位、全覆盖的信息化综合服务平台，及时获取农产品相关信息。由于农产品种植周期较长，借助信息服务平台，农民足不出户就可在平台上获取农产品在销售以及价格走势等方面的情况，有助于为农民制定科学的农产品种植和销售方案，加快农村电子商务的发展。其次，农业信息化需要从农产品的生产、加工、销售、物流等方面实现全过程的数字化运营。涉农企业应该借助大数据建设包含农产品从生产到销售的全过程的运营体系，从供给侧需求角度来指导农业的生产活动，促使农产品能高效匹配市场需求。通过借助大数据技术，可以分析农产品需求的区域定向和人群定向，对农产品的市场需求展开全面的分析，准确了解目标客户的消费偏好，从而在农村电子商务平台上采取针对性的产品投放。

第二，借助新媒体推广农产品品牌塑造。在网络环境中通过借助直播营销等新媒体营销方式可以快速实现农产品的推广。首先，组建专门的农产品网络营销团队。通过挖掘本地品牌，在各个网络平台上采取互动式的营销方式拉近农产品供给方与需求方的距离，并通过用户评价了解消费者的反馈，进而完善农产品的生产、加工和销售方式，进一步打造产品的差异化热点。同时，在介绍农产品本身价值的基础上，巧妙展示农产品的相关属性，从而增加农产品的附加值，进而提升农产品的品牌效应。其次，注重农产品营销人才的培养。政府可以制定相关优惠政策，加强农村电商人才储备，成立专业培训机构，培训过程中着重介绍农业相关知识，增强农产品营销人员对农产品的认知水平，为农产品销售网站的设计、文案、广告等各部门配备专业的人才，通过进行详细

的分工，提升农产品品牌的知名度，实现"数商兴农"。在农产品品牌塑造的过程中，可以从产品的规格、包装、产品组合等多个方面进行精准设计，进一步提升农产品的品牌效应，提升农村电商竞争力。

第三，打造农产品品牌的相关性。首先，完善农产品品牌支撑体系。加强农产品的品质化管理，在此基础上逐渐形成标准，从而提升农产品品牌影响力。完善农产品运营服务体系，构建农村电商可持续发展的生态体系。加强农村电商与农村旅游业的融合发展，大力发展休闲农业、文化旅游。通过举办本地特色民俗和节日活动带动乡村生态旅游，从而提升农产品品牌知名度，并借助农村电商平台的方式扩大农产品的销量，从而提升农民的生活水平。其次，赋予农产品品牌一定的文化元素。在严格审核农产品质量的基础上，通过构思可以反映农村文化内涵的品牌名称和标识，打造品牌文化，使农产品品牌具有一定的文化元素，从而加速农产品品牌的推广。最后，增加农产品附加值。在原有农产品的基础开发新的产品，增强消费者对该农产品及其系列产品购买的黏性，进一步增加农产品品牌的"曝光率"。

（二）推进"三品一标"认证项目

"三品一标"是指在农业生产的产前、产中、产后各个环节推进农业全产业链标准化管理，具体就是指农业生产品种的培优、品质的提升、品牌的打造和标准化的生产（尹昌斌等，2021）。推进农业生产的"三品一标"认证项目需要做到以下几点。

第一，改进"三品一标"认证的工作氛围。各级政府及相关部门要将"三品一标"作为实施质量兴农的重要抓手，认真落实农业高质量发展的具体要求。首先，培育"三品一标"农产品市场。充分利用电视、网络、报纸、会议等媒体，在广大群众中积极宣传"三品一标"农产品知识，使农业生产者、经营者认识到"三品一标"农产品是未来市场上的必需品，从而形成绿色优质农产品的消费观念。其次，加强"三品一标"农产品的认证审核工作。涉农企业与合作社要加强对"三品一标"农产品在认证前的指导和认证后的指导工作，对农产品的质量和价格加以规范，不断提升农产品生产的专业化水平，避免短期逐利行为，保证"三品一标"农产品在质量和价格方面得到规范。最后，做到常态化监管。一方面，定期开展"三品一标"农产品质量抽检工作。由专业监测部门定期开展"三品一标"农产品质量专项抽检工作，做到半年一小检、一年一大检。抽检时做到对农产品的产地环境、农业投入品、加工、销售等各环节全覆盖。另一方面，在农产品质量安全方面，建立质量安全追溯体系，将"三品一标"农产品的全部信息纳入信息平台，确保所有产品实现质量可追溯。做到"三品一标"农产品的包装、标识执法检查，对于质量、标志不合格的农产品，做到严厉打击。

第二，加强"三品一标"农产品认证队伍建设。首先，加强组织领导。由政府财政部门支持，将"三品一标"认证工作的经费纳入财政预算中，不断扩大对与"三品一标"认证相关工作的奖补力度，进一步提高农产品生产者与经营者投入"三品一标"建设工作中的积极性。对"三品一标"工作机构在职能设定、人员配置、设备等方面进行规定，保证组织领导的专业性。其次，提升"三品一标"认证工作人员的专业性。加强"三品一标"认证每个环节的工作培训，包括检查、核查、监督员和内检员的培训与管理，加快认证队伍和监管队伍的建设。举办技术培训会，邀请专业的农产品质量安全工作人员讲解认证工作中需要注意的问题，提升认证工作人员的专业性。定期开展座谈会，帮助"三品一标"认证工作人员尽快掌握农产品质量安全认证方面的新政策、新要求，有效提高认证工作人员的工作效率。最后，调动"三品一标"工作人员的积极性。由政府出台相关激励政策，通过职称评定、评奖评优等优惠政策将"三品一标"认证工作人员的积极性充分调动起来，不断壮大认证队伍。

第三，加强"三品一标"认证后监管工作。首先，加强认证农产品的质量监管工作。与农产品的投入品专项整治活动相结合，在农药方面，规范农药的使用范围，对农药残留超标问题进行管控，加强农药管理。在抗生素方面，严禁使用禁用物，对于不按规定、超范围、超剂量使用药物的行为，给予相应的处罚，责令整改或者停止用标，进一步强化认证的监管工作。其次，生产过程及例行检查制度化。由于"三品一标"认证种类存在差异，因此应当将认证种类分为无公害、绿色食品、有机农产品，进行分类检查。同时，制定农产品质量监测计划，将"三品一标"农产品监测纳入进来，每年对认证产品进行抽样送检，以保证农产品质量。最后，推行企业红黑榜制度。对涉农企业采取红黑榜管理，将被认证为无公害农产品、绿色食品、有机农产品等农产品列入红榜，并给予一定程度的褒奖；将未通过"三品一标"的涉农企业列入黑榜，采取惩罚措施予以警戒，将涉农企业的红黑榜名单发布在网络平台上，接受社会的监督。

（三）加大特色农产品推广力度

推广特色农产品有助于增加农业竞争力，将特色农业做大做强。在"互联网＋"时代背景下，特色农产品发展迅猛，但也面临一定的营销问题。为更好地提升特色农产品的宣传效果，需要从以下几个方面入手。

第一，做好特色农产品品牌策划与设计。首先，加大特色农产品整合力度。特色农产品的发展需要由政府来引导，通过整合区域内同类型的品牌，建立行业标准，有效促成涉农企业的互利互惠，减少行业内的无序竞争。在同一区域内，要统一规范使用具有地方特色的主打品牌，打造优势品牌，通过统一产品的商标、生产标准、产品形象等，提升产业价值。其次，建立农民农产品品牌意识。目前农民对农产品品牌的了解不是很深刻。因此，在政策扶持的作用下，可以建立特色农产品品牌申请与经营的体系，聘请专业人士为农民普及农产品品牌申请与经营的方法，帮助农民树立品牌意识。再次，提高特色农产品品牌包装的辨识度。在设计农产品包装时，将本地独特属性结合进来。融合农产品包装与旅游文化，为特色农产品的包装赋予文化涵义，提高特色农产品品牌的知名度。最后，做好特色农产品的品牌维护。在打造特色农产品时，要以打造高质量农产品作为基础，保证农产品质量，确保在消费者心中留下深刻的品牌形象。在进行特色农产品产业经营时，应当重点关注自身的信用建设，要杜绝一切有损形象的行为，爱惜自己的品牌形象，从而加深消费者对当地特色农产品的信赖，进而增强特色农产品品牌效应。

第二，推动特色农产品产业链发展。首先，特色农产品经营者可以基于农产品的风味与口感，研发消费者喜爱的延伸产品，开发适合消费者的普适性产品，打造特色农产品的品牌价值，带动特色农产品的可持续发展。多部门融合共同打造现代农业的全产业链，强化农产品在生产、冷链物流、品牌打造等方面的功能，构建标准的特色农产品供应链管理体系。具体来说，在农产品生产过程中，利用全产业链大数据了解农产品生产的市场行情，帮助农民解决生产过程中遇到的问题，引导农民选择适宜的农产品品种，进一步减少农民在生产过程中的损失。其次，在农产品销售过程中，借助农产品全产业链大数据获取各地的市场信息，帮助农民拓宽特色农产品的销售范围。同时，基于大数据系统，可以让消费者追踪已购买的特色农产品的物流信息。在农产品的售后环节，借助农产品全产业链大数据，把控特色农产品的全流程，当消费者遇到售后问题时，可以准确分析是哪一环节出现了问题，有效帮助消费者进行索赔。

第三，创新特色农产品的宣传推广方式。首先，运用新媒体进行营销。借助新媒体平台，利用电视、微博、微信、抖音、快手等短视频来介绍特色农产品，打造特色农产品品牌网红代言人，在介绍农产品时可以突出乡村的风情，凸显农产品短视频特色。同时，特色农产品网络宣传可以选择热门的且大众比较熟知的音乐作为背景音乐，更高效地实现流量推广。其次，提供网络个性化服务。基于特色农产品的独特性，开创个性化服务，以满足消费者的多元化需求，提升消费体验，进而增加对特色农产品品牌的认可度。最后，转变营销思维。运用农产品与乡村旅游融合的思维，定期举办特色农业庆典活动，开展各式各样的特色农产品展销会。借助国家发展战略，打造区域特色农产品亮点，从而吸引官方平台的注意力，借助官方权威媒体展开特色农产品的专项报道，进而提升特色农产品的传播广度与力度。

四、不断创新专业人才培养模式，强化农村电商人才支撑

（一）强化农村电商专业人才引进与培育

为解决在农村电商发展过程中的人才短板问题，需要加强农村电商的人才引进与培育工作。具体从以下几个方面入手。

第一，加强农村电商人才引进。通过提供政策优惠吸引和留住农村电商人才，鼓励具有实践经验的从业者返乡创业。通过设置奖励措施以及采取相关优惠政策以吸引更多的农村电商人才。一方面，挖掘本地电商人才。积极发掘并培养农村内部电商人才，将本地经验丰富的种养能手、村组织领导班子以及各类人才集中起来，加强农村内部的经验总结，为农村电商发展提供人才。对于本地电商人才，政府可以与高等院校达成协议，由高等院校设置与农村电商发展相关的课程，培养专业的电商人才。政府可以在该类院校设置相应的招聘点，吸引更多从农村走出去的大学生返乡创业，并给予相应的人才补贴和创业资金支持，扶持农村电商创业项目的成长。另一方面，吸引外地电商人才。完善支农人才奖励机制，对支农的电商人才给予更多的政策优惠，创新农村人才的管理机制。对于外地电商人才，政府可以在子女教育、买房住房、社会保障

等方面给予相应的优惠政策，为优秀的农村电商人才提供政策保障，从而吸引更多的专业人才留在农村。

第二，优化农村电商人才培育。首先，为满足农村电商人才培育的需求，需要构建一个动态的、长期的、综合性的农村电商人才培养服务平台。在农村电商人才培养服务平台上，可以记录培训的时间、人员及内容，避免培训内容的重复，同时也可以检验人员的培训效果。在培训内容方面，不仅要兼顾农村、农业、农产品方面的理论培训，还需要着重农村电商发展过程中的实用技能。针对想要进一步提升自身学历的农民或者有电商创业需求的农民，农村电商人才培养服务平台应当给予相应的资源帮扶。由地方政府牵头，联合地方高等院校、乡镇企业等，在电商人才培养服务平台上开设专项培训课程。定期开展线上＋线下相结合的、由电商专业人才、企业精英开设的经验交流课程，为农民提供线上学习途径。其次，地方政府还可以与地方高校、涉农电商企业达成实习协议，为志愿服务农村的在校学生、毕业生提供实践与就业的机会，锻炼在校学生在农村电商应用方面的技能，增加自己的就业机会，为农村提供电商人才。

第三，加强农村电商就业、创业服务。发挥创业基地的作用，结合政府出台的鼓励政策，加强农村电商就业、创业服务。在乡村振兴国家战略下，政府对于农村电商发展有着较大的政策倾斜，可以充分利用政策优势，"因地制宜"结合本地特色的资源优势，开发农村电商项目。一方面，做好对接工作。一是做好项目对接工作。充分了解农户的电子商务创业意向，并做好相应的项目落地区域的安排。二是做好资金对接工作。在欠发达地区建立农户电子商务创业基金，解决有创业意愿的农户在资金方面的困难，鼓励农户在农村开展电商就业创业工作。三是做好技术对接工作。通过开展区域间、城乡间的培训合作，对低收入的家庭进行专项培训，增强家庭成员在农村电商方面的就业能力。另一方面，加强农村电商就业培训。由政府主导进行电商知识的宣传与普及，定期开展电商创业培训，使农村居民加深对农村电商的了解。充分了解农村居民的需求，在农民接受电商培训之后，深入基层调查电商培训效果，并对培训效果进行追踪与反馈，保证农村电商培训的成效不断提高。

（二）构建政府引导、平台参与、专业机构承担的人才培养模式

农村地区普遍存在农村居民电商知识缺乏、网络操作困难的问题，而农村

电商的发展需要专业化人才。因此，应当积极构建政府引导、平台参与、专业机构承担的人才培养模式。

第一，构建政校企合作模式。由地方政府牵线，通过校企合作的方式，将高校与地方企业联结起来，以农村电商发展为目的，集聚多方资源开展相应的合作。一方面，政府应完善涉农电商发展的相关法律，积极落实农村电子商务从业者的鼓励政策。高校成立农村电商职教联盟，充分整合各类资源，让高校教师和学生参与当地的农村电商，实地考察，研究农村电商发展的人才培养方案、培训体系、课程设置等问题，为农村电商发展谋求出路。另一方面，农村电商企业可以与高等院校建立电商专业实践教学平台，在高校开展"订单式"电子商务专业培训课程，同时建设线上＋线下培训课程，为学生提供实习实训机会，大力培养电子商务人才。定期选派电商人才参与知名企业的培训，与企业达成深度合作，构建以农户为核心的利益主体创新模式。企业要积极履行社会责任，与高校建立合作机制，主动与高校签订"订单式"农村电商人才培养协议，选派企业精英人士为学生授课。

第二，加大农村电商教育培训力度。首先，积极宣传农村电商学习，增加农民的参与比例。农民的农村电商培训参与度与农民的认知情况相关，通过电视、广播、手机、广告、报纸等新闻媒体的方式加强农村居民对农村电商的了解情况，对农村电商的概念、前景等进行详细的讲解，帮助农民提高对农村电商的认知度，并开通一对一答疑通道，使农民切身体会到农村电商带来的便利，提升农民的参与意识，进而推动农村电商的发展。其次，加大农村电商的教育培训力度。广泛开展线上线下融合、多层次、多梯度的电子商务培训，加大培训的力度和次数。针对处于不同发展阶段的农村电商采取层次化的培训，将从业人员分为初级、中级、高级，以此适应不同发展阶段的网商需求。加大对本地青年的电商知识的培训力度，聘请专业教师或者在农村电商领域发展较为先进的企业带头人进行定期授课培训，结合学员的实际情况，给予针对性的指导，提升农村电商培训效果。根据本地实际情况，制定系统化的培训方案，结合学员接受知识能力，制定符合实际情况的培训内容，以便达到培训效果。

第三，建设农村电商实训实践基地。一方面，在校园内建设实训基地。通过调整优化，打造科学合理的农村电商教师团队。在此基础上，建设功能齐全的校内实训教室，让教师与学生开展农村电商项目。将农村电商人才培养方案纳入学校的整体规划中，从农村电商人才培养能力的角度出发，增强学生的实践培训。在实践方面，校内实训基地可以为学生提供一定的实习岗位，增强学生的实践经验，提升农村电商发展技能。另一方面，推进建设校外实践基地。由企业和高校联合共同打造"双师型"教育队伍，选派出优秀的技术人才在实践基地进行实践讲解和宣传。高校电商专业的教师通过到电商企业挂职锻炼，加深对企业的了解，进而将电商企业的经营理念带入课堂，为学生将来参与农村电商相关工作提供理论和实践经验。

（三）加强电商培训后服务机制

开展农村电商培训的目的是提高农民在电商方面的就业与创业能力，农民接受电商培训效果如何直接影响农村居民的电商技能。因此，有必要加强农村居民电商培训后的服务机制，可以从以下几个方面入手。

第一，建立农村电商培训后的效果评估机制。目前各地区已经纷纷开展了农村电商教育培训，但仍存在培训效果难以转化的问题。首先，为了加强农村电商培训后效果，可以由政府主导开展规范化管理，跟踪并监督农村电商教育的培训效果，制定培训效果评估机制，开展培训绩效考评制度。考核内容包括培训的合格率、学员满意度和电商就业创业的成功率，并将这些考核内容作为效果评估的重要标准。其次，建立培训后效果反馈机制。参与培训的学员需要及时参与培训反馈问答，将问卷调查结果转化为培训指标，不断提升培训转化率，优化培训课程，进而提高农民在电商方面的就业与创业能力。

第二，开展农村电商培训后跟踪帮扶工作。由于农村居民对于电商的认识与了解存在偏差，所以在对农村居民开展农村电商技能培训后，很难将电商技能充分应用实践，从而会造成农村居民在参加完农村电商培训后失去动力，进而不愿意再参加电商技能培训。因此，需要开展农村电商培训后跟踪帮扶工作，增强农村电商从业者与创业者的信心，进而指导更多参与电商培训的人加入农村电商创业就业中，进一步提升农村电商就业、创业的成功率，强化农村电商人才支撑。首先，加强农村电商培训后跟踪帮扶工作，不仅可以及时更新农村电商培训的课程体系，还可以帮助农村电商技能培训的成果转化工作，进而推动农村电商高质量发展。其次，通过采取政府联合培训机构的模式共同打造农村电商培训后跟踪帮扶团队，建立帮扶搭子。由政府工作人员或者培训机构讲师实地跟踪调查农户在电商就业与创业过程中的实际情况，通过线上答疑与线下指导相结合的方式为需要答疑的农户提供咨询、指导等服务，进一步完善农村电商培训后跟踪服务流程。

第三，加大后续政策支持力度。首先，根据参与培训人员的结业成绩与创业意愿，将资源分门别类，由政府协助为其分配不同的就业或者创业资源。对于在农村电商培训课程中掌握程度较低的学员，可以增加对他们的就业资源支持力度。由政府主导，在电商企业与参训人之间搭建"桥梁"，并出台相应的激励政策，将农村自有资源转化为农村电商产业链中的一环。对于在农村电商培训课程中掌握程度较高的学员，可以以双选的形式进行就业与创业，由电商企业与参训人进行互选，直接将农村电商培训转化为实际生产力。其次，政府可以对农村电商技能掌握程度较高的人员加强创业资源倾向力度，政府可以采取金融信贷优惠、定向技术支持、农村电商启动资金等优惠政策，提供更多的电商扶持绿色通道，做好农村电商创业服务保障体系，为农村电商的创业者提供更好的电商创业发展平台。

五、提升农村消费大环境，促进农村消费扩容提质升级

（一）畅通"工业品下乡"通道

应加快畅通"工业品下乡"通道，解决物流的"最后一公里"问题，进而促进农村居民生活用品、农资农具、生产经营服务的线上购买。

第一，加强农村在物流方面的基础设施建设。农村物流设施是否完善，直接关系到农村电商的服务质量。政府应当在基建、融资、税收等方面为农村物流基础设施的建设提供更多的优惠政策与利民措施，发挥主导作用，引导企业加大对农村物流基础设施建设的投资力度。首先，在物流运输方面，应提高乡村的道路通达率，逐步改善农村的交通条件，促进工业品下乡效率提升。其次，在物流配送方面，逐步改善"县—乡—村"三级物流节点基础设施建设。利用村内现有的公共设施资源，建立专门的物资集散中心，提高物流配送效率。也可以利用乡村小超市、小卖铺，增设开展包裹接取服务，方便村民寄件或者取件。最后，在物流仓储方面，加强农产品的"产地仓与冷链"建设。可以直接在农田地设置农产品的发货仓，消费者的订单可以直接下发到产地仓库，农产品一经生产或者采摘就可以直接进入产地仓库，再由产地仓直接打包发送到全国各地。同时，提升农产品冷链技术，针对生鲜农产品，一进产地仓

就直接放入冷链车库，保证原产地新鲜的口感，最低限度地减少物流成本。

第二，创新配送模式，构建农村电商上下行双向的网络体系。首先，推行共同配送。由于农村居住相对分散，工业品下乡或者农产品进城的配送成本相对过高，采取共同配送的模式可以有效减少配送成本。在各个乡镇建立共同的配送网点，根据快递配送的最终目的地进行划分，将快递进行规模化配送，有效降低物流配送成本。其次，利用客运班车随车配送。由于客运班车的后备行李舱大多数处于闲置状态，同时客运班车的发车时间和路线都是固定的，利用这种班车随车配送物件可以有效节约配送成本。在人流量较大的路线中途设置快递点，每次客运班车经停该站时，可以将配送包裹放至在配送点，再由村民自行去取。最后，与邮政系统合作。可依托邮政系统，在乡镇地区的邮政建立快递集散点，提前规定好配送时间，解决农民进城不方便的问题，发挥为农服务的优势。

第三，打造现代农村物流体系。目前农村新型供销合作社已经在城镇地区形成总社、省级、地级、县级和基层五级网络布局，构建包含农业生产资料、农产品、日用消费品以及再生资源四大经营体系，而农村的经营网络和经营体系还不太健全，可以依托农村新型供销合作社，健全农村网络布局。一方面，在"工业品下乡"方面，搭建流通载体，建立集中的物流仓储中心，专门对接大型的农资企业，对农资物品进行统一的管理和配送，使农资物品高效配送至消费者。对于农村居民日常的消费产品，借助基层合作社，由村级服务网点配送。另一方面，在"农产品进城"方面，将供销社作为物流载体，一边与农产品的生产基地搭建直接购买关系，另一边对接城镇大型农贸市场，打通农产品从农户到城市的各个物流节点，减少农产品进城与工业品下乡的流通环节，提高货物的物流配送效率。

（二）完善农村居民消费环境体系

在经济高质量发展的今天，经济增长的发力点主要依靠消费，而农村居民的消费环境则是促进农村居民消费增长的外在推动力。因此，有必要完善农村居民消费环境体系，需要从以下几个方面入手。

第一，合理引导农村居民消费。有效释放农村居民消费需求的重要途径就是农村居民消费理念的转变。首先，更新农村居民消费理念。通过电视、广播、手机、广告、报纸等新闻媒体的方式促进农村居民了解互联网消费的形式、特点以及方法的基础上，引导农村居民使用农村电商平台进行消费。通过加大宣传力度，合理引导农村居民在网络娱乐、网络视听内容等领域的消费，培养农村居民良性的消费理念。其次，适当培育消费新热点。随着5G、大数据、云计算等信息技术的不断发展，需要进一步加强线上与线下相结合的模式，鼓励对传统产业进行数字化改造，引导传统商贸主体通过直播带货等新模式拓宽销售渠道。基于大数据分析农村居民的消费热点，掌握其消费动态，进而预测未来的消费需求。政府根据未来的消费需求有针对性地调整对商品的财政补助方案，降低商品价格，进而刺激农村居民消费。同时，政府可以通过税收优惠、选择性征税等方式来调整直接税和间接税，促使农村居民进行合理消费，进而形成新的消费热点。

第二，提高农村居民消费品质量安全意识。瞄准农村信息消费重点领域和产品，提高农村居民消费品质量安全意识。首先，增强涉农企业对农产品的安全治理意识。通过宣传提升涉农企业社会责任感，健全农产品质量安全管理体系，从源头上降低农产品质量安全问题的发生，增强企业对农产品质量安全问题的防范意识。其次，完善产品质量安全的监管机制。补充相关的法律法规，推动企业的征信体系建设，落实责任。同时，提高在产品质量安全方面的违法成本，将消费品安全问题发生的概率降低到最小。最后，提高农村居民在产品质量安全建设方面的参与度。农村居民应当采取合法的形式主动维权，倒逼企业严格遵守法律法规，重视消费者的消费体验。

第三，加强农村基础设施建设。撬动农民消费的主要支点就是农村基础设施的投入以及居民生产生活环境的改善。首先，增加政府对"三农"建设的专项经费。对农村老旧道路进行养护，尤其是远离城市的乡村道路，拓宽道路的基础上做好道路的质量建设，实现乡村道路的畅通无阻。其次，加强农村网络设施建设。提高农村网络信号的覆盖率，优化网络布局，加强农村在有线电、宽带网络等通信方面的基础设施建设，提升农村居民的生活水平。最后，健全农村流通体系。统筹规划农村连锁超市、物流网点、农产品直销点的布局，促进农村电子商务发展，从而刺激农村居民消费，促进农村消费扩容提质升级。

第四，完善农村社会保障制度。农村居民受限于收入有限与社会保障不健全，往往不愿意消费。因此，为了释放农村居民消费潜力，需要完善并健全农村社会保障制度。首先，统一城乡社会保障标准。在农村地区切实执行国家的社会保障制度，将城市与乡村的社会保障标准相统一，确保农村能够与城市居民一样享受到同等社会福利。其次，因地制宜调整社保体系。由于各地区农村居民参保情况不同，各地政府可以结合本地情况适时调整农村社会制度，努力实现全体农村居民享受到社会保障政策的优惠，消除农民不愿消费的后顾之忧。最后，动员社会力量参与农村社会保障建设。由地方政府主导，引导社会力量积极参与农村地区的社会保障建设工作，增加农村社会保障的力度。

（三）完善农村消费政策体系

农村居民的消费潜力非常大，实现消费扩容升级是大势所趋。针对不同的消费群体，需要运用各种手段增强农村居民消费活力，做到精准施策，进而激发农村居民的消费潜力。

第一，改善政府绩效考核中的消费权重。运用大数据在消费领域开展消费形势分析、政府辅助决策和消费政策评估机制，加强农村消费统计监测，形成消费统计指标体系。政府应当积极实施刺激居民消费的举措，通过改善政府政绩考核标准，将与消费相关的指标列入政府绩效考核中，促使政府重视并不断挖掘农村居民的消费潜力，将镇政府、村委会的工作重点放在农村营商环境建设、消费常识普及工作上。

第二，加强农村信息消费市场监管，切实保护农村居民的消费权益。增强市场监管力度，从源头上杜绝威胁农村居民消费权益的行为。规范市场监管部门，加强农贸市场尤其是乡镇市场监管部门的队伍建设，创新"互联网＋"监管方式，健全跨地区、跨部门的农村市场监管协调联动机制。规范管理乡镇农贸市场，对市场主要负责人实行严格的监督考评机制，严厉打击农村生产经营假冒伪劣商品等违法行为。在农产品流通方面，应当在农产品的进货、加工、销售渠道上进行规范化管理。同时，由政府牵头定期开展农村居民消费专题系列讲座，加强农村居民消费教育，不断增强农村居民的消费维权意识和消费质量安全意识。

第三，加大政策支持力度。政府通过出台相应的鼓励政策，为新兴消费发展提供政策支持，及时修订原有法律法规中的不具适应性的条款，鼓励出台与平台经济相关的法律法规，为新兴消费发展营造规范有序的良好环境。政府可以适时出台有助于新兴消费领域的中小企业发展的政策法规，鼓励金融机构推出新的消费信贷产品，不断引导社会资本投入，助力新兴消费发展。

附录一：

农业转移人口就近就业意愿的调查问卷

尊敬的女士/先生：

您好！我们现在正在进行的这项工作是关于农业转移人口就近就业意愿的问卷调查，请您协助我们填写这张问卷调查表。我们希望能够了解您的真实看法，并为您的回答严格保密。请您根据自己的真实看法，在合适的唯一选项上打"√"或根据提示填写相关内容。

对您的支持与合作，我们表示衷心的感谢！

一、农业转移人口就近就业意愿

A. 愿意就近就业　　B. 不愿意就近就业

二、基本信息

1. 务工所在地：＿＿＿＿＿＿＿（请填写）
2. 性别：A. 男　B. 女
3. 婚姻状况：A. 已婚　B. 未婚
4. 您的出生年份：A. 1980 年以前生　B. 1980 年及以后生

三、自然资本状况

5. 家庭土地面积：A. 1 亩及以下　B. 2 ~ 5 亩　C. 6 ~ 10 亩
　　　　　　　　D. 11 亩及以上
6. 土地所处环境：A. 非常不好　B. 很不好　C. 一般
　　　　　　　　D. 很好　E. 非常好
7. 土地处置方式：A. 土地被征用　B. 有偿转让　C. 家人耕种
　　　　　　　　D. 无偿转让或抛荒　E. 其他＿＿＿＿＿＿

8. 城镇住房类型：A. 自购商品房　B. 自购经济适用房

　　　　　　　　C. 政府提供的廉租房　D. 自己租房

　　　　　　　　E. 借住亲友住房或员工宿舍　F. 其他_____

四、人力资本状况

9. 受教育程度：A. 小学及以下　B. 初中　C. 高中（中专）

　　　　　　　D. 大专及以上

10. 进城务工年限：A. 1 年以下　B. 1～3 年　C. 4～6 年

　　　　　　　　D. 7～10 年　E. 11 年及以上

11. 职业技能水平：A. 非常不满意　B. 比较不满意　C. 基本满意

　　　　　　　　D. 比较满意　E. 非常满意

12. 职业技能培训：A. 非常不满意　B. 比较不满意　C. 基本满意

　　　　　　　　D. 比较满意　E. 非常满意

五、社会资本状况

13. 交往对象：A. 城市市民　B. 同乡　C. 亲戚　D. 其他_____

14. 求助人数：A. 0～5 人　B. 6～10 人　C. 11～15 人　D. 16 人及以上

15. 社区参与：A. 从不参与　B. 偶尔参与　C. 经常参与

16. 工会参加：A. 已参加　B. 未参加

衷心感谢您的大力合作！

附录二：

农村社区居民参与旅游经营意愿的调查问卷

尊敬的女士/先生：

您好！我们现在正在进行的这项工作是关于农村社区居民参与旅游经营意愿的问卷调查，请您协助我们填写这张问卷调查表。我们希望能够了解您的真实看法，并为您的回答严格保密。请您根据自己的真实看法，在合适的唯一选项上打"√"或根据提示填写相关内容。

对您的支持与合作，我们表示衷心的感谢！

一、农村社区居民参与旅游经营意愿

A. 愿意参与旅游经营　　B. 不愿意参与旅游经营

二、基本信息

1. 性别：A. 男　B. 女
2. 年龄：A. 24 岁及以下　B. 25～35 岁　C. 36～45 岁
　　　　　D. 46～60 岁　E. 61 岁及以上
3. 受教育程度：A. 小学及以下　B. 初中　C. 高中（中专）
　　　　　　　　D. 大专及以上
4. 居住年限：A. 9 年及以下　B. 10～20 年　C. 21 年及以上
5. 家庭月均收入：A. 1000 元及以下　B. 1001～2000 元
　　　　　　　　　C. 2001～4000 元　D. 4001～6000 元
　　　　　　　　　E. 6001 元及以上

三、旅游影响感知状况

非常满意──→非常不满意

6. 旅游经济影响感知

（1）您对地方经济发展水平的感知程度　　　5　　4　　3　　2　　1

（2）您对旅游经营收入的感知程度　　　　5　4　3　2　1

（3）您对外来投资状况的感知程度　　　　5　4　3　2　1

（4）您对居民就业机会的感知程度　　　　5　4　3　2　1

（5）您对居民基本生活水平的感知程度　　5　4　3　2　1

（6）您对地区物价水平的感知程度　　　　5　4　3　2　1

7. 旅游社会文化影响感知

（1）您对社区风貌的改善的感知程度　　　5　4　3　2　1

（2）您对瑶族文化传承的感知程度　　　　5　4　3　2　1

（3）您对本地文化活动多样性的感知程度　5　4　3　2　1

（4）您对居民与旅游公司的关系的感知程度　5　4　3　2　1

（5）您对居民与游客的关系的感知程度　　5　4　3　2　1

8. 旅游环境影响感知

（1）您对投资环境的优化的感知程度　　　5　4　3　2　1

（2）您对自然环境开发和保护状况的感知程度　5　4　3　2　1

（3）您对环境卫生状况的感知程度　　　　5　4　3　2　1

（4）您对基础设施完善程度的感知程度　　5　4　3　2　1

（5）您对人口拥挤状况的感知程度　　　　5　4　3　2　1

9. 旅游支持条件感知

（1）您对旅游经营的政策扶持力度的感知程度　5　4　3　2　1

（2）您对旅游经营培训状况的感知程度　　5　4　3　2　1

（3）您对因旅游开发拆迁的补偿政策的感知程度 5　4　3　2　1

（4）您对旅游收益分配合理性的感知程度　5　4　3　2　1

衷心感谢您的大力合作！

附录三：

生计风险感知对农民参与电商扶贫意愿影响的调查问卷

尊敬的女士/先生：

您好！我们现在正在进行的这项工作是关于生计风险感知对农民参与电商扶贫意愿影响的问卷调查，请您协助我们填写这张问卷调查表。我们希望能够了解您的真实看法，并为您的回答严格保密。请您根据自己的真实看法，在合适的唯一选项上打"√"或根据提示填写相关内容。

对您的支持与合作，我们表示衷心的感谢！

一、广西农民参与电商扶贫意愿

A. 愿意参与电商扶贫　　B. 不愿意参与电商扶贫

二、基本信息

1. 性别：A. 男　　B. 女
2. 婚姻状况：A. 已婚　　B. 未婚
3. 受教育程度：A. 小学及以下　　B. 初中　　C. 高中（中专）
　　　　　　　　D. 大专及以上
4. 您的出生年份：A. 1975 年以前生　　B. 1975 年及以后生

三、生计风险感知状况

非常满意——→非常不满意

5. 自然风险感知

	非常满意				非常不满意
（1）您对天气灾害风险的感知程度	5	4	3	2	1
（2）您对病虫害风险的感知程度	5	4	3	2	1

6. 市场风险感知

（1）您对生产资料市场风险的感知程度	5	4	3	2	1
（2）您对农产品市场风险的感知程度	5	4	3	2	1
（3）您对劳动力市场风险的感知程度	5	4	3	2	1
（4）您对资金投入风险的感知程度	5	4	3	2	1

7. 体制转换风险感知

（1）您对农村金融贷款风险的感知程度	5	4	3	2	1
（2）您对社会保障风险的感知程度	5	4	3	2	1
（3）您对土地使用风险的感知程度	5	4	3	2	1

四、电商扶贫影响因素感知状况

非常满意——→非常不满意

8. 产业基础满意度

（1）您对农特产品规模的满意程度	5	4	3	2	1
（2）您对农特产品加工的满意程度	5	4	3	2	1
（3）您对农产品标准化的满意程度	5	4	3	2	1

9. 电商基础满意度

（1）您对农村交通设施的满意程度	5	4	3	2	1
（2）您对农村网络设施的满意程度	5	4	3	2	1
（3）您对农村物流体系的满意程度	5	4	3	2	1
（4）您对农村电商政策的满意程度	5	4	3	2	1

衷心感谢您的大力合作！

附录四：

农村电商发展对农民可持续生计影响的调查问卷

尊敬的女士/先生：

您好！我们现在正在进行的这项工作是关于农村电商发展对农民可持续生计影响的问卷调查，请您协助我们填写这张问卷调查表。我们希望能够了解您的真实看法，并为您的回答严格保密。请您根据自己的真实看法，在合适的唯一选项上打"√"或根据提示填写相关内容。

对您的支持与合作，我们表示衷心的感谢！

一、农民可持续生计实现程度

A. 已实现可持续生计　　B. 未实现可持续生计

二、基本信息

1. 性别：A. 男　B. 女
2. 婚姻状况：A. 已婚　B. 未婚
3. 受教育程度：A. 小学及以下　B. 初中　C. 高中（中专）
   　　　　　　　D. 大专及以上
4. 您的出生年份：A. 1975 年以前生　B. 1975 年及以后生

三、农村电商发展水平感知状况

	非常满意——→非常不满意

5. 基础设施感知

	5	4	3	2	1
（1）您对网络设施的满意程度	5	4	3	2	1
（2）您对道路与物流建设的满意程度	5	4	3	2	1
（3）您对快递点数的满意程度	5	4	3	2	1

6. 外部环境感知

(1) 您对农村经济环境的满意程度　　　　　5　4　3　2　1

(2) 您对农村电商政策的满意程度　　　　　5　4　3　2　1

(3) 您对农村电商人才的满意程度　　　　　5　4　3　2　1

(4) 您对龙头电商企业的满意程度　　　　　5　4　3　2　1

(5) 您对农村电商协会的满意程度　　　　　5　4　3　2　1

7. 电商平台感知

(1) 您对市场信息共享的满意程度　　　　　5　4　3　2　1

(2) 您对资金运转能力的满意程度　　　　　5　4　3　2　1

(3) 您对交易安全性的满意程度　　　　　　5　4　3　2　1

8. 供需交易感知

(1) 您对买方需求的满意程度　　　　　　　5　4　3　2　1

(2) 您对交易畅通度的满意程度　　　　　　5　4　3　2　1

(3) 您对卖方供给能力的满意程度　　　　　5　4　3　2　1

四、生计资本满意度感知状况

非常满意──→非常不满意

9. 人力资本满意度

(1) 您对受教育水平的满意程度　　　　　　5　4　3　2　1

(2) 您对劳动技能水平的满意程度　　　　　5　4　3　2　1

10. 物质资本满意度

(1) 您对家庭住房情况的满意程度　　　　　5　4　3　2　1

(2) 您对家庭固定资产的满意程度　　　　　5　4　3　2　1

11. 金融资本满意度

(1) 您对家庭现金收入的满意程度　　　　　5　4　3　2　1

(2) 您对融资渠道的满意程度　　　　　　　5　4　3　2　1

(3) 您对无偿现金援助的满意程度　　　　　5　4　3　2　1

12. 社会资本满意度

(1) 您对社区参与的满意程度　　　　　　　5　4　3　2　1

(2) 您对社会关系网络的满意程度　　　　　5　4　3　2　1

衷心感谢您的大力合作！

参 考 文 献

[1] 安祥生, 陈园园, 凌日平. 基于结构方程模型的城镇化农民可持续非农生计分析——以晋西北朔州市为例 [J]. 地理研究, 2014 (11): 2021 - 2033.

[2] 保继刚, 孙九霞. 社区参与旅游发展的中西差异 [J]. 地理学报, 2006 (4): 401 - 413.

[3] 蔡键. 不同资本禀赋下资金借贷对农业技术采纳的影响分析 [J]. 中国科技论坛, 2013 (10): 93 - 98, 104.

[4] 车蕾, 杜海峰. 就近务工农民工就业风险感知现状及其影响因素研究 [J]. 西安交通大学学报 (社会科学版), 2019 (4): 48 - 56.

[5] 陈卿, 吴功兴. 农村电商集聚对农民消费增长的影响——以浙江省为例 [J]. 商业经济研究, 2022 (12): 134 - 137.

[6] 陈享光, 汤龙, 唐跃桓. 农村电商政策有助于缩小城乡收入差距吗——基于要素流动和支出结构的视角 [J]. 农业技术经济, 2022 (10): 1 - 15.

[7] 陈晓琴, 王钊. "互联网 +" 背景下农村电商扶贫实施路径探讨 [J]. 理论导刊, 2017 (5): 94 - 96.

[8] 陈晓文, 张欣怡. 电商特色小镇的空间布局与产业发展——以淘宝镇为例 [J]. 中国科技论坛, 2018 (6): 91 - 97, 120.

[9] 陈新建. 感知风险、风险规避与农户风险偏好异质性——基于对广东适度规模果农风险偏好的测度检验 [J]. 广西大学学报 (哲学社会科学版), 2017 (3): 185 - 191.

[10] 陈雪梅, 周斌. 农村电商运营主导模式及其对农户生计策略的影响 [J]. 商业经济研究, 2021 (5): 142 - 146.

[11] 陈志永, 杨桂华, 陈继军, 等. 少数民族村寨社区居民对旅游增权感知的空间分异研究——以贵州西江千户苗寨为例 [J]. 热带地理, 2011 (2): 216 - 222.

［12］程国强，朱满德．2020 年农民增收：新冠肺炎疫情的影响与应对建议［J］．农业经济问题，2020（4）：4 - 12．

［13］崔宁．"乡村旅游" + "农村电商"的联动融合发展模式研究［J］．农业经济，2017（10）：105 - 106．

［14］邓万春．关于农民市场风险的一种表述——市场"规则"与"场所"的关系逻辑［J］．中国农业大学学报（社会科学版），2008（9）：35 - 45．

［15］董坤祥，侯文华，丁慧平，等．创新导向的农村电商集群发展研究——基于遂昌模式和沙集模式的分析［J］．农业经济问题，2016（10）：60 - 69，111．

［16］杜书云，徐景霞．内源式发展视角下失地农民可持续生计困境及破解机制研究［J］．经济学家，2016（7）：76 - 83．

［17］杜宗斌，苏勤．乡村旅游的社区参与、居民旅游影响感知与社区归属感的关系研究——以浙江安吉乡村旅游地为例［J］．旅游学刊，2011（11）：65 - 70．

［18］段禄峰，唐文文．基于熵权法的西部地区农村电子商务发展水平分析［J］．江苏农业科学，2017（9）：292 - 295．

［19］段禄峰，唐文文．我国农村电子商务发展水平测度研究［J］．价格月刊，2016（9）：69 - 74．

［20］段世德，黄泽索．数字化发展与民族地区金融服务能力提升——以滇黔桂三省区为例［J］．中南民族大学学报（人文社会科学版），2021（12）：137 - 144．

［21］范永忠，范龙昌．中国农村贫困与反贫困制度研究［J］．改革与战略，2011（10）：88 - 91．

［22］方福前，邢炜．居民消费与电商市场规模的 U 型关系研究［J］．财贸经济，2015（11）：131 - 147．

［23］方巧玲，施其芸．互联网、人力资本与农村家庭消费［J］．山东农业大学学报（社会科学版），2021（2）：103 - 110．

［24］方莹，袁晓玲．精准扶贫视角下农村电商提升农户收入的实现路径研究［J］．西安财经学院学报，2019（4）：92 - 99．

［25］方曼．风险感知跨学科研究的理论进展与范式变迁——基于心理学视域的解读［J］．国外理论动态，2017（6）：117 - 127．

［26］冯朝睿，尹俊越．基于 DEA 模型和 Malmquist 指数的我国电商扶贫

效率研究 [J]. 兰州学刊，2021 (11)：134 – 148.

　　[27] 冯富帅. 农村电商发展对农民消费升级的渠道效应检验 [J]. 商业经济研究，2020 (23)：133 – 135.

　　[28] 高红，徐玲玲，党志琴. 差异化视角下数字经济与农村电商发展 [J]. 商业经济研究，2020 (19)：95 – 98.

　　[29] 谷祎璠，丁疆辉，冯轩，等. 陕西武功农村电商空间格局及空间联系特征 [J]. 地域研究与开发，2020 (6)：143 – 148.

　　[30] 郭承龙. 农村电子商务模式探析——基于淘宝村的调研 [J]. 经济体制改革，2015 (5)：110 – 115.

　　[31] 郭迪，鲁小波，丁玉娟. 近十年国内外社区参与旅游研究综述 [J]. 世界地理研究，2015 (2)：148 – 157.

　　[32] 郭劲光，万家瑞. 农村社会保险对农民工生计决策异质性的影响研究——从外出务工到返乡创业 [J]. 财经问题研究，2022 (6)：91 – 100.

　　[33] 郭凯凯，高启杰. 农村电商高质量发展机遇、挑战及对策研究 [J]. 现代经济探讨，2022 (2)：103 – 111.

　　[34] 郭守亭，熊颖，赵昕. 电子商务发展如何影响居民消费 [J]. 财会月刊，2022 (12)：147 – 153.

　　[35] 国务院扶贫办. 电商扶贫拓宽贫困农户增收渠道 [EB/OL]. http：// politics. people. com. cn/n/2015/0523/c70731 – 27045422. html，2015 – 05 – 23.

　　[36] 国务院扶贫开发领导小组办公室. 关于促进电商精准扶贫的指导意见 [EB/OL]. http：//www. cpad. gov. cn/art/2016/11/23/art _ 343 _ 241. html，2016 – 11 – 23.

　　[37] 韩萌. 中国农村电子商务发展研究与评述 [J]. 江汉大学学报（社会科学版），2017 (4)：85 – 91，127.

　　[38] 郝金磊，邢相炀. 基于农民参与视角的农村电子商务发展影响因素研究 [J]. 西安电子科技大学学报（社会科学版），2016 (5)：14 – 20.

　　[39] 何飞，刘邵权，谢瑞武. 农民就近就业问题探讨——以四川省双流县为例 [J]. 农村经济，2008 (3)：121 – 123.

　　[40] 何仁伟，李光勤，刘邵权，等. 可持续生计视角下中国农村贫困治理研究综述 [J]. 中国人口·资源与环境，2017 (11)：69 – 85.

　　[41] 何仁伟，李光勤，刘运伟，等. 基于可持续生计的精准扶贫分析方法及应用研究——以四川凉山彝族自治州为例 [J]. 地理科学进展，2017

（2）：182 – 192.

［42］何仁伟，刘邵权，陈国阶，等．中国农户可持续生计研究进展及趋向［J］.地理科学进展，2013（4）：657 – 670.

［43］何昭丽，孙慧．旅游对农民可持续生计的影响分析——以吐鲁番葡萄沟景区为例［J］.广西民族大学学报（哲学社会科学版），2016（2）：138 – 143.

［44］贺雪峰．农民工返乡创业的逻辑与风险［J］.求索，2020（2）：4 – 10.

［45］洪勇．我国农村电商发展的制约因素与促进政策［J］.商业经济研究，2016（4）：169 – 171.

［46］侯佳伟，窦东徽．流动人口的人力资本禀赋效应及其代际差异［J］.南方人口，2012（6）：69 – 77.

［47］胡江霞，于永娟．人力资本、生计风险管理与贫困农民的可持续生计［J］.公共管理与政策评论，2021（2）：80 – 90.

［48］胡永盛．江苏农村电商典型模式分析与创新探讨［J］.江苏农业科学，2017（20）：319 – 321.

［49］黄建伟，刘文可．失地农民可持续生计政策满意度研究——基于江西省的调研数据［J］.中国行政管理，2017（11）：89 – 94.

［50］黄开腾，张丽芬．从贫困类型划分看精准扶贫分类扶持的政策调整［J］.山东社会科学，2018（3）：74 – 80.

［51］黄启学，凌经球．滇桂黔石漠化片区贫困农民可持续生计优化策略探究［J］.西南民族大学学报（人文社科版），2015（5）：30 – 37.

［52］黄永清，宁夏，孔令孜，等．加快广西农业科技成果转化机制创新研究［J］.南方农业学报，2020（7）：1776 – 1784.

［53］纪园园，宁磊．收入差距对消费升级的区域差异性研究［J］.社会科学，2020（10）：53 – 66.

［54］贾衍菊，王德刚．社区居民旅游影响感知和态度的动态变化［J］.旅游学刊，2015（5）：65 – 73.

［55］姜长云，李俊茹，王一杰，等．近年来我国农民收入增长的特点、问题与未来选择［J］.南京农业大学学报（社会科学版），2021（3）：1 – 21.

［56］蒋团标，张亚萍．财政支农支出对农村居民消费升级的影响机理［J］.华东经济管理，2021（12）：1 – 9.

［57］蒋艳辉，王靖烨，王琳．财政支出、居民消费与区域创新——基于

省级面板的实证分析 [J]. 工业技术经济，2020 (11)：12 - 18.

　　[58] 蒋长春. 湄洲岛居民对旅游影响的感知研究 [J]. 华侨大学学报，2010 (1)：43 - 49.

　　[59] 康凯，栾新凤. 政府对农村电商扶贫的补贴机制研究 [J]. 河北大学学报（哲学社会科学版），2022 (2)：108 - 117.

　　[60] 黎春梅，何格. SLA 框架下生计资本影响山区农户分化的机理与实证研究——以广西山区农户为例 [J]. 中国农业资源与区划，2021 (11)：144 - 156.

　　[61] 李凤梅. 民族地区农民可持续发展的自然资本困境与出路——基于7 省区 13 乡镇的调查 [J]. 重庆三峡学院学报，2020 (3)：76 - 82.

　　[62] 李坚强. 农村电商集群发展的基本模式与路径选择研究 [J]. 农业经济，2018 (1)：142 - 144.

　　[63] 李洁，邢炜. 电商市场发展与中国城乡消费趋同性——搜寻匹配的分析视角 [J]. 经济理论与经济管理，2020 (2)：103 - 112.

　　[64] 李练军. 新生代农民工融入中小城镇的市民化能力研究——基于人力资本、社会资本与制度因素的考察 [J]. 农业经济问题，2015 (9)：46 - 53.

　　[65] 李琪，唐跃桓，任小静. 电子商务发展、空间溢出与农民收入增长 [J]. 农业技术经济，2019 (4)：119 - 131.

　　[66] 李秋斌. "互联网＋"下农村电子商务扶贫模式的案例研究及对策分析 [J]. 福建论坛（人文社会科学版），2018 (3)：179 - 188.

　　[67] 李文静，帅传敏，帅钰，等. 三峡库区移民贫困致因的精准识别与减贫路径的实证研究 [J]. 中国人口·资源与环境，2017 (6)：136 - 144.

　　[68] 李小云，董强，饶小龙，等. 农户脆弱性分析方法及其本土化应用 [J]. 中国农村经济，2007 (4)：32 - 39.

　　[69] 李晓夏，赵秀凤. 直播助农：乡村振兴和网络扶贫融合发展的农村电商新模式 [J]. 商业经济研究，2020 (19)：131 - 134.

　　[70] 李燕. 主体、约束与模式：新型城镇化背景下青海省失地农民可持续生计问题研究 [J]. 青海民族大学学报（社会科学版），2020 (4)：46 - 56.

　　[71] 梁强，邹立凯，杨学儒，等. 政府支持对包容性创业的影响机制研究——基于揭阳军埔农村电商创业集群的案例分析 [J]. 南方经济，2016 (1)：42 - 56.

　　[72] 林广毅. 农村电商扶贫的作用机理及脱贫促进机制研究 [D]. 北

京：中国社会科学院，2016.

[73] 林海英，赵元凤，葛颖，等. 贫困地区农牧户参与电子商务意愿的实证分析——来自 594 份农牧户的微观调研数据 [J]. 干旱区资源与环境，2019（6）：70 – 77.

[74] 刘根荣. 电子商务对农村居民消费影响机理分析 [J]. 中国流通经济，2017（5）：96 – 104.

[75] 刘建刚，韩楠，张美娟. 农村电商发展水平对农村脱贫的门槛效应分析 [J]. 统计与决策，2019（24）：94 – 97.

[76] 刘俊杰，李超伟，韩思敏，等. 农村电商发展与农户数字信贷行为——来自江苏"淘宝村"的微观证据 [J]. 中国农村经济，2020（11）：97 – 112.

[77] 刘可. 农村电子商务发展探析 [J]. 经济体制改革，2008（6）：171 – 174.

[78] 刘丽梅，吕君. 中国社区参与旅游发展研究述评 [J]. 地理科学进展，2010（8）：1018 – 1024.

[79] 刘婷婷，温雪，潘明清. 数字经济提升农村家庭消费能力：理论机制与实证检验 [J]. 经济问题，2022（7）：95 – 101.

[80] 刘亚军，储新民. 中国"淘宝村"的产业演化研究 [J]. 中国软科学，2017（2）：29 – 36.

[81] 刘岩，张文宇，秦建军，等. "互联网 +"农业电商发展分析及展望 [J]. 江苏农业科学，2017（21）：330 – 333.

[82] 刘炎周，王芳，郭艳，等. 农民分化、代际差异与农房抵押贷款接受度 [J]. 中国农村经济，2016（9）：16 – 29.

[83] 刘艳冬，王岩. 农村电商发展对农村居民消费的影响效应研究 [J]. 商业经济研究，2022（16）：150 – 153.

[84] 刘云. 双循环视角下农村电商发展对农村居民消费结构的影响差异性探究 [J]. 商业经济研究，2021（9）：64 – 68.

[85] 刘长庚，张磊，韩雷. 中国电商经济发展的消费效应研究 [J]. 经济理论与经济管理，2017（11）：5 – 18.

[86] 刘振杰. 以发展的新思维促进农村贫困治理 [J]. 人口与发展，2014（2）：76 – 86.

[87] 龙静云. 农民的发展能力与乡村美好生活——以乡村振兴为视角

[J]. 湖南师范大学社会科学学报, 2019 (6)：46 – 55.

[88] 卢春天, 石金莲. 旅游地居民感知和态度研究现状与展望 [J]. 旅游学刊, 2012 (11)：32 – 43.

[89] 鲁钊阳, 廖杉杉. 农产品电商发展的区域创业效应研究 [J]. 中国软科学, 2016 (5)：67 – 78.

[90] 陆林. 旅游地居民态度调查研究——以皖南旅游区为例 [J]. 自然资源学报, 1996 (10)：377 – 382.

[91] 路征, 张益辉, 王珅, 等. 我国"农民网商"的微观特征及问题分析——基于对福建省某"淘宝镇"的调查 [J]. 情报杂志, 2015 (12)：139 – 145.

[92] 罗丞, 王粤. 摆脱农村贫困：可持续生计分析框架的解释与政策选择 [J]. 人文杂志, 2020 (4)：113 – 120.

[93] 骆巧巧. 新农村背景下的农村电子商务平台建设研究 [D]. 南昌：江西财经大学, 2013.

[94] 吕健. 外生式农村电商生态系统搭建的动力支撑与逻辑路径 [J]. 农业经济, 2021 (9)：138 – 140.

[95] 马泽波. 农户禀赋、区域环境与电商扶贫参与意愿——基于边疆民族地区 630 个农民的问卷调查 [J]. 中国流通经济, 2017 (5)：47 – 54.

[96] 梅燕, 蒋雨清. 乡村振兴背景下农村电商产业集聚与区域经济协同发展机制——基于产业集群生命周期理论的多案例研究 [J]. 中国农村经济, 2020 (6)：56 – 74.

[97] 孟凡钊, 董彦佼. 基于农户可持续生计功能视角的农村电商经营行为分析——以广西为例 [J]. 商业经济研究, 2021 (3)：140 – 143.

[98] 穆燕鸿, 王杜春, 迟凤敏. 基于结构方程模型的农村电子商务影响因素分析——以黑龙江省 15 个农村电子商务示范县为例 [J]. 农业技术经济, 2016 (8)：106 – 118.

[99] 穆燕鸿, 王杜春. 黑龙江省农村电子商务发展水平测度实证分析——以 15 个农村电子商务综合示范县为例 [J]. 江苏农业科学, 2016 (5)：608 – 611.

[100] 聂飞. 农业人口非农化转移背景下农民家庭生计资本研究 [J]. 湖北社会科学, 2017 (5)：50 – 56.

[101] 欧阳日辉. 2022 年中央一号文件解读："数商兴农"是农村电子商

务发展的新方向［J］. 科技与金融，2022（4）：49 – 53.

［102］彭璧玉. 我国农业电子商务的模式分析［J］. 南方农村，2001（6）：37 – 39，44.

［103］彭成圆，赵建伟，蒋和平，等. 乡村振兴战略背景下农村电商创业的典型模式研究——以江苏省创业实践为例［J］. 农业经济与管理，2019（6）：14 – 23.

［104］彭建，王剑. 中外社区参与旅游研究的脉络和进展［J］. 中央民族大学学报：哲学社会科学版，2012（3）：133 – 141.

［105］彭小珈. 农村电商发展效率及影响因素研究［D］. 长沙：湖南农业大学，2020.

［106］邱波. 我国沿海地区农业巨灾风险保障需求研究——来自浙江省308户农民的调查数据［J］. 农业经济问题，2017（11）：101 – 108.

［107］仇童伟. 土地确权如何影响农民的产权安全感知？——基于土地产权历史情景的分析［J］. 南京农业大学学报（社会科学版），2017（7）：95 – 109.

［108］任晓聪，和军. 我国农村电子商务的发展态势、问题与对策路径［J］. 现代经济探讨，2017（3）：45 – 49.

［109］邵占鹏. 规则与资本的逻辑：淘宝村中农民网店的型塑机制［J］. 西北农林科技大学学报（社会科学版），2017（4）：74 – 82.

［110］申鹏，朱林. 返乡农民工就近就业现状调查及对策分析——基于897名贵州返乡农民工的问卷调查［J］. 调研世界，2014（9）：31 – 35.

［111］申鹏. 人力资本与返乡农民工稳定就近就业的作用机理分析［J］. 天津农业科学，2015（9）：94 – 98，117.

［112］石全胜，余若雪，寒洁. 农村电子商务可持续发展模式探讨［J］. 商业经济研究，2018（12）：80 – 83.

［113］史修松，魏拓，刘琼. 农村电商产业集群发展模式与空间涉及差异研究——江苏淘宝村的调查［J］. 现代经济探讨，2017（11）：118 – 125.

［114］舒林. "淘宝村"发展的动力机制、困境及对策［J］. 经济体制改革，2018（3）：79 – 84.

［115］宋山梅，刘文霞. 代际差异视角下资本禀赋对农民工就业选择影响研究［J］. 贵州社会科学，2014（10）：129 – 135.

［116］宋山梅，刘文霞. 资本禀赋对农村劳动力外出就业影响机制研究

[J]. 贵州大学学报（社会科学版），2015（1）：96–101.

[117] 宋晓华，尹德斌，杨莉虹. 农村电商渠道发展策略创新探索——以京东 B2B2C 模式为例 [J]. 商业经济研究，2018（8）：112–114.

[118] 宋欣，周玉玺. 知识员工创新绩效增益效应研究：资本禀赋视角 [J]. 经济研究导刊，2014（14）：20–23.

[119] 苏芳，马南南，宋妮妮，等. 不同帮扶措施执行效果的差异分析——基于可持续生计分析框架 [J]. 中国软科学，2020（1）：59–71.

[120] 苏芳，尚海洋. 农户生计资本对其风险应对策略的影响——以黑河流域张掖市为例 [J]. 中国农村经济，2012（8）：79–87，96.

[121] 苏芳，周亚雄. 新型城镇化背景下劳动力转移对农户生计策略选择的影响分析 [J]. 数理统计与管理，2017（3）：391–401.

[122] 孙久文，李承璋. 需求侧与供给侧结合的消费升级路径研究 [J]. 中国人民大学学报，2022（2）：52–62.

[123] 孙久文，夏添. 中国扶贫战略与 2020 年后相对贫困线划定——基于理论、政策和数据的分析 [J]. 中国农村经济，2019（10）：98–113.

[124] 孙蓉，费友海. 风险感知、利益互动与农业保险制度变迁——基于四川试点的实证分析 [J]. 财贸经济，2009（6）：35–40.

[125] 汤飞飞. 农村电商与居民消费耦合发展的问题与对策 [J]. 农业经济，2021（9）：8–70.

[126] 汤青，徐勇，李扬. 黄土高原农户可持续生计评估及未来生计策略——基于陕西延安市和宁夏固原市 1076 户农户调查 [J]. 地理科学进展，2013（2）：161–169.

[127] 唐超，罗明忠. 贫困地区电商扶贫模式的特点及制度约束——来自安徽砀山县的例证 [J]. 西北农林科技大学学报（社会科学版），2019（4）：96–104.

[128] 唐红涛，李胜楠. 农村电商对传统流通的收入门槛效应：互补还是替代 [J]. 山西财经大学学报，2020（3）：47–61.

[129] 唐林，罗小锋. 贫困地区农户生计资本对大病风险冲击的影响研究——基于结构和水平的双重视角 [J]. 华中农业大学学报（社会科学版），2020（2）：49–58.

[130] 唐跃桓，杨其静，李秋芸，等. 电子商务发展与农民增收——基于电子商务进农村综合示范政策的考察 [J]. 中国农村经济，2020（6）：75–94.

［131］陶纪坤．失地农民的失业保险与可持续生计问题研究［J］．当代经济研究，2017（5）：77－84．

［132］陶琳．西双版纳曼飞龙村回流农民工就近就地就业及其影响［J］．广西民族大学学报（哲学社会科学版），2018（2）：75－81．

［133］陶斯文．嵌入与融合：民族地区失地农民可持续生计问题的调查与思考［J］．西北人口，2012（3）：110－115．

［134］涂同明，涂俊一，杜凤珍．农村电子商务［M］．武汉：湖北农业科学技术出版社，2011．

［135］万良杰，薛艳坤．贫困流动性、贫困类型与精准脱贫施策研究［J］．湖北民族学院学报（哲学社会科学版），2019（5）：47－54．

［136］汪琦，张国宝，吴航宇．基于DEMATEL的农村电子商务发展水平关键因素辨识［J］．蚌埠学院学报，2016（5）：98－102．

［137］汪向东，王昕天．电子商务与信息扶贫：互联网时代扶贫工作的新特点［J］．西北农林科技大学学报（社会科学版），2015（4）：98－104．

［138］汪向东．电商扶贫的长效机制与贫困主体的获得感——兼论电商扶贫的"PPPS模型"［J］．农业网络信息，2017（9）：10－15．

［139］汪向东．衡量我国农村电子商务成败的根本标准［J］．中国信息界，2011（3）：5－7．

［140］王超，龙飞扬．"一村一品一店"农村电商发展模式浅析——以江苏宿迁市宿豫区为例［J］．江苏农业科学，2017（4）：293－295．

［141］王宸圆．农村电商与农村居民消费升级协同发展［J］．商业经济研究，2020（15）：82－85．

［142］王春娟．农民社会资本的缺失与重构［J］．中州学刊，2015（4）：83－86．

［143］王翠翠，夏春萍，蔡轶．农业电商扶贫可以提升农户的可持续生计吗？——基于农产品上行视角［J］．浙江农业学报，2022（3）：636－651．

［144］王方妍，蔡青文，温亚利．电商扶贫对贫困农户家庭收入的影响分析——基于倾向得分匹配法的实证研究［J］．林业经济，2018（11）：61－66，85．

［145］王芳，胡立君．城镇化对中国农村居民消费的影响及传导路径研究——基于收入效应和收入差距的多重中介效应检验［J］．宏观经济研究，2022（9）：64－77．

[146] 王国敏. 中国西部地区农村贫困与反贫困研究——兼谈西部地区农村小康社会建设的艰巨性 [J]. 四川大学学报（哲学社会科学版），2003（6）：13 – 17.

[147] 王建. 村庄非农化、社会资本与农民家庭收入 [J]. 华南农业大学学报（社会科学版），2019（2）：71 – 83.

[148] 王瑞峰. 农村电商多维度动态特征构念与量表开发 [J]. 中国流通经济，2021（10）：55 – 64.

[149] 王三秀. 农村贫困治理模式创新与贫困农民主体性构造 [J]. 毛泽东邓小平理论研究，2012（8）：51 – 56，115.

[150] 王胜，屈阳，王琳，等. 集中连片贫困山区电商扶贫的探索及启示——以重庆秦巴山区、武陵山区国家级贫困区县为例 [J]. 管理世界，2021（2）：95 – 106.

[151] 王曙光，王丹莉. 中国农村社会保障的制度变迁与未来趋势 [J]. 新疆师范大学学报（哲学社会科学版），2020（4）：80 – 87.

[152] 王文龙. 我国农村电商健康发展还需厘清几个基本问题 [J]. 宁夏社会科学，2022（4）：106 – 114.

[153] 王昕天，康春鹏，汪向东. 电商扶贫背景下贫困主体获得感影响因素研究 [J]. 农业经济问题，2020（3）：112 – 124.

[154] 王雪琪，朱高立，邹伟. 农户生计资本、家庭要素流动与农地流转参与 [J]. 长江流域资源与环境，2021（4）：992 – 1002.

[155] 王亚玲. 中国农村贫困与反贫困对策研究 [J]. 国家行政学院学报，2009（1）：88 – 91.

[156] 王彦青. 农民工返乡创业的实践困境及其政策与理论反思 [J]. 云南行政学院学报，2020（4）：81 – 85.

[157] 王瑜. 电商参与提升农户经济获得感了吗？——贫困户与非贫困户的差异 [J]. 中国农村经济，2019（7）：37 – 50.

[158] 王泽昊，姚健，孙豪. 城乡收入差距、消费倾向与消费结构升级 [J]. 统计与决策，2022（15）：51 – 54.

[159] 王志辉，祝宏辉，雷兵. 农村电商产业集群高质量发展：内涵、困境与关键路径 [J]. 农村经济，2021（3）：110 – 118.

[160] 魏娇娇. 构建农民美好生活的社会资本路径分析 [J]. 云南行政学院学报，2020（2）：17 – 22.

[161] 魏晓蓓, 王淼. 乡村振兴战略中农村电商聚集化 "2 +" 模式研究 [J]. 山东大学学报 (哲学社会科学版), 2018 (6): 130 - 137.

[162] 翁贞林, 鄢朝辉, 谌洁. 推进农民共同富裕: 现实基础、主要困境与路径选择 [J]. 农业现代化研究, 2022 (4): 559 - 567.

[163] 吴成杰. 湖南省农村电商扶贫模式及内在机理研究 [D]. 武汉: 中南民族大学, 2018.

[164] 吴红宇, 何亦名. 选择就近就业的农村劳动者个体特征研究——基于 1637 份问卷调查数据的分析 [J]. 西部经济管理论坛, 2013 (1): 57 - 60, 70.

[165] 吴学品, 李荣雪. 中国农村居民消费习惯的动态效应研究——基于不同收入地区面板 ELES 模型的视角 [J]. 宏观经济研究, 2021 (5): 92 - 103.

[166] 伍艳. 贫困山区农户生计资本对生计策略的影响研究——基于四川省平武县和南江县的调查数据 [J]. 农业经济问题, 2016 (3): 88 - 94, 112.

[167] 武丽娟, 李定. 精准扶贫背景下金融资本对农户增收的影响研究——基于内部收入分层与区域差异的视角 [J]. 农业技术经济, 2019 (2): 61 - 72.

[168] 夏小辉, 张贝. 农村留守家庭与就近就业的经济布局 [J]. 农村经济, 2006 (8): 92 - 94.

[169] 肖开红, 刘威. 电商扶贫效果评价及可持续反贫政策建议——基于农户可持续生计能力视角的实证研究 [J]. 河南大学学报 (社会科学版), 2021 (5): 41 - 49.

[170] 谢尔顿·克坦姆斯基, 多米尼克·戈尔丁. 风险社会的社会理论学说 [M]. 徐元玲, 等译. 北京: 北京大学出版社, 2005.

[171] 谢治菊. 西部地区农民对农村社会的风险感知与行为选择 [J]. 南京农业大学学报 (社会科学版), 2013 (4): 12 - 21.

[172] 徐慧清, 王焕英. 风险社会中农民的风险意识与应对策略研究 [J]. 中国农学通报, 2006 (6): 496 - 499.

[173] 徐龙顺. 农民可持续生计与村民自治 [J]. 华南农业大学学报 (社会科学版), 2021 (6): 35 - 45.

[174] 徐鹏, 徐明凯, 杜漪. 农户可持续生计资产的整合与应用研究——基于西部 10 县 (区) 农户可持续生计资产状况的实证分析 [J]. 农村经济,

2008（12）：89–93.

[175] 徐永平. 中国社会公共权利社会化发展与社会和谐构建初探 [J].
云南行政学院学报, 2016（1）：148–152.

[176] 宣国富, 陆林, 章锦河, 等. 海滨旅游地居民对旅游影响的感
知——海南省海口市及三亚市实证研究 [J]. 地理科学, 2002（6）：741–746.

[177] 阎建忠, 喻鸥, 吴莹莹, 等. 青藏高原东部样带农牧民生计脆弱
性评估 [J]. 地理科学, 2011（7）：858–867.

[178] 杨琨, 刘鹏飞. 欠发达地区失地农民可持续生计影响因素分
析——以兰州安宁区为例 [J]. 水土保持研究, 2020（4）：342–348.

[179] 杨伦, 刘某承, 闵庆文, 等. 农户生计策略转型及对环境的影响
研究综述 [J]. 生态学报, 2019（21）：8172–8182.

[180] 杨书焱. 我国农村电商扶贫机制与扶贫效果研究 [J]. 中州学刊,
2019（9）：41–47.

[181] 杨雪锋, 董小晨. 不同代际农民工退出宅基地意愿差异及影响因
素——基于杭州的调查 [J]. 经济理论与经济管理, 2015（4）：44–56.

[182] 杨云彦, 赵锋. 可持续生计分析框架下农户生计资本的调查与分
析——以南水北调（中线）工程库区为例 [J]. 农业经济问题, 2009（3）：
58–65, 111.

[183] 易法敏, 孙煜程, 蔡轶. 政府促进农村电商发展的政策效应评
估——来自"电子商务进农村综合示范"的经验研究 [J]. 南开经济研究,
2021（3）：177–192.

[184] 易法敏. 产业参与、平台协同与精准扶贫 [J]. 华南农业大学学报
（社会科学版）, 2018（6）：12–21.

[185] 尹昌斌, 李福夺, 张英楠, 等. 农业生产"三品一标"的内涵、
推进逻辑与实现路径 [J]. 中国农业资源与区划, 2021（8）：1–5.

[186] 尹栾玉, 崔辰森. 输血如何抑制造血——Y县电商扶贫项目的运行
逻辑和治理困境 [J]. 社会学评论, 2022（4）：186–203.

[187] 于法稳. "十四五"时期农村生态环境治理：困境与对策 [J]. 中
国特色社会主义研究, 2021（1）：44–51.

[188] 于红岩, 夏雷淙, 李明, 等. 农村电商O2O模式研究——以"邮
掌柜O2O平台"为例 [J]. 西安电子科技大学学报（社会科学版）, 2015
（6）：14–22.

［189］昝梦莹，王征兵．农产品电商直播：电商扶贫新模式［J］．农业经济问题，2020（11）：77－86．

［190］曾欢，朱德全．新时代民族地区职业教育服务乡村人才振兴的逻辑向度［J］．民族教育研究，2021（1）：74－81．

［191］曾妍，赵旭，段跃芳．电商价值链更新对水库农村移民增收的影响研究——基于三峡库区首县秭归的分析［J］．农业经济问题，2022（3）：1－14．

［192］张宸嘉，方一平，陈秀娟．基于文献计量的国内可持续生计研究进展分析［J］．地球科学进展，2018（9）：969－982．

［193］张诚，张广胜，王艳玲．政府减贫的农村电商与农村物流协同演化及政策优化［J］．北京交通大学学报（社会科学版），2020（1）：98－105．

［194］张吉岗，杨红娟，吴嘉芊．防返贫视角下少数民族地区农户可持续生计能力研究［J］．经济问题探索，2022（5）：79－88．

［195］张磊，韩雷．电商经济发展扩大了城乡居民收入差距吗？［J］．经济与管理研究，2017（5）：3－13．

［196］张亮，李亚军．就近就业、带动脱贫与农民工返乡创业的政策环境［J］．改革，2017（6）：68－76．

［197］张露，郭晴，张俊飚，等．农户对气候灾害响应型生产性公共服务的需求及其影响因素分析——基于湖北省十县（区、市）百组千户的调查［J］．中国农村观察，2017（3）：102－116．

［198］张勤，周卓．我国农村电子商务发展的影响因素研究［J］．物流工程与管理，2015（11）：181－183．

［199］张胜军，路征，邓翔．我国农产品电子商务平台建设的评价及建议［J］．农村经济，2011（10）：103－106．

［200］张世贵．缓解相对贫困视角下的农村电商扶贫：机制与路径［J］．电子政务，2021（3）：94－102．

［201］张硕，乔晗，张迎晨，等．农村电商助力扶贫与乡村振兴的研究现状及展望［J］．管理学报，2022（4）：624－632．

［202］张文，何桂培．我国旅游目的地居民对旅游影响感知的实证调查与分析［J］．旅游学刊，2008（2）：72－79．

［203］张喜才．电子商务进农村的现状、问题及对策［J］．农业经济与管理，2015（3）：71－80．

［204］张喜艳，陈乐一．经济政策不确定性的溢出效应及形成机理研究

[J]. 统计研究，2019（1）：115－128.

[205] 张夏恒. 电子商务进农村推动精准扶贫的机理与路径 [J]. 北京工业大学学报（社会科学版），2018（4）：26－32.

[206] 张鑫，谢家智，张明. 社会资本、借贷特征与农民创业模式选择 [J]. 财经问题研究，2015（3）：104－112.

[207] 张永强，王博，董权瑶. 直播电商促进城乡居民缩小消费差距的影响研究 [J]. 价格理论与实践，2021（7）：137－140，166.

[208] 张蕴晖，赵伟. 社会资本对非农就业农户生计脆弱程度差异性的影响——基于生计资本关系动态变动分析 [J]. 山东社会科学，2023（3）：159－168.

[209] 张正荣，杨金东. 乡村振兴视角下农村电商如何优化"工业品下行"路径——基于"双链"耦合机制的扎根研究 [J]. 农业经济问题，2019（4）：118－129.

[210] 赵冬梅，王明. 电商市场长尾现象的形成机理与实证研究 [J]. 西安交通大学学报（社会科学版），2019（3）：32－40.

[211] 赵磊，方成. 社区居民参与古镇旅游经营意愿影响因素的实证分析——以朱家角和西塘古镇为例 [J]. 财贸经济，2011（8）：113－121.

[212] 赵曼，张广科. 失地农民可持续生计及其制度需求 [J]. 财政研究，2009（8）：36－38.

[213] 赵巧峰，申鹏. 代际差异视角下资本禀赋对返乡农民工就业满意度的影响研究——以贵州省为例 [J]. 新疆农垦经济，2015（7）：7－12.

[214] 赵雪雁，赵海莉，刘春芳. 石羊河下游农户的生计风险及应对策略——以民勤绿洲区为例 [J]. 地理研究，2015（5）：922－932.

[215] 赵雪雁. 生计资本对农牧民生活满意度的影响——以甘南高原为例 [J]. 地理研究，2011（4）：687－698.

[216] 郑瑞强，张哲萌，张哲铭. 电商扶贫的作用机理、关键问题与政策走向 [J]. 理论导刊，2016（10）：76－79.

[217] 郑亚琴，郑文生. 美英农业电子商务应用状况及共性特征分析 [J]. 科技管理研究，2009（12）：247－249，252.

[218] 郑亚琴. 我国农村电子商务区域基础设施发展水平的主成分聚类分析 [J]. 中国科技论坛，2007（1）：119－122.

[219] 郑志来. 金融供给侧视角下结构改革与农村电商融资体系重构

[J]. 兰州学刊, 2020 (1): 79 - 89.

[220] 钟涨宝, 李飞, 冯华超. 养老保障能力评估对农民养老风险感知的影响及其代际差异——基于 5 省 1573 个样本的实证分析 [J]. 人口与经济, 2016 (6): 72 - 81.

[221] 周冬, 叶睿. 农村电子商务发展的影响因素与政府的支持——基于模糊集定性比较分析的实证研究 [J]. 农村经济, 2019 (2): 110 - 116.

[222] 周海琴, 张才明. 我国农村电子商务发展关键要素分析 [J]. 中国信息界, 2012 (1): 17 - 19.

[223] 周景波, 周叮波. 人力资本禀赋与西藏经济跨越式发展 [J]. 西藏民族学院学报 (哲学社会科学版), 2007 (3): 59 - 62, 123.

[224] 周静, 毕文泰, 梁远, 等. 电商行为对农户收入差距的影响研究——基于辽宁省的调研 [J]. 东北农业科学, 2020 (1): 59 - 62, 93.

[225] 周静, 刘杰, 唐立强. 社会关系网络对农户电商收入的影响——基于辽宁省草莓主产区调查数据的分析 [J]. 商业研究, 2019 (1): 18 - 23.

[226] 朱兴荣. 新农村电子商务及实施模式的探索 [J]. 科技情报开发与经济, 2007 (12): 227 - 228.

[227] [德] 哈肯, 凌复华. 协同学: 大自然构成的奥秘 [M]. 凌复华译, 上海: 上海译文出版社, 2005.

[228] Babulo B, Muys B, Nega F, et al. Household Livelihood Strategies and Forest Dependence in the Highlands of Tigray, Northern Ethiopia [J]. Agriculture System, 2008, 98 (2): 147 - 155.

[229] Brougham J E, Butler R W. A Segmentation Analysis of Resident Attitudes to Social Impact of Tourism [J]. Annals of Tourism Research, 1981, 8 (4): 569 - 590.

[230] Chambers R, Conway G. Sustainable Rural Livelihoods: Practical Concepts for the 21st Century [M]. Brightom: Institute of Development Studies, 1991.

[231] Conroy C, Litvinoff M. The Greening of Aid: Sustainable Livelihoods in Practice [M]. London: Earthscan Publications, 1988.

[232] Covello V T, Peters R G, Wojtecki J G, et al. Risk Communication, the West Nile Virus Epidemic, and Bioterrorism: Responding to the Communication Challenges Posed by the Intentional or Unintentional Release of A Pathogen in An Urban Setting [J]. Journal of Urban Health, 2001, 78 (2): 382 - 391.

[233] Edward R C. From Description to Explanation: Using the Livelihoods as Intimate Government (LIG) Approach [J]. Applied Geography, 2014, 52 (4): 110 – 122.

[234] Fraedrich J P, Ferrell O C. The Impact of Perceived Risk and Moral Philosophy Type on Ethical Decision Making in Business Organizations [J]. Journal of Business Research, 1992, 24 (4): 283 – 295.

[235] Garney D. Sustainable Livelihoods Approach: Progress and Possibilities for Change [M]. Toronto: Department for International Development (DFID), 2003: 17.

[236] Geelder C R, Ritche J R B. 旅游学（第 10 版）[M]. 李天元，等译. 北京：中国人民大学出版社，2008.

[237] Glavovic B, Boonzaier S. Confronting Coastal Poverty: Building Sustainable Coastal Livelihoods in South Africa [J]. Ocean & Coastal Management, 2007, 50 (1): 1 – 23.

[238] Hsieh T C, Yang K C, Yang C N, et al. Urban and Rural Differences Multilevel Latent Class Analysis of Online Activities and e – Payment Behavior Patterns [J]. Journal of Internet Research, 2013, 23 (2): 204 – 228.

[239] Kulik B W, O' Fallon M J, Salimath M S. Do Competitive Environments Lead to the Rise and Spread of Unethical Behavior? Parallels from Enron [J]. Journal of Business Ethics, 2008, 83 (4): 703 – 723.

[240] Lucas R. On the Mechanics of Economic Development [J]. Journal of Monetary Economics, 1988, 22 (1): 3 – 42.

[241] Lyons S, Kuron L. Generational Differences in the Workplace: A Review of the Evidence and Directions for Future Research [J]. Journal of Organizational Behavior, 2014, 35 (1): 13 – 157.

[242] Mahdi G P, Shivakoti D S. Livelihood Change and Livelihood Sustainability in the Uplands of Lembang Subwatershed, West Sumatra, Indonesia, in a Changing Natural Resource Management Context [J]. Redefining Diversity & Dynamics of Natural Resources Management in Asia, 2019, 43 (1): 84 – 99.

[243] Michael, Kyobe. The Impact of Entrepreneur Behaviors on the Quality of e – Commerce Security: A Comparison of Urban and Rural Findings [J]. Journal of Global Information Technology Management, 2008, 11 (2): 58 – 79.

［244］Mitchell V W. Consumer Perceived Risk: Conceptualisations and Models ［J］. European Journal of Marketing, 1999, 33 (12): 163 – 195.

［245］Moga L M. The Adoption of the Information and Communication Technology in the Agricultural Exploitations: Evidences from Romania ［J］. Journal of Food Agriculture True and Environment, 2012, 10 (1): 818 – 821.

［246］Morse S, McNamara N, Acholo M. Sustainable Livelihood Approach: A Critique of Theory and Practice ［J］. Springer, 2009, 189: 1 – 68.

［247］Murphy P E. Tourism: A Community Approach ［M］. New York: Methuen, 1985.

［248］Nelson R R, Phelps E S. Investment in Humans, Technological Diffusion, and Economic Growth ［J］. Cowles Foundation Discussion Papers, 1966, 56 (1 – 2): 69 – 75.

［249］Rahayu R, Day J. Determinant Factors of E-commerce Adoption by SMEs in Developing Country: Evidence from Indonesia ［J］. Procedia – Social and Behavioral Sciences, 2015, 195: 142 – 150.

［250］Roberts M G, 杨国安. 可持续发展研究方法国际进展: 脆弱性分析方法与可持续生计方法比较 ［J］. 地理科学进展, 2003 (1): 11 – 21.

［251］Romer P M. Endogenous Technological Change ［J］. Journal of Political Economy, 1990, 98 (5): 71 – 102.

［252］Sitkin S B, Pablo A L. Reconceptualizing the Determinants of Risk Behavior ［J］. Academy of Management Review, 1992, 17 (1): 9 – 38.

［253］Slovic P, MacGregor D, Kraus N N. Perception of Risk from Automobile Safety Defects ［J］. Accident Analysis and Prevention, 1987, 19 (5): 359 – 373.

［254］Smith M D, Krannich R S. Tourism Dependence and Resident Attitudes ［J］. Annals of Tourism Research, 1998 (4): 783 – 801.

［255］Solesbury W. Sustainable Livelihoods: A Case Study of the Evolution of DFID Policy ［M］. London: Overseas Development Institute, 2003.

［256］Speranza C I, Wiesmann U, Rist R. An Indicator Framework for Assessing Livelihood Resilience in the Context of Social Ecological Dynamics ［J］. Global Environment Change, 2014, 28 (1): 109 – 119.

［257］Su M M, Wall G, Wang Y, et al. Livelihood Sustainability in a Rural Tourism Destination – Hetu Town, Anhui Province, China ［J］. Tourism Management, 2019, 71: 272 –281.

[258] Terzi N. The Impact of e – Commerce on International Trade and Employment [J]. Procedia – Social and Behavioral Sciences, 2011, 24: 745 –753.

[259] Wang Y, Pfister R E. Residents' Attitudes Toward Tourism and Perceived Personal Benefits in a Rural Community [J]. Journal of Travel Research, 2008, 47 (1): 84 –93.

[260] Wildavsky A, Dake K. Theories of Risk Perception: Who Fears What and Why? [J]. Daedalus, 1990, 119 (4): 41 –60.

[261] Wu M Y, Pearce P L. Host Tourism Aspirations as a Point of Departure for the Sustainable Livelihoods Approach [J]. Journal of Sustainable Tourism, 2014, 22 (3): 440 –460.

[262] Zapata S D, Carpio C E, Isengildina – Massa O L. The Economic Impact of Services Provided by an Electronic Trade Platform: The Case of Market Maker [J]. Journal of Agricultural and Resource Economics, 2013, 38 (3): 359 –378.

后　　记

本书是贺州学院经济与管理学院向丽教授主持的广西高等学校千名中青年骨干教师培育计划人文社科类立项课题"西南民族地区乡村振兴与新型城镇化融合发展研究"（2021QGRW063）和贺州学院博士科研启动基金项目"西部民族地区农村电商发展与农民可持续生计实现路径研究"（HZUBS202005）的研究成果，是集体创作的成果。

自 2015 年以来，课题组围绕城镇化与乡村产业可持续发展等问题开展了大量的研究工作。前期主要探讨农业转移人口就近就业与城镇化的关系问题，从 2016 年开始关注西部民族地区国家电子商务进农村综合示范县（市）建设、农民参与电商扶贫意愿及其可持续生计等问题。课题组做了大量的调查准备工作，在走访有关职能部门的基础上，设计了调查问卷，编制了调研提纲，确定了评价指标和评价方法，并进行了多次实地调研。在深入调查研究的基础上，参阅大量文献与数据，完成了专著《农村电商：破解农民可持续生计困境的路径选择》并公开出版。

本书的作者名单如下：向丽（贺州学院经济与管理学院教授）、张百顺（贺州学院马克思主义学院教授）、张亚萍（贺州学院经济与管理学院教师）、唐顺标（贺州学院教师发展中心高级经济师）、曹紫嫣（贺州学院经济与管理学院本科生）。全书由向丽、张百顺拟定思路与大纲，并进行统稿修订完成。具体分工为：第一章由向丽、张百顺完成；第二章由向丽、张百顺、曹紫嫣完成；第三章至第六章由向丽完成；第七章、第九章由张亚萍完成；第八章由唐顺标完成。

课题从立项到实施以及成书交付出版均得到了贺州学院领导的大力支持与帮助；在课题调研过程中，得到广西壮族自治区相关职能部门的大力协助和支持，书稿的出版也得到经济科学出版社领导及李晓杰编辑的大力支持，在此表示衷心感谢。同时为参与调研的学生们的辛勤付出特致诚挚谢意。书中有关引用资料、图片有些已经标注，但有些一时找不到出处，除一并感谢外烦请有关作者与我们联系。

向　丽

2023 年 7 月